IM REICH DER SINNE

Die schönsten
erotischen Romane
aus dem kaiserlichen
China

DER GOLDHERR
BESTEIGT
DEN WEISSEN TIGER

—

Ein historisch-erotischer
Roman aus der Ming-Zeit

Mit 22 Holzschnitten
aus der Erstausgabe von 1621

ULLSTEIN

Zum ersten Mal aus dem
Chinesischen ins Deutsche übertragen
von F.K. Engler.

Mit freundlicher Genehmigung des
Verlags Die Waage, Zürich
© 1980 by Verlag Die Waage, Zürich
© dieser Ausgabe Verlag Ullstein GmbH,
Frankfurt/M. · Berlin
Alle Rechte vorbehalten
Gesamtherstellung: Mohndruck, Gütersloh
Printed in Germany 1989
ISBN 3 550 06686 4

Umschlag: Theodor Bayer–Eynck

CIP-Titelaufnahme der Deutschen Bibliothek

Im Reich der Sinne : d. schönsten erot. Romane aus
d. kaiserl. China. – Frankfurt/M. ; Berlin : Ullstein.
ISBN 3–550–06634–1

Bd. 2. Yan-yan-sheng: Der Goldherr besteigt den weissen
Tiger. – 1989

Yan-yan-sheng:
Der Goldherr besteigt den weissen Tiger : e. histor.-erot.
Roman aus d. Ming-Zeit / [Yan-yan-sheng. Zum ersten Mal
aus d. Chines. ins Dt. übertr. von F. K. Engler]. – Frankfurt/M. ;
Berlin : Ullstein, 1989
(Im Reich der Sinne ; Bd. 2)
Einheitssacht.: Zhao-yang-qu-shi <dt.>
NE: Engler, Friedrich K. [Übers.]; HST

昭陽趣史

Dschau-yang dschü-schi
Geschichte der Liebespraktiken
im Dschau-yang-Palast

Geburt ist kein Anfang, Tod kein Ende.

Dschuang-Dse

Das Treiben in den Palästen der Han-Zeit hat durch seine Pracht und Üppigkeit einen fast mythischen Nimbus um sich verbreitet.

R. Wilhelm
Geschichte der chinesischen Kultur, Seite 194

Bezeichnenderweise gab es jetzt auch eine Klasse von Damen, die genauso wie manche Filmschauspielerinnen unserer Zeit, durch geschickte Benutzung ihrer Reize ungewöhnliche Karrieren machten. Am bemerkenswertesten war wohl das Schicksal zweier Schwestern, die aus Musikerkreisen stammend, schliesslich zur Kaiserin und zur ersten Konkubine aufstiegen. Es waren dies die als Tänzerin berühmte Fe-yän (Fliegende Schwalbe) und ihre Schwester, die «Sexbombe» Ho-dö.

W. Eichhorn
Kulturgeschichte Chinas, Seite 111

ERSTES KAPITEL

In ein schönes Mädchen verwandelt, macht die Geister-
füchsin einen Frühlingsspaziergang. Nachdem sie das
‹wahre Yang› erlangt hat, gelingt ihr die heimliche Flucht
durch einen Trick

Jenseits des Weltenmeeres liegt ein hoher Berg; man
nennt ihn den Berg der Pinienzapfen. In jener überaus reizvollen Landschaft gibt es bizarr gestaltete
Berggipfel und seltsam geformte Wundersteine, alte
Zypressen wachsen dort und immergrüne Pinien. Das
ganze Jahr hindurch blühen nichtwelkende Blumen,
und an den acht Festtagen gibt es Früchte, die lange
frisch bleiben. Nur Dam- und Moschuswild streift in
grossen Herden auf den mit Nebelbambus bewachse-
nen Hügeln umher. Noch nie haben die Tiere ein von
Menschenhand entzündetes Feuer gerochen. Sie ziehen sorglos umher und können sich eines langen Lebens erfreuen.

Dicht unter dem Gipfel jenes Berges ist eine Höhle,
über deren Eingang die Worte «Reich des zur Wahrheit erwachten Unsterblichen» in den Fels gemeisselt
sind. Wollt ihr wissen, welch seltsames Wesen dort
drinnen hauste? Nun, so hört: vor langer, langer Zeit
lebte dort eine neunschwänzige Geisterfüchsin, die
das Geheimnis der ewigen Jugend kannte. Als sie auf
diesen Berg kam, um in weltabgeschiedener Stille ein
beschauliches Leben zu führen und zu lernen, sich irdischer Wünsche zu entäussern, verstand sie sich bereits darauf, ihre Gestalt nach Belieben zu verwan-

9

deln. Das war vor mehr als tausend Jahren gewesen. Im Laufe der Zeit hatten sich mehrere tausend kleine Füchse um sie geschart. Seitdem nannte sie sich nur noch «der zur Wahrheit erwachte König». Auf ihr Geheiss hin mussten jene von früh bis spät Lanzen schwingen, Schwerttänze tanzen und sich in allen kriegerischen Künsten üben. Sie aber beschäftigte sich mit der Pflege des Lebens und kultivierte nur ihr Selbst.

An einem herrlich-klaren Tag im letzten Frühlingsmonat, als die Blumen blühten und die Vögel jubilierten, trug sie den kleinen Füchsen auf, duftende Blumen und seltene Früchte zu pflücken und Nektar zu sammeln; dann gab sie allen ihren Untertanen ein Fest. Als sie vom reichlich genossenen Wein schon ein wenig beschwipst war, kam sie auf die Methode des Yin- und Yang-Pflückens zu sprechen. Und ohne dass sie sich dessen recht bewusst geworden wäre, geriet ihr ‹Duftherz› in gewaltige Erregung, und das Feuer der Sinnenlust loderte in ihrem Busen zu gewaltiger Flamme empor. Sie wandte sich den kleinen Füchsen zu und sprach:

«Seitdem ich auf diesem Berg lebe, habe ich mein Leben in der Stille gepflegt. Bis heute aber ist es mir noch nicht gelungen, mein böses Karma gänzlich zu vernichten und mir die Seligkeit in der nächsten Existenz zu erwirken. Ich vermute, es liegt daran, weil ich das ‹wahre Yang› noch nicht besitze. Darum werde ich den Berg für eine Weile verlassen und draussen in der Welt umherstreifen. Falls ich dort einem stattlichen und schmucken jungen Mann begegne, der willens ist, mich mit seinem ‹wahren Yang› zu beträufeln, wird es mir auch gelingen, die sterbliche Hülle des Körpers abzustreifen und das grosse Werk meines Lebens zu vollenden. Was meint ihr?»

«Gewiss», riefen die kleinen Füchse, «das ist eine hochbedeutsame Sache, die auch uns am Herzen liegt. Sollte es unserem grossen König gelingen, sich die Seligkeit in der nächsten Existenz zu erwirken, dann dürfen auch wir hoffen, eines Tages aus dieser Fuchshaut herauszuschlüpfen.»

Daraufhin übertrug die Geisterfüchsin den beiden kleinen Füchsen ‹Wundersam› und ‹Klug› die Aufsicht über die Höhle nebst allem, was sich darin befand. Zum Schluss schärfte sie ihnen ein: «Vergesst nicht, was ich euch gesagt habe. Ich werde nicht lange fortbleiben.»

«Jawohl!» riefen die beiden wie aus einem Munde.

Die Geisterfüchsin schloss die Türe zu ihrem eigenen Zimmer ab und befahl einigen besonders starken kleinen Füchsen, vor dem Höhleneingang Wache zu halten. Dann ging sie ganz alleine von dannen.

Als sie nach einer kurzen Strecke Wegs an einen einsamen Ort kam, verwandelte sie sich im Handumdrehen in ein schönes Mädchen. Die schwarze Wolke ihrer Haare war zu einer raffinierten Frisur geordnet; ein knöchellanges Kleid aus einfacher, ungefärbter Naturseide verhüllte ihren Körper. Auf ihren drei Zoll langen Goldlotossen schritt sie so anmutig einher, dass die weidenschlanken Hüften sich kaum unter dem lose fallenden Stoff des Kleides abzeichneten. Ihre Jadefinger glichen den ersten, zarten Bambussprossen im Frühling, und auf ihren kirschroten Lippen lag ein leichter Dufthauch. Nachdem sie sich derart verwandelt hatte, ging sie auf die Suche nach einem Mandarinenenterich. –

Westlich vom Berg der Pinienzapfen liegt ein anderer Berg. Er heisst Grünhügel-Berg, und die Gegend dort ist einsam und weltenfern. Wir wollen uns aber nicht mit der Beschreibung der landschaftlichen Reize aufhalten, sondern ein Gedicht sprechen lassen:

Auf hohem Baume horstet der Kranich
und am Bergbach singen die Vögel.
Am strömenden Wasser gedenk' ich der Welt zu entsagen.
Mit einem Stein als Kopfkissen vergesse ich mich selbst.
Hummeln und Bienen sind meine ständigen Begleiter,
und mit mir ziehen die Wolken dahin.
In dieser Stille will ich mich der irdischen Wünsche
*   entäussern.*
Dies ist der Ort, wo man lange zu leben vermag.

Auch auf diesem Berg verkehren keine Menschen; nur Gras und Blumen wachsen dort, nur die Spuren der Vögel und die Hufabdrucke wilder Tiere sind dort zu sehen. Mitten zwischen zwei Gipfeln in einem einsamen Hochtal ragt eine turmartige Erhebung empor. Über ihrem Eingang ist eine Tafel angebracht, und darauf sind in grossen Schriftzeichen die Worte «Hof des purpurgewandeten Dauisten» zu lesen. Wollt ihr wissen, wer dort drinnen hauste? Kein Mensch, sondern ein Schwalberich, dem es bereits gelungen war, seinen Samen zu sublimieren. Er nannte sich ‹der purpurgewandete Wahrhaft-Mensch›. Von Natur war er sehr wollüstig veranlagt. Obwohl er auf diesem Berg

12

sein Leben seit mehr als fünfhundert Jahren gepflegt hatte, war es ihm noch nicht geglückt, sich von den vielen Tausenden von kleinen Schwalben zu trennen, die sich auf dem Berg ihres Lebens freuten. Den ganzen Tag über fingen sie in den Bergbächen Krebse und Fische oder pflückten an den Abhängen Beeren und andere Früchte. Sie machten Musik, sangen und tanzten und liessen es sich wohl sein.*

In der lenzlichen Atmosphäre des zweiten Frühlingsmonats lassen sich sinnliche Anwandlungen nur schwer unterdrücken, und dies bewirkte, dass auch der Schwalberich ein gewisses Unbehagen verspürte und an innerer Unruhe litt.

«Wen lässt die lenzliche Atmosphäre ungerührt?» sagte er zu den kleinen Schwalben. «Ich will den Berg für eine Weile verlassen und draussen in der Welt umherwandern. Sollte ich eine Frau treffen, und es gelänge mir, ihr ‹wahres Yin› zu pflücken, dann könnte ich mir vielleicht die Seligkeit in der nächsten Existenz erwirken. Ihr schaut unterdes hier nach dem Rechten. Ich werde nicht lange fortbleiben.»

Er ging in sein eigenes Zimmer, setzte sich einen ‹Neun-Blumen-Hut› auf den Kopf und schlang eine gelbseidene Schärpe um die Hüften. Dann schlüpfte er in seine dreifach geborteten ‹Wolkenschuhe› und stolzierte zum Tor hinaus. Als eine Windbö über den Berg strich, breitete er die Arme gleich einem aufgespannten Fächer aus, erhob sich vom Boden und flog davon. Kurze Zeit später landete er auf einem Kreuzweg am Fuss des Berges. Er blickte sich um und entdeckte in einiger Entfernung ein Mädchen von vielleicht sechzehn oder siebzehn Jahren. Sie sass mutter-

13

seelenallein auf einem Stein, tief in Gedanken versunken. Wie kommt ein so schönes Mädchen an diesen einsamen Ort, überlegte er. Ich will mich hier irgendwo hinsetzen und sehen, was sie macht.

Er ging eine Strecke Wegs auf sie zu, raffte sein langes Gewand zusammen und liess sich im Schatten eines Weidenbaumes nieder. In heuchlerischer Absicht zitierte er mit lauter Stimme Gedichte und sang Lieder. Die in das Mädchen verwandelte Geisterfüchsin hatte den Spätergeborenen natürlich längst bemerkt. Sie freute sich unbändig und dachte: Gewiss hat der Himmel sich meiner erbarmt und mir diesen hübschen jungen Mann geschickt, damit ich mein Dau vollenden kann. Sie überlegte, wie sie wohl am besten seine Aufmerksamkeit erregen könnte. Plötzlich begann sie in geheuchelter Absicht laut zu weinen und stiess lange Wehlaute und kurze Seufzer aus. «Zu Hilfe! Rettet die Sklavin!» rief sie und schielte zugleich verstohlen zum Weidenbaum hinüber. «Gerne würde ich mich in die Hand eines Retters geben und seine Frau werden.»

Kaum hatte der Schwalberich diese Worte vernommen, da war er auch schon aufgesprungen. Er ging auf sie zu, begrüsste sie mit einer tiefen Verbeugung und sprach:

«Junge Dame, diese Gegend ist eine von keiner Menschenseele bewohnte Wildnis. Nur Wölfe treiben sich hier herum, nur Füchse schnüren durch die Wälder. Sagt, was hat euch hierher geführt?»

Als sie das Wort ‹Füchse› hörte, lächelte die Geisterfüchsin in sich hinein. Im gleichen Atemzug jammerte sie los: «Das billige Weib ist die Tochter eines Be-

14

amten aus Hai-nan. O weh, ich bin aufgewachsen in verschwiegenen Frauengemächern. Als gestern Abend der Vollmond so schön am wolkenlosen Himmel schien, brachte ich es nicht über mich, die zauberhafte Nacht im Bett zu verschlafen. Ich ging von meiner Dienerin begleitet in den hinteren Blumengarten und erfreute mich bis zur Zeit der zweiten Nachtwache am helleuchtenden Mond. Plötzlich kam eine Sturmbö angefegt, ich wurde gepackt, durch die Lüfte gewirbelt und hierher getragen. Niedergeschlagen wartete ich auf den Anbruch des neuen Tages; doch als ich mich umblickte, sah ich weit und breit keinen Menschen. Schliesslich bekam ich Hunger. Ich entdeckte in der Ferne Maulbeerbäume und wollte mich an ihren Beeren laben. Doch als ich hinkam, sah ich, dass sie noch nicht reif waren. Schliesslich wollte ich mich auf den Heimweg machen; doch es ging bereits auf den Abend zu, und ich fürchtete mich, unterwegs in die Hände eines bösen Menschen zu fallen. O, ich litt unsäglich! Zu meinem Glück kamt ihr vorbei, junger Herr. Falls ihr willens seid, mich in die Heimat zu geleiten, bin ich bereit, den Eltern zu melden, dass ich euch, meinen Retter, von Herzen liebe und zum Mann begehre.»

«Es ist verdienstvoller», antwortete der Schwalbe-rich salbungsvoll, «das Leben eines Menschen zu retten als eine siebenstöckige Pagode zu bauen. Ihr tut recht daran, mir zu vertrauen, junge Dame; ich werde euch zu euren Eltern zurückbringen. Doch weil es bereits auf den Abend zugeht und ihr grossen Hunger habt, können wir heute nicht mehr aufbrechen. Wie wollt ihr den weiten Weg mit euren kleinen, müden

Der Frühlingsspazier-

gang der Fuchsgeister

Füsschen zurücklegen? Am besten, ihr kommt mit mir und verbringt die Nacht in meiner Hütte. Morgen früh bringe ich euch dann zu den Eltern zurück. Was haltet ihr von meinem Vorschlag?»

«Da gibt es nichts zu überlegen. Ich sehe keine andere Möglichkeit, als euer grosszügiges Angebot anzunehmen.»

Der Schwalberich nahm nun die Geisterfüchsin an die Hand und ging mit ihr heimwärts. Als sie vor seiner Behausung angelangt waren, kamen die kleinen Schwalben herbeigeeilt, um ihren Gebieter zu begrüssen. Sie sahen das Mädchen und fragten höflich, wer die junge Dame sei.

«Sie ist die Tochter eines Beamten von Hai-nan», antwortete der Schwalberich. «Heute Nacht hat ein böser Dämon sie durch seinen Zauberwind hierher entführt, wo sie hilflos allen möglichen Gefahren ausgesetzt war. Zufällig bin ich ihr drunten begegnet. Sie verlangt, dass ich sie zu ihrer Familie zurückbringe, und hat mir versprochen, mich aus Dankbarkeit zu heiraten. Und jetzt rasch ein Mahl zubereitet! Wenn die junge Dame etwas gegessen hat, wird sich auch ihre Furchtsamkeit legen.»

«Miau-dsai, wundervoll!» riefen die kleinen Schwalben im Chor. «Jetzt haben wir endlich eine Räuberbraut!»

Als die Geisterfüchsin durch das Tor getreten war und die vielen kleinen Schwalben erblickte, freute sie sich insgeheim und dachte: Eben glaubte ich noch, ich hätte es mit einem sterblichen Menschen zu tun. Wie konnte ich wissen, dass er ein Jemand ist, der wie ich sein Leben pflegt? Ha, wenn er mich auch nur mit ein paar Tropfen seines Samens beträufelt, ist das grosse Werk meines Lebens vollbracht.

Wenig später erschienen einige kleine Schwalben mit verschiedenen Fleisch- und Gemüsegerichten und deckten den Tisch. Diese bestanden in der Hauptsache aus zubereiteten Fasanen, Sperlingen, Krabben, Fischen und wilden Früchten. Inzwischen war es dunkel geworden und man zündete Lampen an, die das Zimmer erhellten. Der Schwalberich und die Geisterfüchsin nahmen am Tisch einander gegenüber Platz. Nach dem Essen stürzte er mehrere Becher Wein hinab, sie dagegen rührte den Wein nicht an.

«Seid unbesorgt, junge Dame», versuchte er die Bedenken der Schüchternheit mimenden Geisterfüchsin zu zerstreuen. «Ganz gewiss bringe ich euch morgen zu den Eltern zurück. Heute Abend aber müsst ihr einen Becher Wein mit mir trinken.»

«Die Sklavin ist von Natur aus dem Trunke abgeneigt», zierte sich die Geisterfüchsin.

«Dann werde ich euch auf den Knien darum bitten.» Und mit flehender Gebärde fiel er vor ihr auf die Knie nieder. Was blieb ihr da anderes übrig, als wenigstens einen Becher zu trinken? Der Schwalberich, der sich schon halbwegs am Ziel seiner Wünsche glaubte, stürzte unterdes im Überschwang der Vorfreude mehrere Becher hinunter und hörte erst zu trinken auf, als er sich bereits leicht beschwipst fühlte.

«Ihr habt mir die Ehe versprochen, junge Dame», begann er darauf. «Zwar sollte man die ‹Zeremonie der hundert Jahre› nicht übereilt und nicht ohne die Zustimmung der Eltern beginnen. Aber im Augenblick seid ihr ein alleinstehendes Mädchen und ich ein einsamer junger Mann. Nichts wäre vorteilhafter, als wenn wir es gleich jetzt einmal dem Phönix und dem Zaubervogelweibchen nachtun würden. Mann und Frau können wir offiziell noch immer werden. Nun, wie wär's?»

«Wie darf man das ohne Geheiss der Eltern und ohne die Vermittlung eines Heiratsmaklers tun?»

«Sträubt euch nicht, junge Dame! Mögen Mond und Lampe unsere Heiratsvermittler sein. Wenn auch nur ein halbes Wörtchen Nein über eure Lippen kommt, gibt es für euch bis an das Lebensende kein Wiedersehen mit den Eltern.»

Obwohl die Geisterfüchsin sich mit Worten dagegen sträubte, war es doch gerade das, wonach sie am meisten verlangte. Sie gab sich alle Mühe, jungfräuliche Scham vorzutäuschen, indem sie das Gesicht mit dem Ärmel verdeckte und errötend wisperte:

«Ihr habt mir eure Liebe eingestanden, junger Herr, und es ist keineswegs so, dass ich nicht möchte. Doch als unberührte Jungfrau schäme ich mich, euch meine Zuneigung geradeheraus einzugestehen.»

Als der Schwalberich diese Worte vernahm, strahlte er über das ganze Gesicht. Er erklärte kurzerhand, dass sie jetzt Mann und Frau seien, und bat sie, sich nicht gar so sehr zu schämen. Er umarmte sie, dann stand er auf und befahl seinem Gefolge, den Tisch abzuräumen. Er nahm eine von den Kerzen, ergriff ihre Hand und führte die Geisterfüchsin in sein Schlafzimmer.

Leichtfüssig schwebt die Schöne dahin,
ein Bild graziöser Anmut.
Sie möchte von den Gefühlen sprechen, die ihren Busen
    bewegen.
Noch aber hält jungfräuliche Scham sie zurück.
Am Abend erst, beim Hochzeitsbecher auf der Matte,
blüht ihr Gesicht auf.
Als eine Haarsträhne an ihrer Schläfe sich löst,
bringt sie sie mit der goldenen Haarnadel lässig in
    Ordnung.
Sie ist hinreissend schön, ein jeder Mann
würde nach ihrer Liebe hinter dem
    Mandarinenenten-Vorhang verlangen.
Dieser Ehebund wurde im Himmel geknüpft.

Als sie das Schlafzimmer betreten hatten, verriegelte
der Schwalberich die Türe. Er löste den Gürtel der
Geisterfüchsin und zog ihr das seidene Kleid aus.
Dann streifte er ihr die bestickten Schuhe von den
Füssen und trug sie aufs Bett. Er zog sich gleichfalls
nackend aus. Sein Glied war bereits so hart wie Eisen.
Er spuckte tüchtig in die Hände und befeuchtete ihren Blütenkelch, denn er glaubte, eine echte Jungfrau
vor sich zu haben. Sie heuchelte mädchenhafte
Scham und presste die Schenkel zusammen; erst
wenn er zu spritzen begann, wollte sie die Beine öffnen, um seinen Samen zu empfangen. Sie wusste allerdings nicht, dass er sein Glied lange Zeit bewegen
konnte, ohne dass es erschlaffte. Eine Doppelstunde
lang bot sie alle Kraft auf und sperrte sich gegen seine Annäherungsversuche, bis sich der Krampf in ihren Gliedern ankündigte. Als er merkte, dass sie noch

immer nicht nachgab, flüsterte er ihr in heuchlerischer Absicht zu:

«Mein Herz, meine Leber, ich bin schon ganz schlapp. Trotzdem lässt du mich nicht hinein. Gleich kommt mir's. Sperr' dich nicht so und spreiz' die Beine ein wenig auseinander, damit ich hineinkomme und die Glückseligkeit auskoste.»

«Ich», säuselte die Geisterfüchsin, «hab' solche Angst, dass du mir wehtun könntest, wenn du erst drin bist. Du musst ihn ganz langsam hineinschieben, hörst du?»

«Natürlich verstehe ich. Aber jetzt spreize endlich die Beine auseinander!»

Aufreizend-langsam öffnete sie die Schenkel und gab ihm den Weg zu ihrer Liebesgrotte frei. Der Schwalberich wandte einen Trick an und stiess mit aller Kraft zu. Mit einem fluppenden Geräusch drang sein rüstiger Krieger in ihre Liebesgrotte ein. Nun war die Geisterfüchsin keine echte Jungfrau; sie verstand es, den Gast, der sich da auf ihrem Grund und Boden mausig machte, würdig zu empfangen. Beide waren in den Liebesverstrickungen der hundert Bettschlachten ungeschlagene Kämpen. Dieser Spätergeborene versteht etwas von der Schlafzimmerkunst, dachte die Geisterfüchsin. Wie kommt es nur, frug sich inzwischen der Schwalberich, dass dieses Mädchen, das doch noch Jungfrau ist, schon solche Tricks beherrscht?

Keiner sprach zum anderen ein Wort; sie kämpften verbissen weiter, und ein jeder war darauf bedacht, ‹die Wolken zu wenden und den Regen umzukehren›, das heisst: den Partner zum Erguss zu bringen. Der

Schwalberich walkte wohl eine Doppelstunde lang kung fu, dann konnte er den magischen Künsten der Geisterfüchsin nicht länger widerstehen. Sie liess ihren Lebensodem kreisen und bediente sich der Methode des Verschliessens. Plötzlich spritzte er, und es war ihm, als fliesse mit dem Samen sein Herzblut davon. Nachdem sie sich voneinander gelöst hatten, schlief die Geisterfüchsin gleich ein; er dagegen war ausser sich vor Zorn über seine Schwäche und fand lange keinen Schlaf. Er überlegte: Morgen früh muss ich als erstes Unsterblichenkraut pflücken und daraus ein Yin-Elixier brauen. Wenn ich es getrunken habe, wird es mir gewiss glücken, ihr das «wahre Yin» zu rauben. Mit diesem Gedanken schlief er ein.

Als sie am nächsten Morgen aufgestanden waren und Toilette gemacht hatten, gab ihm die Geisterfüchsin zu verstehen, dass sie nun zu ihren Eltern zurückzukehren wünsche.

«Du musst dich noch ein Weilchen gedulden», beschwichtigte er sie. «Zuerst geh' ich in den Garten, um etwas Früchte für das Frühstück zu pflücken. Wenn wir gegessen haben, bringe ich dich zu deinen Eltern zurück.»

«Gut. Aber beeile dich dabei ein bisschen.»

Er nahm einen ‹Feuer- und Wasserkorb› und ging hinaus. «Seid der jungen Dame in allem, was sie verlangt, zu Diensten›, schärfte er draussen den kleinen Schwalben ein, bevor er auf den Berg stieg.

Die Geisterfüchsin, die in der Nacht das ‹wahre Yang› des Schwalberichs geraubt hatte, bemerkte, dass ihr Kopf von einer Strahlenaura umgeben war. Sie sprühte förmlich vor Kraft und meinte, das sei die

Lebenskraft der Unsterblichen. Zuerst beabsichtigte sie, in der kommenden Nacht noch einmal sein ‹wahres Yang› zu rauben, dann aber gestand sie sich ein, dass er in den gleichen Künsten erfahren war. Angenommen, überlegte sie, es gelingt ihm, mir das ‹wahre Yin› zu rauben, dann wendet sich das Blatt, und ich werde das bereits Gewonnene verlieren. Zudem fürchte ich, dass er mich durchschauen könnte, wenn er zurückkommt. Dann gibt es kein Entrinnen und es wird mir übel ergehen. Am besten ist es wohl, wenn ich vorgebe, ich hätte etwas verloren. Dann kann ich heimlich fliehen, solange er noch abwesend ist. Sie ging also zu den kleinen Schwalben hinaus und sagte zu ihnen:

«Als ich gestern hierher kam, war ich so aufgeregt, dass ich den Verlust meiner goldenen Haarnadel überhaupt nicht bemerkte. Erst vorhin ist mir das aufgefallen. Diese Haarnadel ist ein unbezahlbarer Schatz, ein altes Familienerbstück. Ich gehe jetzt zum Maulbeerbaum-Hain hinab und werde sie dort suchen. Schade, dass der junge Herr nicht hier ist.»

«Natürlich muss man einen solchen Schatz suchen, sowie man seinen Verlust bemerkt hat», pflichteten ihr die kleinen Schwalben bei. «Sonst kommt womöglich noch jemand daher, der ihn aufhebt und fortträgt. Lasst uns die Sache erledigen. Wir bringen euch die Haarnadel auch ganz bestimmt zurück.»

«Nein, nein, das muss ich schon selbst tun.»

«Gut, dann tut es selbst. Wie wär's aber, wenn einige von uns euch dabei helfen würden?»

«Ich will aber nicht, dass ihr mir helft. Denn wenn ihr meine Haarnadel findet, werdet ihr mir später erzählen, dass ihr sie nicht gefunden habt. Und wo soll ich sie dann suchen?»

«Wenn ihr uns misstraut, dann geht doch alleine hin», antworteten die kleinen Schwalben gekränkt.

Die Geisterfüchsin liess sich das nicht zweimal sagen. Freudestrahlend ging sie zum Tor hinaus, und nachdem sie noch einmal ihr Kleid glattgestrichen hatte, verschwand sie wie ein Rauchwölkchen. Der Zufall wollte es, dass im Maulbeerbaum-Hain einige kleine Schwalben auf den Ästen sassen. Sie ruhten sich von ihrem langen Flug aus und plauderten miteinander. Auf einmal sahen sie, wie das Mädchen vergnügt kichernd näherkam.

«Junger Herr, junger Herr», sagte sie im Selbstgespräch, «du hältst mich für die Tochter eines sterblichen Menschen. Wie kannst du wissen, dass ich eine Geisterfüchsin bin? Heute Nacht hast du mich mit deinem ‹wahren Yang› beträufelt. Warte nur, bis ich in den Himmel aufgestiegen bin. Dann komme ich zurück und ducke dich.»

Als sie dies gesagt hatte, verwandelte sie sich in ihre wahre Gestalt zurück und entschwand auf einer Wolke schwebend ihren Blicken.

ZWEITES KAPITEL

*Nachdem der Schwalberich die Schreckensbotschaft ver-
nommen hat, beauftragt er den Erdgott mit der Suche
nach der Geisterfüchsin. Während des Kampfes werden
die beiden Geister vom Wahrhaft-Fürsten gefangengenommen*

Der Schwalberich hatte inzwischen einen Korb voll
Unsterblichenkraut gepflückt und schlenderte gemächlich heimwärts. Heute nacht, überlegte er, wird
es mir bestimmt glücken, ihr das ‹wahre Yin› zu rauben. Sie ist mir auf alle Fälle sicher, und ich habe
nicht zu befürchten, dass sie mir zum Himmel davon-
fliegt. Kaum war er durch die Türe getreten, da fragte
er die kleinen Schwalben, wo die junge Dame sei.

«Sie hat gestern im Maulbeerbaum-Hain eine wert-
volle Haarnadel verloren», wurde ihm geantwortet.
«Vor einer Weile ist sie hinuntergegangen, um sie zu
suchen.»

«Und ihr steht hier herum?» brauste der Schwalberich auf. «Rasch, fort mit euch und bittet sie mir her!
Was, wenn inzwischen ein Rudel Wölfe sie angefallen
oder ein Tiger sie gefressen hat? Das wäre ein Unglück!»

Während er schrie, kamen plötzlich die kleinen
Schwalben, die sich zuvor im Maulbeerbaum-Hain
ausgeruht hatten, lärmend zum Tor hereingestürmt
und keuchten:

«Bu hau liau, grosser König, ein Unglück ist geschehen! Das Mädchen... das Mädchen...» Und sie

keuchten so heftig, dass es ihnen die Sprache verschlug.

«Hat jemand sie fortgelockt?» fragte der bestürzte Schwalberich.

«Nein... nein...»

«Dann hat gewiss ein Tiger oder ein Leopard sie gefressen!»

«Nein, nein, es war kein Tiger und kein Leopard. Wenn Ihr noch lange wartet, grosser König, kommt sie zurück und frisst Euch selbst auf.»

«Was... was soll das heissen?»

«Dieses Mädchen war gar kein Menschenkind aus guter Familie, sondern eine alte Geisterfüchsin.» Und sie berichteten, was sie im Maulbeerbaum-Hain gesehen und gehört hatten.

Noch während sie sprachen, übermannte den Schwalberich grosser Zorn, und mit dem Zorn wuchs auch sein Mut. Er hämmerte mit beiden Fäusten gleichzeitig auf den Tisch und brüllte:

«Genug! Aufhören! – Ich dachte doch: wie kommt ein Mädchen hierher, und wenn sie wirklich noch Jungfrau ist, woher versteht sie sich dann auf die Bettzimmer-Künste des Schluckens und Schliessens? Und ich habe sie mit meinem ‹wahren Yang› beträufelt! Dieses verruchte Biest! In einer einzigen Nacht hat es die Verdienste zunichte gemacht, die ich mir in Hunderten von Jahren Arbeit und Selbstdisziplin erwarb. Wie kann ich das hinnehmen? Wo kommt das Luder her, das die grosse Frechheit besass, mir solches anzutun?»

Rasch schrieb er eine Beschwörungsformel auf eine Karte und beauftragte zwei kleine Schwalben, sie dem Tu-ti, dem Erdgott des Grünhügelberges zu bringen. Sie sollten ihn herbitten, denn er, der Schwalberich, habe ihm einige Fragen zu stellen. Die beiden kleinen Schwalben nahmen Karte und Weisung entgegen und flogen eilends zur Behausung des Gottes vom Grünhügelberg. Als dieser vernahm, dass der Schwalberich ihn zu sprechen wünsche, erschrak er derart, dass fast seine Seele aus dem Körper entwichen wäre.

«Aus welchem Grund wünscht der grosse König mich zu sprechen?» fragte er verängstigt.

«Lauf' hin, dann wirst du es erfahren», antworteten die kleinen Schwalben schnippisch.

Was blieb dem armen Kerl da anderes übrig, als sich den Gürtel umzubinden und die Kappe zurecht-zurücken? Dann rannte er, so schnell die Beine ihn trugen, zum Wohnturm des Schwalberichs und blieb respektvoll draussen vor der Türe stehen. Die kleinen Schwalben meldeten ihn drinnen an, und nach einer Weile kam der Schwalberich heraus.

«Ich, der geringe Heilige», begann der Berggott, «weiss nicht, aus welchem Grund der grosse König mich hat rufen lassen. Was ist geschehen?»

«Du bist der Ti-hsiän dieses Berges», fuhr der Schwalberich ihn an. «Worum kümmerst du dich eigentlich? Durch deine Nachlässigkeit in der Amts-führung konnte es geschehen, dass ein verruchtes Wesen hier Unfug stiftete. Ich will wissen, wo es herkam.»

«Ich sehe weder Waffen, noch höre ich Kampfge-schrei», wagte der Berggott einzuwenden. «Ich weiss in der Tat nichts davon, dass jemand hier Unheil ge-stiftet haben soll.»

«Du leugnest noch, etwas davon zu wissen? Das ist ja noch schöner! Kundschafte sofort aus, wo das Luder sich versteckt hält, und melde es mir. Wenn du nicht tust, was ich dir sage, gibt es für dich keine Schonung.»

Der Berggott wagte es nicht, respektlos zu erscheinen. «Gewiss, gewiss», stammelte er hastig, «Ich werde das Versteck des Biestes, das hier Unruhe stiftete, sofort auskundschaften.»

Geschätzte Leser, ihr müsst das richtig verstehen. Seit jeher zählt ein Berggott zu den richtigen Göttern. Warum also fürchtete er sich derart vor dem Schwalberich? Ganz einfach deshalb, weil dieser sein Leben seit mehreren hundert Jahren gepflegt hatte und in der schwarzen Magie bewandert war. Hätte der Berggott sich geweigert, seinen Befehlen zu gehorchen, dann hätte der Schwalberich seinen kleinen Tempel zerstört und ihn selbst vertrieben. Aus diesem Grund fürchtete er ihn. Und darum blieb ihm auch nichts anderes übrig, als seinen Befehl auszuführen. Nachdem der Schwalberich sich grusslos entfernt hatte, wandte er sich an die kleinen Schwalben und fragte:

«Was war das für ein Aufruhr, den jenes übernatürliche Wesen hier kürzlich entfacht haben soll?»

«O, das war eigentlich kein Aufruhr», wurde ihm geantwortet. «Gestern Abend verwandelte das abscheuliche Biest sich in ein Mädchen, und unser grosser König behauptete steif und fest, dass es ein richtiges Mädchen sei. Er schlief mit ihr und beträufelte sie mit seinem ‹wahren Yang›. Darum ist er so erzürnt.»

«So also verhält es sich! Wie kommt es denn, dass euer grosser König das in ein Mädchen verwandelte

29

Gespenst nicht durchschaut hat? Als er sich gestern Nacht mit ihr vergnügte, dachte er auch nicht an mich. Und jetzt soll ich an seinem Unglück schuld sein. Könnt ihr mir wenigstens sagen, in welche Richtung sich der Geist entfernt hat?»

«Wie er von sich selbst sagte, ist er eine alte Geisterfüchsin. Einige von uns sahen, wie sie auf einer Wolke reitend gen Osten verschwand. Wenn du ihr Versteck ausgekundschaftet hast, schleppen wir sie hierher und werden ihr abwechselnd Nacht für Nacht das ‹wahre Yin› samt dem gestohlenen ‹wahren Yang› abzapfen. Dann erst werden wir Gnade vor Recht ergehen lassen.»

Als der Berggott hörte, dass es eine alte Geisterfüchsin war, fiel ihm ein Stein vom Herzen. Auf einer Wolke stieg er in Himmelshöhen empor und schaute sich um. Er entdeckte die Geisterfüchsin vor ihrer Höhle. Sie hatte ein Festmahl herrichten lassen und alle Naturgeister und Kobolde, die ihr untertänig waren, zur Gratulation versammelt. In würdevoller Haltung sass sie am Kopfende des Tisches auf erhöhtem Sitz, und die kleinen Füchse tranken miteinander um die Wette. Zu ihren Stellvertretern ‹Wundersam› und ‹Klug› gewandt, sagte sie:

«Das ‹wahre Yang›, das ich gestern Nacht pflückte, stammt von keinem gewöhnlichen Menschen. Es ist das ‹Zinnober-Yang› eines Wesens, das wie ich asketisch lebt und schon weit auf dem Weg zur Unsterblichkeit fortgeschritten ist. So kann ich mir nun doch schliesslich ohne grosse Mühe die Seligkeit in der nächsten Existenz erwirken. Ursprünglich wollte ich bis zum Fünfzehnten des Monats warten und dann zum Himmel emporsteigen, um beim Jadekaiser* zur

Audienz zu erscheinen. Jetzt aber fürchte ich, dass jenes hässliche Gespenst, dem ich das ‹wahre Yang› stahl, meine Wohnung auskundschaften könnte. Falls es mit seinen Soldaten erscheint, wird es todsicher zum Kampf kommen, und dabei könnte ich verletzt werden. Darum habe ich mich entschlossen, noch heute um Mitternacht zum Himmel emporzusteigen und dem Jadekaiser meine Reverenz zu erweisen.»

«Ein trefflicher Plan, grosser König», stimmten die beiden zu.

Daraufhin übertrug die Geisterfüchsin ihnen die Höhle mit allem, was sich darinnen befand, und gab ihnen den Rat, ihrem eigenen Vorbild nachzueifern. Dann würden auch sie eines Tages ihr Lebenselixier vollendet haben, und es bestünde die Möglichkeit eines Wiedersehens im Himmel. Sie übergab ihnen ihr Siegel und ihre ganze persönliche Habe, und die beiden kleinen Füchse dankten mit einer tiefen Verbeugung. Dann nahmen sie einen grossen Pokal, füllten ihn mit Wein und kredenzten ihn in ehrerbietiger Haltung der Geisterfüchsin, die ihn in einem Zug austrank. Die anderen kleinen Füchse becherten frohgelaunt mit.

Der Berggott schaute ihnen noch eine Weile zu, dann flog er auf seiner Wolke davon und liess sich vor der Behausung des Schwalberichs zu Boden sinken. Er durchschritt das Tor und trat vor ihn hin.

«Wie steht's?» fragte der Schwalberich ungeduldig. «Hast du das Versteck des abscheulichen Biestes ausgekundschaftet?»

«Der kleine Heilige hat», antwortete der Berggott, «alles Notwendige in Erfahrung gebracht. Die Behau-

31

sung der Geisterfüchsin liegt ungefähr zweihundert kleine Meilen von hier in östlicher Richtung, dicht unter dem Gipfel eines Berges. Über dem Eingang der Höhle sind die Worte ‹Reich des zur Wahrheit erwachten Unsterblichen› in den Fels gemeisselt.» Und er berichtete ausführlich, was er dort gesehen und gehört hatte.

Seine Worte riefen beim Schwalberich eine ähnliche Wirkung hervor, wie wenn man Öl ins Feuer giesst. Sofort liess er alle seine Untertanen antreten und musterte dreitausend besonders unerschrockene kleine Schwalben aus. Sie erhielten den Befehl, in Kürze aufzubrechen und die Höhle der Geisterfüchsin zu zerstören. Sie brannten vor Kampfeslust, und ein jeder wollte der erste sein. Der Schwalberich legte seine Rüstung an und schnallte sich den goldglänzenden Kettenpanzer um. Dann packte er seine sieben Fuss lange ‹Himmelslanze› und marschierte hinaus zum Waffenappell.

Auch der Schwalberich war ein Meister der Schwarzen Magie. Er murmelte eine Beschwörungsformel vor sich hin, und sogleich erhob sich ein starker Wind, der die kleinen Schwalben in die Lüfte hob und davontrug. Als sie von oben auf die Erde hinabblickten, sahen sie im Osten einen hohen Berg. Nachdem sie sich ihm genähert hatten, entdeckten sie dicht unter dem Gipfel eine Höhle, über deren Eingang die Worte «Reich des zur Wahrheit erwachten Unsterblichen» in den Fels gemeisselt waren. Nun flogen sie zurück und meldeten dem Schwalberich, was sie gesehen hatten. Er brach nun selber auf, und alle kleinen Schwalben flogen mit ihm zum Berg der Pinienzapfen. Als sie sich dort versammelt hatten, schickte der Schwalberich zwei von seinen Soldaten zum Höhleneingang und befahl ihnen, kräftig Lärm zu schlagen. Sie flogen bis vor die Höhle und schrien, so laut sie konnten:

«Alte Geisterfüchsin in der Höhle! Komm' sofort heraus und ergib dich! Wenn auch nur ein halbes Wörtchen ‹Nein› über deine Lippen kommt, schlagen wir dich und alle anderen Haarköpfe zu Fleischmus.»

«He, ihr beiden Gespenster», fragte der kleine Fuchs, der gerade Torwache hatte, erstaunt, «wo kommt ihr her, dass ihr es wagt, so frech aufzutreten?»

«Wir sind die Untertanen des purpurgewandeten Wahrhaft-Menschen vom Grünhügel-Berg», riefen die kleinen Schwalben zurück. «Unser grosser König ist mächtig erzürnt, weil eure Geisterfüchsin ihm das ‹wahre Yang› stahl. Er ist persönlich mit seiner ganzen Streitmacht erschienen, um euch haarige Gespenster mit Stumpf und Stiel auszurotten.»

Da wurde es dem kleinen Fuchs schlagartig klar, dass der Trug der Geisterfüchsin ausgekommen war. Er drehte sich um und rannte so schnell die Beine ihn trugen in die Höhle hinein. Dabei achtete er nicht auf links und nicht auf rechts, stiess mit dem Kopf gegen eine der Steinsäulen und fiel blutüberströmt und halb besinnungslos zu Boden. Einige kleine Füchse hatten den Unfall bemerkt und liefen herbei, um zu helfen. Als der Torwächter wieder zu sich gekommen war, fragten sie ihn, warum er so schnell gelaufen sei.

«Draussen», stammelte er, «sind viele Bewaffnete versammelt, und alle wollen mit unserem grossen König kämpfen. Darüber erschrak ich so sehr, dass meine Seele nicht mehr am Körper haftete. Ich bin sofort hergeeilt, um dies unserem grossen König zu melden. O weh, nie hätte ich geglaubt, dass wir einmal in eine solche Bedrängnis geraten würden.»

Die kleinen Füchse meldeten dies sofort der Geisterfüchsin, die sich die Sache sehr zu Herzen nahm. Sie schlug mit der Faust auf den Tisch und rief:

«Habe ich nicht gesagt, dass der Kerl, dem ich das ‹wahre Yang› stahl, ein auf dem Weg zur Unsterblichkeit schon weit fortgeschrittenes Gespenst ist? Ich wusste, dass er kommen und mit mir kämpfen werde, sobald es ihm gelungen ist, mein Versteck aufzuspüren. Darum wollte ich ja so bald wie möglich zum Himmel emporsteigen und dem Jadekaiser Bericht erstatten, damit er seine himmlischen Generäle hersende, um den Tropf im Zaum zu halten. Ich hätte nicht gedacht, dass es so schnell gehen werde. Wie war das nur möglich? Ganz gleich, da es nun so steht, nützt alles Reden nichts; jetzt heisst es handeln! Mustert sofort dreitausend Soldaten aus. Wir werden den Mistvogel samt seiner ganzen Sippschaft erschlagen. Kein einziger darf unseren Schwertern entrinnen, damit uns daraus nicht später neues Unheil erwächst.»

In aller Eile legte sie ihre Rüstung an, packte das sechs Fuss lange ‹Adlerschwingen-Schwert› und stürmte dann an der Spitze ihrer Streitmacht laut fluchend zur Höhle hinaus.

«Du dämlicher, ungebärdiger Tropf!» schrie sie. «Wozu bist du denn hergekommen?»

«Du Haarkopf, du hinterlistiger!» schallte es zurück. «Du besassest die grosse Frechheit, mir das ‹wahre Yang› zu stehlen. Tritt vor, dann bekommst du meine Lanze zu spüren.»

«Haha! Wer hat dich geheissen, nach Lust zu gieren und mit mir ins Bett zu steigen, wo du ein Opfer deiner Künste wurdest? Du hast noch viel zu lernen und solltest dich deswegen durchaus schämen. Warte nur, bald komm' ich aus dem Himmel zurück und werde dich erziehen! Und jetzt hör' auf, dummes Zeug zu faseln und verzieh dich schleunigst. Sonst kostet es dich das Leben.»

«Du geile Füchsin», schnaubte der entrüstete Schwalberich, «willst dich nur auf meine Kosten bereichern.»

Dann packte er seine Himmelslanze und stiess nach der Geisterfüchsin, doch die parierte den wuchtig geführten Schlag blitzschnell mit ihrem ‹Adlerschwingen-Schwert›. Hin und her wogte nun der Kampf in Angriff und Gegenangriff, und sie fochten über zehn Runden. Wie hätte die zu Fuss kämpfende Geisterfüchsin dem Schwalberich auf die Dauer Widerstand leisten können? Mit seinem leichten Körper flog er behende hin und her und stach von links und von rechts mit einem solchen Ungestüm auf sie ein, dass sie wie eine Betrunkene umhertorkelte. Als sie sich derart in die Enge getrieben sah, öffnete sie rasch den Flaschenkürbis, den sie an der Hüfte trug und murmelte dazu eine Beschwörungsformel. Fauchend fuhr ein Wunderwind aus dem Flaschenkürbis hervor und wirbelte Sand und kleine Steine auf. Der Schwalberich und seine ganze Heerschar wurden in die Lüfte geblasen, wo sie zu einem wüsten Klumpen von Leibern zusammengeballt umherwirbelten, so dass einer gegen den anderen stiess. Unten warteten die kleinen Füchse, und sobald sie einen von ihren Feinden herunterpurzeln sahen, kamen sie herbeigerannt und fesselten ihn auf der Stelle. So gedachten sie es auch mit allen anderen zu machen. Zum Schluss wollten sie ihre Gefangenen dann in die Höhle schleifen und dort unter langsamen Folterqualen töten.*

Keiner dachte daran, dass dies der dritte Tag des dritten Monats war, an dem der Schen-hsiän, der heilige Wahrhaft-Fürst*, einer der Gehilfen des Jadekaisers, seinen Geburtstag hatte. Zu dieser Stunde befand er sich auf dem Weg in den Himmel, um beim Jadekaiser zur Audienz zu erscheinen. Ein weites, rotes Gewand umfloss seine hagere Asketengestalt und wurde in der Mitte von einer gelben Schärpe zusammengehalten. Auf dem Kopf trug er einen Goldhelm und an den Füssen zinnoberrote ‹Flügelschuhe›. Als er auf einer Wolke über den Berg der Pinienzapfen schwebte, spürte er plötzlich, wie ein kalter Zauberwind an ihm vorüberstrich.

«Dort unten streiten sich gewiss irgendwelche Gespenster herum», sagte er zu seinem Begleiter, dem Himmelsfürsten Teng.

Dieser blickte mit seinen Hui yän, «Augen, die alle Wesenheiten durchdringen», hinab und gewahrte einen grossen Haufen Füchse. Sie sassen im Kreis rings um ihren Fuchskönig und freuten sich über den Zauberwind, der Sand und Steine emporwirbelte und die Schwalben in arge Bedrängnis brachte. Da richtete er den reinweiss glänzenden Strahl seines Zauberspiegels zur Erde, geradewegs auf den Fuchskönig zu. Als die kleinen Füchse ihn bemerkten, wussten sie, dass der Himmelsfürst in der Nähe war. Wie hätten sie da noch den Mut und die Kühnheit aufgebracht, die Schwalben weiter in Fesseln zu legen? Entsetzt stoben sie Hals über Kopf davon. Sie verbargen sich in Schrunden und Erdspalten, und vor dem Höhleneingang gab es ein wüstes Gedränge und Gestosse. Sie, die eben noch nichts anderes im Sinn gehabt hatten, als ihren Feinden den Garaus zu machen, wünschten jetzt, dass die Erde sich unter ihnen auftue und sie verschlinge. Die Szene bot einen so komischen Anblick, dass selbst der ernste Himmelsfürst vergnügt in die Hände klatschte und schallend dazu lachte. Dann schwebte er wieder zum Wahrhaft-Fürsten empor und meldete:

«Drunten kämpft eine Geisterfüchsin mit einem Schwalbengeist. Ich nehme an, dass Ihr die beiden unterwerfen und vom Erdboden vertilgen wollt.»

«Solche Gespenster sollten in der Tat vom Erdboden vertilgt werden», antwortete der Wahrhaft-Fürst. «Doch heute an meinem Geburtstag will ich Gnade vor Recht ergehen lassen und ihnen das Leben schenken. Nimm diesen Befehlswimpel und bring' mir die beiden Gespenster her. Ich werde sie zum Jadekaiser mitnehmen und ihn bitten, das Urteil über sie zu fällen.»

Der Himmelsfürst nahm den mit sieben Sternen verzierten Befehlswimpel und schwebte hinab. Seine Füsse hatten kaum den Erdboden berührt, als er plötzlich einen weisshaarigen Alten vor sich stehen sah. Auf dem Kopfe trug dieser eine viereckige Kappe, und in der Hand hielt er einen Greisenstab. An allen Gliedern zitternd warf er sich vor ihm nieder und stammelte:

Der Wahrhaft-Fürst (Schen-hsiän) beendet

den Kampf der Schwalben und Füchse

«Erhabener Himmelsfürst, ich wusste nichts von Eurem Erscheinen! Ich verdiene zehntausend Tode zu sterben, weil ich es versäumte, Euch gebührend zu empfangen.»

«Du bist der Gott dieses Berges», fuhr der Himmelsfürst ihn an. «Wie konntest du es zulassen, dass die beiden Gespenster hier ihr Unwesen treiben und sich herumstreiten? Schwerlich wirst du der Strafe für dieses Versäumnis deiner Amtspflichten entgehen.»

Der Berggott warf sich erneut vor ihm nieder und machte einen Stirnaufschlag.

«Erhabener Himmelsfürst, wie durfte ich, der geringe Gott, mir erlauben, solches zuzulassen? Es sei mir aber eine Bemerkung gestattet. Die Geisterfüchsin hat bereits seit mehr als tausend Jahren ihr Leben hier auf dem Berg der Pinienzapfen gepflegt, und der Schwalbengeist tat drüben auf dem Grünhügel-Berg seit mehr als fünfhundert Jahren dasselbe. Die beiden haben sich zwar die Seligkeit in der nächsten Existenz noch nicht erwirkt; sie sind aber vortrefflich in der Schwarzen Magie bewandert. Darum vermag ich, der geringe Gott, nichts weiter gegen sie auszurichten, geschweige denn sie zu unterwerfen. Ich weiss auch nicht, aus welchem Anlass sie heute miteinander gestritten haben. Selbst wenn ich es gewusst hätte, wäre es mir unmöglich gewesen, sie daran zu hindern. Es ist für mich ein grosses Glück, dass Ihr, erhabener Himmelsfürst, zur rechten Zeit erschienen seid.»

«Wenn es sich so verhält, dann geh' in Frieden deines Weges. Ich werde mich jetzt mit den beiden Unholden befassen.» Dann wandte er sich dem Schwalberich und der Geisterfüchsin zu und rief: «Ihr Dämonenköpfe besitzt in der Tat viel zu grosse, übernatürliche Kräfte. Wie konntet ihr es wagen, hier euer Unwesen zu treiben?»

Die beiden Geister waren vor Schreck sprachlos. Der Himmelsfürst hob einen der herumliegenden Stricke auf, fesselte sie und brachte sie vor den Wahrhaft-Fürsten. Hier blieb ihnen nichts anderes übrig, als niederzufallen, einen Stirnaufschlag nach dem anderen zu machen und um Schonung des Lebens zu flehen.

«Eigentlich», sprach der Wahrhaft-Fürst, «sollte ich euch beide auf der Stelle vom Erdboden vertilgen. Weil aber heute mein Geburtstag ist, und weil ihr bisher kein Unheil angerichtet habt, will ich Gnade vor Recht ergehen lassen und euch Schonung gewähren. Und jetzt geht's zum Jadekaiser! Er soll das Urteil über euch fällen.» Und er befahl dem Himmelsfürsten, die beiden Geister mitzunehmen.

Auf einer Wolke erreichten sie wenig später das Südliche Himmelstor. Es war ganz aus grünblauem Lapislazuli gebaut und funkelte und glitzerte im Sonnenlicht. Zu beiden Seiten hielten die himmlischen Generäle mit ihren Soldaten Wache. Sie waren mit langen Hellebarden und scharfen Krummschwertern bewaffnet und musterten die beiden Geister mit finsteren Blicken.

Hinter dem Tor war eine lange ‹Wolkenbrücke›, über die der Weg zur Residenz des Jadekaisers führte. Sie bestand aus zweiunddreissig Palästen nebst zweiundsiebzig grossen und kleinen Hallen, die alle Namen wie ‹Halle des kostbaren Lichts› oder ‹Halle des himmlischen Herrschers› trugen. Auf den flachen

Dächern standen goldene und silberne Tierbilder mit Jadekugeln in den Mäulern. Der Vorraum der Audienzhalle, wo sich die Beamten des Jadekaisers versammelt hatten, war innen ganz mit rotem Lack überzogen und zeigte an mehreren Stellen Intarsienarbeiten aus weissem Jade. Als der grosse Gong ertönte, öffneten sich die Flügeltüren, und die Beamten, darunter auch der Wahrhaft-Fürst und seine Begleiter, traten ein. Auf der Estrade sass, umgeben von den Drei Reinen, den Fünf Planeten und den Achtundzwanzig Mondhäusern, der Jadekaiser auf seinem Perlenthron. Er trug ein goldschimmerndes Gewand und, als Abzeichen seiner Würde, dreizehn Schnüre mit roten Perlen. Der Wahrhaft-Fürst trat vor, kniete nieder und sprach:

«Ich, der geringe Diener, bin an meinem Geburtstage herbeigeeilt, um Eurer Majestät die Reverenz zu erweisen.»

«Seid willkommen, Wahrhaft-Fürst», tönte es von oben herab. «Wir werden nachher die Königin-Mutter des Westens* zum Fest der flachen Pfirsiche bitten.»

«Der geringe Diener Eurer Majestät hat noch etwas zu melden. Als der Weg mich vorhin über den Berg der Pinienzapfen führte, traf ich dort unerwartet auf eine Schar von Gespenstern. Weil sie miteinander kämpften, habe ich ihre Anführer gefangengenommen, doch wagte ich es nicht, sie nach eigenem Ermessen abzuurteilen. Ich habe sie mitgebracht, damit über sie entschieden werde.»

«Wie ich sehe», sagte der Jadekaiser und mass die beiden Geister mit einem prüfenden Blick, «habt ihr beide bisher euer Leben gepflegt und bereits den Grad von irdischen Unsterblichen* erlangt. Wie konntet ihr nur so unüberlegt handeln? Was habt ihr zu eurer Verteidigung zu sagen?»

«Ich», ergriff der Schwalberich das Wort, «habe bisher auf meinem Berg ein friedliches Leben geführt. Wie konnte ich wissen, dass diese alte Geisterfüchsin sich in ein junges Mädchen verwandeln würde? Wie hätte ich sie mit meinen eigenen, irdischen Augen durchschauen können? In meiner Verblendung habe ich sie mit meinem ‹wahren Yang› beträufelt, so dass es jetzt für mich schwierig, wenn nicht gar unmöglich ist, die Seligkeit in der nächsten Existenz zu erwirken. Das hat mich schrecklich verbittert. Ich konnte nicht anders handeln; der grosse Zorn riss mich dazu hin, Truppen aufzubieten, um sie zu vertilgen. Sie aber nahm ganz unerwartet ihre Zuflucht zur Schwarzen Magie und besiegte mich, zum zweiten Mal. Zu meinem Glück kam der heilige Wahrhaft-Fürst vorbei und rettete mich. Sonst hätte ich auch noch das Leben eingebüsst.»

«Wer hat dich geheissen, wollüstig nach Sinnesfreuden zu gieren?» verteidigte sich die Geisterfüchsin. «Dir ist recht geschehen. Es war nicht meine Schuld, dass du mich mit deinem ‹wahren Yang› beträufelt hast. Du hast mir nichts vorzuwerfen, das nicht dich selber träfe.»

«Ich sollte euch die Köpfe vor die Füsse legen lassen», entschied der Jadekaiser. «Weil ihr euer Leben aber bereits seit Hunderten von Jahren gepflegt habt, widerstrebt es mir, euch zu vertilgen. Daher sei euch die Todesstrafe erlassen. Wie aber wollt ihr beide die

Sung-scheng Niang-niang (Kinder-Leben-Dame) geleitet durch das Tor der göttlichen Stadt (Huang Du Shih) oder das südliche Himmelstor die Kinder ins Leben auf Erden. Auf diesem seltenen Bild wird ein Kind (oben) später Akademiker, der zur Audienz beim Kaiser zieht (unten)

Seligkeit in der nächsten Existenz erlangen, ohne die weltliche Gesinnung abzulegen und die Sinnenlust ganz aus euren Gedanken zu verbannen? Zur Strafe für eure Vergehen schicke ich euch für eine Wiedergeburt hinab in die Menschenwelt. Dort werdet ihr die Mütter allen Volkes sein. Im Augenblick steht ihr euch zwar als Feinde gegenüber, doch im nächsten Leben werdet ihr Schwestern sein und wie Fleisch und Knochen voneinander abhängen. Wenn euer Schicksal sich erfüllt hat, kehrt ihr wieder hierher zurück, und ich werde euch richten. Aber seid gewarnt! Nie wieder dürft ihr eine böse Tat begehen, sonst werdet ihr niemals zu den Gefilden der Seligen aufsteigen.»

Wie hätten die beiden Geister es wagen wollen, sich dem Urteil zu widersetzen, das der Herrscher des Himmels über sie aussprach? Sogleich kam von der Seite her ‹die Dame, die die Kinder ins Leben geleitet› – die Sung-scheng Niang-niang, und nahm sie in Empfang. Sie führte die beiden Geister zurück zum Südlichen Himmelstor und schickte sie von dort aus hinab in die Menschenwelt, damit sie als Kinder wiedergeboren würden.

Dies geschah nach menschlicher Zeitrechnung im ersten Jahr der Regierungsära ‹Ewiger Glanz› (43 v. Chr.), als nach langen und blutigen Kämpfen die Hunnen bezwungen worden waren. Zu jener Zeit sass Kaiser Yüan aus dem Hause Han auf dem Drachenthron, und im ganzen Reich herrschte Friede, so dass das Volk ungestört seinen Geschäften nachgehen und sich der Ruhe erfreuen konnte.

DRITTES KAPITEL

*Feng Wan-djin gewinnt die Gunst des Generals Dschau
Man. Vom Wein berauscht, fühlt die Prinzessin Gu-su ihr
‹Duftherz› stürmisch pochen.*

Damals lebte in Djiang-du, dem heutigen Yang-
dschou, ein Mann mit Namen Feng Da-li, der als Mu-
siker und Musikinstrumentebauer im Hoforchester
des dortigen Prinzen Hsiä-li tätig war. Er hatte nur
einen einzigen Sohn, Wan-djin geheissen. Dieser war
ein kluger und gewitzter Bursche von stattlichem
Wuchs und gutem Aussehen. Als er sechzehn oder
siebzehn Jahre zählte, starb der Vater, und von da an
tat er, was ihm gerade passte. Den ganzen Tag gab er
sich dem Vergnügen hin, sang schmachtende Schnul-
zen oder spielte Fussball. Zwar verstand er sich auf
das Spiel sämtlicher Schlag-, Blas- und Zupfinstru-
mente, doch er war von Natur aus ein leichtfertiger
Bursche und vernachlässigte gänzlich das vom Vater
erlernte Handwerk, die feierlich-getragene Tempel-
musik. Dagegen lehrte er eine Musik, die sich nicht
mehr an die aus dem Altertum überlieferten Klangre-
geln hielt, sondern kunstvolle Variationen und melan-
cholische Grundstimmungen bevorzugte. Er nannte
sie ‹elegische Musik›. Sie hatte einen angenehmen
Klang und alle, die sie hörten, waren von ihren Tönen
gerührt.

Damals lebte in Djiang-du ein Provinz-General namens Dschau Man. Als er von den Künsten des jungen Mannes hörte, lud er ihn zu sich ein und betraute

46

ihn mit einem kleinen Amt seines Palasthaushalts. Schon nach kurzer Zeit fand er an ihm einen solchen Gefallen, dass Wan-djin ihn auf Schritt und Tritt begleiten musste. Tagsüber sass er an seiner Tafel und des nachts teilte er mit ihm Kissen und Bettdecke. Von da an trug er stets schöne und elegante Kleider, und der General behandelte ihn wie eine Frau. Als sie eines Nachts wieder beisammenlagen, sagte der General zu ihm:

«Bisher hast du dir die grösste Mühe gegeben, um meine Sinneslust zu befriedigen und meine geheimen Wünsche zu stillen. Wie soll ich dir dafür danken. Soll ich dir später ein Mädchen zur Frau geben, das sowohl schön wie auch sinnlich ist?»

«Was soll ich wohl mit einer Frau?» flötete Wandjin. «Gerade bei denen, die schön und sinnlich zugleich sind, muss man sich Nacht für Nacht im Bett abrackern. Das ist nichts für mich. Da ist es schon besser, wenn ihr, alter Vater, mich in eurer Nähe behaltet und dafür sorgt, dass ich ein angenehmes Leben führen kann. Euch zu dienen soll meine Lebensaufgabe sein. Warum sollten wir uns trennen? Das würde euch nur Kummer bereiten.»

Der General war von diesen Worten gerührt, und sie plauderten noch ein Weilchen, bis das Lustverlangen ihn überkam. Er schloss Wan-djin in seine Arme und drückte ihn fest an sich. Dann drehte er ihn auf die Vorderseite und bohrte die eiserne Lanze in den emporgereckten Hinterhof hinein. Mit allen Raffinessen bearbeitete er ihn geraume Zeit, abwechselnd mit flach schürfenden und tief bohrenden Stössen, und Wan-djin girrte und seufzte dazu wie ein Mädchen.

General Dschau Man umarmt

gerührt seinen Geliebten Wan-djin

Schliesslich fanden beide, obwohl vollkommen erschöpft, den höchsten Genuss.

Von Stund an war der General ihm in einem ganz besonderen Masse gewogen, und Wan-djin durfte sich die grössten Freiheiten herausnehmen. Bald schon ging er ohne die geringste Furcht im ganzen Hause aus und ein und stöberte in allen Ecken und Winkeln umher. Dabei begegnete ihm auch die Gattin des Generals, die Prinzessin Gu-su. Sie war eine Tochter des Prinzen Sun aus Djiang-du und stand mit ihrer Schönheit und ihrer lieblichen Stimme den Reizen einer Hsi-schi* in nichts nach. Ausserdem war sie von Natur aus so wollüstig veranlagt wie die berüchtigte Kaiserin Wu* aus der T'ang-Dynastie. In diesen Tagen nun, als der General seine ganze Gunst Wan-djin zuwandte, besuchte er sie im Monat höchstens ein- oder zweimal. Ihre Sinneslust wurde also niemals richtig gestillt. Wie wäre dieses heissblütige Weib auf die Dauer fähig gewesen, ihr vereinsamtes Schlafzimmer zu hüten? Oft spürte sie das Verlangen nach Zärtlichkeit und dann seufzte sie tief.

Blumenschön und verführerisch;
weidengleich zügelt sie ihre Gefühle.*
Im glutvollen Auge schmachtet die Wollust.
Sie gibt sich den Anschein der Sprödigkeit.
Verlegen reibt sie die Stirn
und stützt sich in lässiger Haltung
*   auf den eisvogelfederverzierten Wandschirm.*
Auch fürchtet sie,
*   Kleidung und Schminke könnten*
*   herausfordernd wirken.*

Zuerst probiert sie
  den Trick mit dem leeren Vorhang aus.
O wie sie es hasst,
den Frühling eingekerkert
  in einem dickmäurigen Wohnturm zu verbringen.

Am Tage des Drachenboot-Festes spazierten alle Einwohner der Stadt, gross und klein, zum Flussufer hinaus, um sich an den Ruderregatten der Drachenboote zu ergötzen. Was war zu sehen?*

Lichte Bläue umspannt die Weiten des Himmels. Auf den weidenbestandenen Deichen strömt das Volk zusammen, und der Lärm der lachenden und schwatzenden Stimmen verschmilzt zu einem auf- und abschwellenden Getöse. Da! Dreimal erdröhnen die Pauken; rote Banner entfalten sich. Aus den Höhlungen langer Bambusstangen fallen bunte Reiskuchen als Opfergaben in den Fluss. Ein Trommelwirbel – und die Drachenboote gleiten davon. Gleich tausend umherwirbelnden Schwertern peitschen die Ruder das aufgischtende Wasser; der grelle Lärm der Zimbeln scheint die Wogen zu zerteilen. Schneller und schneller werden Trommel- und Ruderschlag; die Boote nähern sich dem Ziel. Tosendes Gebrüll der Zuschauer schallt über das Wasser und lässt die Stange mit der Regenbogenmuschel in der Flussmitte schwanken. Da! Das erste Drachenboot schiesst darauf zu; der Bugmann reisst die Stange hoch und hält sie triumphierend empor. Die anderen Boote verlieren die Fahrt; mit hängenden Köpfen sitzen die Männer auf den Duchten und ziehen die Ruder ein.

Aus diesem Anlass feierte der General mit seiner Gattin ein kleines Fest. Wan-djin wurde hereingerufen und durfte am Tisch Platz nehmen; er sang einige Lieder oder spielte auf der Hirtenflöte. Nebenher versah er das Amt des Mundschenks und reichte ihnen die vollen Becher. Als die Prinzessin den schönen Wan-djin zum ersten Male aus der Nähe sah und hörte, wie er mit weicher und doch vollkommen klarer Stimme sang, da hätte sie ihn am liebsten auf der Stelle in ihre Arme geschlossen.

«Hick…» liess sich der General nach einer Weile vernehmen, «hick… ich bin wohl schon betrunken. Wan-djin, schenke der Dame noch einen Becher voll ein.»

Er brabbelte noch etwas vor sich hin, dann liess er sich auf den Tisch vorneübersinken und war im Nu eingeschlafen. Wan-djin nahm einen grossen Pokal, füllte ihn mit blassgelbem Wein und bot ihn der Prinzessin mit beiden Händen dar. Dann sang er abermals eines seiner schmachtenden Lieder. Als der letzte Ton verklungen war, gab die Prinzessin den aufwartenden Dienerinnen einen Wink, sich einstweilen zurückzuziehen. «Schenk' mir noch einmal ein», sagte sie anschliessend zu Wan-djin. Er kam ihrem Geheiss nach und reichte ihr den Pokal mit beiden Händen. Als sie das goldfunkelnde Gefäss sah, auf dessen Rundungen sich seine schlanken Finger ins Grünbläuliche hinüberspielend abzeichneten, da verspürte sie auf einmal ein brennendes Verlangen nach ihm. Ein altes Sprichwort sagt, dass die aus der Leidenschaft geborene Kühnheit so hoch wie der Himmel aufflammt. Wie hätte die Prinzessin dem Feuer der Wollust, das lichterloh in ihrem Busen brannte, Einhalt gebieten können, nachdem sie drei grosse Pokale hintereinander getrunken hatte? Kurzentschlossen stand sie auf, griff nach dem dargebotenen Pokal und hielt dabei absichtlich seine Hände fest.

«Wie wär's», flüsterte sie erregt, «wenn jeder von uns die Hälfte trinken würde?»

«Edle Dame, kein Wort mehr davon», flüsterte der zu Tode erschrockene Wan-djin ihr hastig ins Ohr. «Wenn der alte Vater aufwachen und uns so sehen würde – es lässt sich nicht ausdenken, was dann geschehen könnte.»

«Was», gab sie reichlich pikiert zurück, «hast du denn zu befürchten, der du den alten Vater täglich umgirrst und umschmeichelst – du, der du mir die Freuden raubst? Darf ich mir denn nicht die gleiche Freiheit herausnehmen?»

Der schlaue Wan-djin lenkte sofort ein. «Wie könnte ich gleichgültig bleiben, edle Dame, wenn Ihr Absichten auf mich habt? Ich fürchte nur die vielen Augen und Ohren, die uns hier hinter jedem Wandschirm und jeder Tür belauschen und bespähen können. Allein deshalb wage ich es nicht, in dieser Angelegenheit überstürzt vorzugehen.»

«Also gut. Wenn sich eine Gelegenheit bietet, lasse ich dich durch eine Dienerin rufen. Du darfst aber das Wort, das du mir gabst, auf keinen Fall brechen.»

Wan-djin wollte gerade antworten, da hörte er auf einmal, wie der General im Schlaf rief: «Wan-djin, hilf mir ins Schlafzimmer!»

«Da siehst du, wie betrunken er ist», sagte die Prinzessin und lachte leise: «Was soll das heissen: Wan-djin, hilf mir ins Schlafzimmer?»

Wan-djin bekam einen roten Kopf und ging ohne ein Wort zu erwidern hinaus. Daraufhin rief die Prinzessin ihre Dienerinnen herein und liess sich in den Wohnturm bringen. Zur Ernüchterung trank sie einige Schalen duftgewürzten Tees,* dann entkleidete sie sich und ging ins Bett. Die Dienerinnen hatten sich inzwischen in ihre Quartiere zurückgezogen, und nur ihre Leibzofe Eisvogelfiligran war geblieben. Sie zählte damals fünfzehn oder sechzehn Jahre und war ein aufgewecktes und gar durchtriebenes Ding. Sie galt als die rechte Hand der Prinzessin; wo immer es etwas zu erledigen gab, war sie der führende Kopf. Obwohl noch jung, war sie doch in Geschäften aller Art wohlerfahren.

Lange fand die Prinzessin keinen Schlaf. Weil der General seinen Rausch ausschlief und sie sich vor dem Entdecktwerden sicher wusste, begann ihr Duftherz stürmisch zu pochen, und das Wollustfeuer in ihrem Busen liess sich nur schwer zügeln. Sie dachte an Wan-djin und die Verabredung, die sie mit ihm getroffen hatte. Am besten ist es, überlegte sie, wenn ich die Gelegenheit wahrnehme und ihn rufen lasse, und zwar sofort, solange mein Mann seinen Rausch ausschläft. Er dürfte kaum vor dem Morgen aufwachen. Wan-djin ist jetzt alleine in der Bibliothek. Ich schicke Eisvogelfiligran hin und trage ihr auf, ihn hierher zu führen. Dann kann ich mit ihm die Freuden der Wollust geniessen.

Sie rief der Leibzofe mit leiser Stimme, und als diese im Schlaf ihren Namen hörte, wachte sie sogleich auf. Sie erhob sich, strich ihre Kleider glatt und trat an das Bett der Prinzessin.

«Welche Befehle habt ihr für mich, Herrin?» fragte sie und rieb sich den Schlaf aus den Augen. «Eben träumte ich von einem Mann. Er hielt mich fest umklammert, und obwohl ich mich anstrengte, kam ich nicht von ihm los. Ich musste alle möglichen Qualen erdulden. Ein Glück, dass ihr mich wachgerufen habt, Herrin.»

«Er hielt dich umklammert?» forschte die Prinzessin. «Wie ging das zu?»

Das Mädchen liess nur ein verlegenes Kichern hören.

«O, ich verstehe. Das ist sonst ein sehr vergnügliches Geschäft. Schade, dass ich nicht denselben Traum hatte. Wie kam es nur, dass du dabei Qualen ausstehen musstest?»

«Ach, das waren Gefühle, wie ich sie bisher noch nie erlebt habe. Ich kann darum auch gar nicht genau sagen, ob sie schmerzhaft oder süss waren. Darum fürchtete ich mich so.»

«Schau' nur, wie schön das Mondlicht durch das Gitterwerk der Türe fällt. Das ist ein Anblick, der jedes Menschenherz rührt. Der alte Vater schläft jetzt fest; es ist sein altes Leiden, dass er nach einem tüchtigen Trunk sofort einschläft. Vor morgen früh wird er nicht aufwachen. Ich habe jetzt so richtig Lust, ‹Düfte zu stehlen und Edelsteine zu entwenden›. Wenn du bereit bist, mir den Liebsten herzubringen, unserem Yüan zu dienen und unsere Schicksale zu verknüpfen, will ich es dir reichlich lohnen.»

«Herrin, wozu diese Umschweife. Schickt mich doch einfach hin, wenn es etwas zu erledigen gibt, ganz gleich, was es ist. Ich habe Eure Huld empfangen; warum sprecht Ihr davon, mich belohnen zu wollen?»

«Du kennst doch Wan-djin, nicht wahr? Ich traf heute mit ihm zusammen. Er ist zwar kein nobler Herr, aber er besitzt einen sanften Charakter und überragt alle an männlicher Schönheit. O, wenn ich mich mit ihm auch nur eine einzige Nacht in Liebe vereinigen könnte! Dann wäre der grösste Wunsch meines Lebens in allen drei Existenzen erfüllt. Ich weiss aber nicht, ob du bereit bist, ihn herzurufen.»

«Selbstverständlich bin ich bereit, ihn zu rufen, doch das ist weniger wichtig. Was aber, wenn er nicht kommen will und morgen früh alles dem alten Vater erzählt? Der wird Euch gewiss schief anschauen, und ich selbst werde schwerlich mit dem Leben davonkommen.»

«Du bist wirklich ein heller Kopf, der sich in allen Dingen auskennt. Sei unbesorgt. Während der alte Vater schlief, haben wir beide uns verabredet. Geh' jetzt und ruf' ihn her. Wenn du das für mich tust, werde ich mich immer dankbar zeigen, und wenn darüber die Welt untergehen sollte.»

«Wenn es sich so verhält, Herrin, dann braucht Ihr Euch keine Sorgen zu machen. Also gut, ich gehe sofort.»

Leise öffnete sie die Türe und stieg die Treppe hinab. Die Prinzessin aber wandte sich dem Fenster zu und schaute versonnen in den Mond. Mit allen Fasern ihres Herzens sehnte sie Wan-djin herbei.

Heimlich wartet sie auf den glücklichen Augenblick.
Der Weihrauch in der Tripode ist schon erloschen.
Sie gibt sich ihren Gefühlen hin.
Es ist ihr, als sei sie aus einem schönen Traum
aufgeschreckt worden.
Es fällt ihr schwer, die schöne Nacht allein zu verbringen.
Sie grollt ihm, weil er sich nicht blicken lässt.
Nur die Mondgöttin Tschang-o ist ihre Gefährtin.

Eine kleine, seidengazeüberspannte Palastlaterne in der Hand haltend, trippelte derweil Eisvogelfiligran leichtfüssig durch die Nacht. Also auf diesen Kerl hat sie's abgesehen und sich auch gleich mit ihm verabredet, überlegte sie. Auch ich muss in einem fort an ihn denken. Der Mann, von dem ich träumte – das kann nur er gewesen sein. Wer weiss, vielleicht nimmt er mich zuerst, bevor er sich mit ihr verlustiert.

Es war bereits tief in der Nacht; überall herrschte Stille. Niemand liess sich mehr blicken; sie konnte ungehindert ihres Wegs gehen und war bald am Ziel, der Bibliothek, angelangt. Als sie sah, dass drinnen noch Licht brannte, trat sie ans Fenster. Sie befeuchtete den Zeigefinger leicht mit Speichel, rieb einige Male über die Fensterbespannung und sah, dass Wan-djin alleine im Zimmer war. Die aufreizenden Worte der Prinzessin hatten ihn in eine nicht geringe Erregung versetzt. Er sass am Tisch und blätterte in einem Album mit Lenzbildern. Er schaute sie solange an, bis die Wollust ihn überkam, und sein anfangs noch schlaffes Gemächte steif wurde und sich aufrichtete. Schliesslich wurde es so hart, dass es ihm in starrer Haltung waagerecht vom Leib abstand. Da nestelte er den Hosenbund auf und liess das störrische Ding lun-lai, lun-djü, hurtig durch die Finger sausen. Doch sein Herz wurde nicht richtig froh, als er sich auf diese Weise Handgeld schlug.

«Man empfindet dabei zwar eine gewisse Lust», sinnierte er vor sich hin, «im übrigen aber reicht es nur eben aus, um das ärgste Feuer zu löschen! Wie lässt sich das mit dem Intimverkehr vergleichen! Wenn ich doch jetzt nur eine Frau hätte! Ich würde so richtig in sie eindringen und mit wonnigem Vergnügen in ihrem Unterleib herumbohren. Hei, das wäre ein Fest!» Und er schickte sich an, ins Bett zu gehen.

Nachdem das Mädchen seinem Treiben eine Weile zugeschaut hatte, spürte sie, wie ihr Körper erschlaffte. Ein Wonneschauer nach dem anderen durchrieselte sie. Mit aller Kraft presste sie die Schenkel zusammen, doch es gelang ihr nicht, der übermächtigen Erregung Herr zu werden. Sie fühlte, dass ihre Hosen zwischen den Beinen ganz nass waren. Als sie sah, dass er das Licht auslöschen wollte, klopfte sie rasch an die Türe.

Wer mag wohl zu solch später Stunde noch an meine Türe klopfen? wunderte sich Wan-djin und rief laut: «Wer ist dort?»

«Deine Frau», raunte es draussen.

Da riss er die Türe auf. Als er die Leibzofe der Prinzessin erkannte, fragte er halb erschreckt und halb misstrauisch: «Was führt dich hierher?»

«Ich bringe dir eine gute Nachricht», gab Eisvogelfiligran zur Antwort.

«Was hast du mir zu melden?»

«Der alte Vater schläft jetzt seinen Rausch aus.

Darum hat meine Herrin mich hergeschickt und mir aufgetragen, dich zu ihr zu führen.»

«Wie darf ich mich erkühnen hinzugehen?» wich Wan-djin, dessen anfängliches Misstrauen noch immer nicht verschwunden war, aus.

«Glaubst du mir nicht? Oder hast du Angst, du könntest den Weg in ihr Schlafzimmer nicht finden?»

«Gewiss, wenn es so ist, ältere Schwester, dann... werde ich dir schwerlich je für die tiefe Zuneigung danken können.»

«An deinem Dank ist mir nichts gelegen. Ich möchte... dass du mir sofort jenes gewisse Vergnügen bereitest. Was war das für ein Album, das du vorhin angeschaut hast. Ich sah wohl, dass es dich sehr erregt hat.»

«Das... das waren Lenzbilder.»

«Lenzbilder? Was ist das?»

«Das sind Bildvorlagen, die Männer und Frauen beim Liebesspiel zeigen.»

«Lass' sie mich einmal anschauen.»

«Mädchen dürfen solche Bilder nicht sehen.»

«Was macht das schon, wenn ich sie anschaue?»

Sie setzte ihm solange zu, bis er ihr das Album zeigte. Nachdem sie einige Bilder betrachtet hatte, geriet sie ganz ausser sich. Sie umarmte Wan-djin, drückte ihm zwei Küsse auf den Mund und keuchte:

«Schatz, meine Herrin sagte vorhin, dass es grosses Vergnügen bereitet. Lass' es uns rasch einmal ausprobieren.»

Wan-djin liess sich das nicht zweimal sagen. Er griff hastig zu, legte sie aufs Bett und zog ihr die Hosen aus. Behutsam drückte er ihr seinen Jadestengel

Zofe Eisvogelfiligran lernt bei

Wand-djin die Freuden der Liebe kennen

in die Lustgrotte hinein, was ihm schliesslich auch gelang. Nun war Eisvogelfiligran bis dahin noch eine dschu nü, eine unberührte Jungfrau gewesen, und ihr, geschätzte Leser, werdet fragen, warum es so glatt und ohne Beschwerden verlief. Lasst euch das erklären: Schon die Gegenwart Wan-djin's und erst recht die Lenzbilder hatten sie derart erregt, dass ihr Blütenkelch vom Tau der Wollust tropfnass war. Ihn aber hatte die Gier derart gepackt, dass sein Jadestengel so hart wie Eisen war. Darum kam er auch so gut hinein, und sie merkte es kaum, wie er ihr das Häutchen zerriss. Nach einer Weile fühlte sie, wie sie sich dem Höhepunkt näherte. Das Lustgefühl in ihr war so übermächtig, dass sie es kaum mehr ertragen konnte. Ihre Schenkel zitterten ohne Unterlass wie ein Rüttelsieb, sie hielt die Augen geschlossen und rief in einem fort:

«Ich sterbe vor Glück! Ich sterbe vor Glück!»

Da stiess er abermals rasch und kräftig zu, bis sie in Ohnmacht fiel und sich nicht mehr rührte. Als er es merkte, wurde er ganz zappelig; er steckte ihr seine Zungenspitze in den Mund und blies sie ein gutes Dutzendmal mit seinem Atem an. Da kam sie wieder zu sich.

«O», stammelte sie verwirrt, «eben bin ich unter Päonien gestorben und ein Geist der Wollust geworden.»

Wan-djin hatte sich inzwischen von ihr gelöst. Er nahm ein Taschentuch und wischte solange an ihrem Blütenkelch herum, bis es tropfnass war. Dann stand er auf.

«O weh», rief sie, «die Herrin hat mich hergeschickt,

damit ich dich zu ihr bringe. Wie konnte ich es nur vergessen? Wir dürfen nicht länger bleiben; sofort müssen wir gehen.»

«Das sagst du so», antwortete er. «Eben hab' ich's mit dir gemacht und jetzt ist, fürchte ich, meine Manneskraft erschöpft. Was soll ich da machen?»

«Dummes Gerede!» rief Eisvogelfiligran, die sich eben die Hosen anzog. «Wenn du erst bei ihr liegst, wirst du's noch besser können.» Hastig griff sie nach der Laterne und drängte ihn zur Eile. Er vergass nicht, seinen Leib flugs zu säubern und ordnete danach seine Kleidung. Dann versperrte er die Türe, und beide machten sich auf den Weg.

VIERTES KAPITEL

*In stürmischer Umarmung gibt sich die Prinzessin dem
schönen Wan-djin hin. Wie sie schwanger ist, täuscht sie
Krankheit vor und kehrt zu ihren Eltern zurück.*

Als sie am Wohnturm angekommen waren, ging Eisvogelfiligran voraus und meldete der Prinzessin,
Wan-djin sei da.

«Warum bist du so lange fortgeblieben?» fragte
jene unwirsch. «Du hast dir doch denken können, dass
mich das ärgert.»

«Es war schrecklich, Herrin! In der mittleren Halle
sass noch ein Graukopf. Weil ich nicht unbemerkt an
ihm vorbeigehen konnte, musste ich warten, bis er
sich schlafen legte. Erst dann war der Weg frei. Ich
wäre vor Angst fast gestorben!»

«Ruf' Wan-djin sofort her!»

Das Mädchen ging hinab und erzählte ihm flü-
sternd, welche Ausrede es gebraucht hatte. Dann
führte sie ihn hinauf in das Schlafzimmer der Prinzessin.

«Endlich!» seufzte diese, als sie ihn erblickte. «Ich
habe lange auf dich warten müssen, und das hat mich
tüchtig verstimmt.»

«Als ich Euren Ruf vernahm», antwortete er galant,
habe ich auch nicht einen Augenblick zu zögern gewagt. Aber so ist es nun mal: Immer stellt sich etwas
unserem Glück entgegen.»

Seine Nähe stimmte sie im Handumdrehen versöhnlich. Sie verlor die kühle Zurückhaltung; ihr

‹Duftherz› geriet ausser Rand und Band; sie umarmte ihn stürmisch und bedeckte sein Gesicht mit Küssen. «Mein Herz, meine Leber», flüsterte sie. «Je mehr ich dich anschaue, um so mehr muss ich dich lieben. O wärest du doch eine Schale Wasser, die ich hinunterschlucken könnte! Erst dann wäre ich restlos glücklich.»

Rasch und ohne ein Wort zu verlieren, streiften sie die Kleider ab und bestiegen das Bett. Sofort begannen sie das Zaubervogel-Phönix-Spiel. Toll von Lust und Leidenschaft, griff die Prinzessin nach Wandjin's Jadestengel. Sie hielt ihn mit beiden Händen umklammert, liebkoste ihn, stiess winselnde Laute aus, und wollte ihn nicht mehr loslassen. Erst als es in ihrer Liebesgrotte schier unerträglich zu kitzeln begann, steckte sie sich das Ding hinein. Doch als Wandjin kung-fu machen wollte, liess sie seinen Jadestengel nicht heraus, kurz, sie gebärdete sich wie eine Ameise auf einem heissen Stein. Nicht einen Augenblick lang konnte sie ihre Gliedmassen stillhalten. Sie umschlang ihn mit Händen und Füssen, drückte ihn an sich, stöhnte und schluchzte:

«Mein Herz, meine Leber... du mein schöner Wunschkavalier... du kannst es aber gut!... heiraten möchte ich dich... immer möchte ich dich bei mir haben... doch ich hab' Angst, der alte Vater könnte es erfahren... sag', was sollen wir tun?»

«Lassen wir es doch so, wie es jetzt ist», meinte Wan-djin und versetzte ihr, gleichsam in einem Atemzug, an die hundert Stösse. Ihr war es dabei zumute, wie wenn erquickender Regen nach langer Trockenheit die ausgedörrte Erde segnet. Sie fühlte, wie ihre

Lust abebbte und ihr Herz ruhiger wurde. Der Wollusttau, der aus ihrem Blütenkelch hervorgequollen war, hatte die halbe Matte benetzt.

«Verführer», seufzte sie, «wenn ich dir nicht begegnet wäre, hätte ich nie erfahren, was Liebe wirklich ist.»

Wan-djin nahm ein Tuch in die Hand und wischte den Wollusttau von ihrem Blütenkelch fort. Dann ging er erneut zum Angriff über. Nach einigen hundert Stössen stöhnte die Prinzessin abermals: «Das ist herrlich! – Ich kann es kaum mehr aushalten!»

Sie presste die Schenkel fest zusammen, so dass sein Jadestengel sich kaum mehr bewegen konnte, schlang die Arme um seinen Hals und begann im Wollusttaumel ihren Unterleib auf und ab zu bewegen. Nach einer Weile konnte er es nicht mehr länger aushalten und spritzte. Als der Rausch abgeklungen war, musste Wan-djin sich auf Wunsch der Prinzessin neben sie legen und mit den Fingern an ihrem Blütenkelch spielen. Sie dagegen knetete sein schlaffes Ding.

«Die vierte Nachtwache ist schon weit fortgeschritten», protestierte er nach einer Weile. «Im Osten beginnt es bereits zu dämmern. Wenn ich hier liegen bleibe, schlafe ich bestimmt ein. Was aber, wenn die anderen es merken?»

«Glaubst du, ich sehe es nicht? Ich habe zwar mit dir zweimal das Wolke-Regen-Spiel gespielt, und dabei alle Wonnen bis zur Neige ausgekostet. Doch wenn ich dich anschaue, mein schöner Verführer, kann ich mich nicht von dir trennen.»

«Es ist ja nicht so, dass ich, der kleine Mann, Euch verschmähen würde, Herrin. Ich fühle mich hier wie in einer Feengrotte; trotzdem darf ich nicht länger bleiben. Aber Ihr könnt mich ja, wenn es Euch passt, immer wieder rufen lassen. Glaubt mir: auch ich würde gerne jeden Tag und jede Nacht mit Euch zusammensein und mich in Liebesbeweisen erschöpfen.»

Sie standen auf, und als sie sich an den Händen hielten, fühlten sie sich noch inniger verbunden. Der Prinzessin blieb nun nichts anderes übrig, als Eisvogelfiligran wachzurufen. Sie befahl ihr, eine Laterne anzuzünden und voranzugehen. Dann ergriff sie Wan-djin's Hand und führte ihn die Treppe hinab. Drunten küssten sie sich nochmals und flüsterten einander zärtliche Worte der Liebe zu. Der Prinzessin fiel das Scheiden schwer; schliesslich riss sie sich los und ging wieder nach oben.

Als Wan-djin in Begleitung des Mädchens in die Bibliothek zurückgekehrt war, sagte sie zu ihm:

«Gib mir das Album mit den Lenzbildern, die wir vorhin angeschaut haben.»

«Was willst du damit?» fragte er erstaunt zurück.

«Was geht es dich an, wozu ich es will.»

Wan-djin sträubte sich mit Händen und Füssen: «Wenn der alte Vater erfährt, dass ich es dir gegeben habe, dann ist was los.»

«Du willst nicht? Also gut. Aber glaube ja nicht, dass ich dich noch einmal in das Schlafzimmer meiner Herrin führen werde.»

Und sie machte Miene, als ob sie hinausgehen wollte. Da hielt er sie fest, kniete nieder und bat:

«Es ist nicht so, dass ich dir das Album nicht geben wollte. Ich habe nur Angst, man könnte es entdecken. Doch wenn du es unbedingt haben willst, ältere

Prinzessin Gu-su erfährt mit

Wan-djin, was Liebe wirklich ist

Schwester, dann nimm' es halt mit!» Er öffnete seine Bücherkiste und reichte ihr das Album.

«Du süsser Strolch», neckte sie ihn. «Ich werde das Album meiner Herrin zeigen, und wenn wir beide es gründlich angeschaut haben, musst du mit jeder von uns jede Stellung ausprobieren. Erst dann wird die Verzeihung gewährt.»

Sie tändelten noch eine Weile herum, dann geleitete Wan-djin sie hinaus und legte sich schlafen.

Nachdem die Prinzessin sich hingelegt hatte, blieb sie noch eine Weile wach. Ihr Sinn war derart von Wan-djin ausgefüllt, dass sie keinen Schlaf fand, obwohl sie am ganzen Körper Ermattung verspürte. Schliesslich aber fielen ihr die Augen zu, und im Traum sah sie eine alte Frau, die an jeder Hand ein kleines Kind hielt. Sie trat an ihr Bett und sagte:

«Prinzessin Gu-su, eben hast du mit Feng Wan-djin Verkehr gehabt, und jetzt bist du schwanger. Hier bringe ich dir zwei kleine Mädchen. Wenn du sie zur Welt gebracht hast, sollst du sie ihrem Vater übergeben. Dann ist ihnen eine glänzende Zukunft gewiss.»

Da wachte die Prinzessin auf und merkte, dass es nur ein Traum gewesen war. Das war aber ein seltsames Traumerlebnis, dachte sie. Was soll ich nur machen, wenn ich jetzt wirklich schwanger bin? Sie überlegte und beruhigte sich schliesslich bei dem Gedanken, dass man nicht alles glauben dürfe, was man geträumt habe. Dann schlief sie wieder ein und wachte erst auf, als es draussen bereits hellichter Tag geworden war. Sie stand auf und nachdem sie sich gewaschen und frisiert hatte, ging sie in die Räume des Generals hinüber und betrat sein Schlafzimmer. Er schlief noch; sie weckte ihn, rief eine Dienerin herbei und befahl ihr, Tee zu bringen. Während sie tranken, plauderte sie mit ihrem Gatten und versuchte durch geschickte Fragen herauszubekommen, ob er etwas gemerkt hatte. Schliesslich stand auch er auf und machte Toilette. Dann verliess er die inneren Gemächer und ging hinaus, um sich den Amtsgeschäften zu widmen.

Von nun an hatte Wan-djin zwei Aufgaben zu erfüllen: Er tändelte weiter mit dem General herum, und wenn dieser ausser Haus war, liess ihn die Prinzessin oft zu sich in den Wohnturm rufen, wo beide dann die verbotene Liebe aus vollen Zügen genossen.

Unmerklich wechselten Licht und Schatten, und die Tage und Monate glitten gleich einem Weberschiffchen dahin. Nach einem Vierteljahr begann sich der Bauch der Prinzessin allmählich zu wölben. Sie war von Sorge und Argwohn erfüllt und fürchtete, der General könnte ihren Zustand bemerken. Er war von Natur aus nicht bloss eifersüchtig und zur Gewalttat neigend, sondern auch ein ziemlich gefühlloser Patron, der anderen wenig Verständnis entgegenbrachte. Wenn es herauskommt, dachte sie voller Schrekken, bin ich meines Lebens nicht mehr sicher. Sie war so verzweifelt, dass sie heimlich Eisvogelfiligran zu sich rief. Sie erzählte ihr, was sie in jener Nacht geträumt hatte, und bat um einen guten Rat. Das Mädchen überlegte eine Weile und sagte dann:

«Ich wüsste schon einen Ausweg. Der alte Vater vergnügt sich doch nur mit Wan-djin und kommt selten in euer Schlafzimmer. Am besten wäre es, eine Krankheit vorzutäuschen. Ihr müsst verlangen, dass er Euch zur Tai-tai zurückkehren lässt, um dort die angebliche Krankheit auszukurieren. Dort wartet Ihr dann in aller Ruhe, bis das Kind oder die Kinder geboren sind und gebt sie dann Wan-djin. Nachher kehrt Ihr wieder zurück, wie wenn nichts gewesen wäre. Was sollte daran schwierig sein?»

«Ein vortrefflicher Plan!» stimmte die Prinzessin beruhigt zu. «Ich verlasse mich ganz auf dich.»

«Ich übernehme die Verantwortung dafür und werde mich mit ganzer Kraft für Euch einsetzen. Ihr braucht euch wirklich keine Sorgen zu machen, Herrin.»

Von Stund an gab die Prinzessin vor, krank zu sein. Kaum hatte der General davon erfahren, da eilte er schnurstracks zum Wohnturm, um nach seiner Frau zu sehen. Er erschrak nicht wenig, als er ihr gelbliches, ausgezehrtes Gesicht sah und fragte besorgt, was ihr fehle.

«Ich bin krank, mein Gemahl», schluchzte sie kummervoll. «Ich wagte es nicht, Euch mit dieser Nachricht zu erschrecken. Jetzt aber wird es von Tag zu Tag schlimmer. Was soll ich nur tun?»

«Was ist das für eine Krankheit, die dich befallen hat?»

«Ich leide sehr unter Blähungen und kann nur noch wenig essen. Ausserdem werde ich von Depressionen heimgesucht. Das ständige Kommen und Gehen hier im Palast irritiert mich erst recht. Das wollte ich Euch eben sagen und darum bitten, für einige Zeit zu meinen Eltern zurückkehren zu dürfen. Dort könnte ich mich in aller Ruhe gesundpflegen, und das würde auch Euch, mein Gemahl, manche Mühe und manchen Verdruss ersparen.»

«Also das ist es! Gut, wenn es dir hier nicht mehr gefällt, kannst du für einige Zeit zu deinen Eltern zurückkehren. Ich werde dir alles, was du brauchst, schicken lassen.»

Als die Prinzessin diese Worte vernahm, war sie, ohne es sich natürlich anmerken zu lassen, ausser sich vor Freude. Noch am gleichen Tag liess der General Sänften und Pferde bereitstellen, und beauftragte Eisvogelfiligran, ihre Herrin ins Elternhaus zu begleiten und ihr dort in allen Dingen zur Hand zu gehen. Nichts war der Prinzessin lieber als das! Sie bestieg die Sänfte und kehrte noch am gleichen Tag in ihr Elternhaus zurück. Als sie ausgestiegen war, kam die ganze Dienerschaft herbeigeeilt und hiess sie willkommen. Man geleitete sie in die Empfangshalle, wo sie bereits von ihrem Vater, dem Prinzen Sun, erwartet wurde. Nach der Begrüssung fragte er, wie es ihr gehe und welches der Grund ihres Kommens sei.

«Ich fühle mich seit einiger Zeit ein wenig unpässlich und bin hergekommen, um mich gesundzupflegen», antwortete sie kurz angebunden.

«Bei uns im Palast», kam ihr die Leibzofe zu Hilfe, «herrscht ein ständiges Kommen und Gehen. Meine Herrin fühlte sich in letzter Zeit von dem Lärm arg belästigt, und ist hergekommen, um sich in einem stillen Winkel gesundzupflegen. Die Bibliothek im westlichen Hof, wo früher die Tai-tai lebte, wäre gerade der richtige Ort dafür – ein geschmackvoll eingerichteter Ruhesitz. Man kann dort zwischen Blumen und

Bäumen seine Zeit ungestört verbringen. Darum ist meine Herrin hergekommen.»

Der Prinz befahl einigen Dienerburschen, den westlichen Hof zu fegen. Dann liess er Wein auftragen und unterhielt sich mit seiner Tochter über Familienangelegenheiten. Die Prinzessin rührte absichtlich keinen Wein an und schützte Unwohlsein vor. Bald schon zog sie sich zur Ruhe in den westlichen Hof zurück.

Dieser westliche Hof war ein stiller und abgelegener Winkel. Selten nur liess sich dort jemand vom Gesinde blicken, und auch Prinz Sun kam nur alle Tage einmal vorbei, um sich nach dem Befinden seiner Tochter zu erkundigen. Die einzige Gefährtin und Mitwisserin der Prinzessin war ihre Leibzofe, und das entsprach genau ihren Wünschen. Nach den Aufregungen und Ängsten der letzten Wochen lebte sie hier so glücklich wie ein Feenmädchen in den himmlischen Gefilden. Nur ein einziges Mal schickte der General einen Boten her, der sich nach ihrem Gesundheitszustand und nach ihren Wünschen erkundigte. Durch ihre Leibzofe liess sie ihm sagen, dass ihr Zustand unverändert sei, und sie Tag und Nacht an ihren Gemahl denke.

Zu dieser Zeit traf es sich, dass Kaiser Yüan den General zu den Hunnen schickte, um einen ihrer Fürsten zu belehnen. Vor seiner Abreise besuchte er die Prinzessin noch einmal und nahm von ihr Abschied. Sie verstand es, ihren Zustand geschickt zu verbergen und atmete auf, als er fortgegangen war.

Unvermerkt gleich einem Pfeil glitten Licht und Schatten vorüber. Man befand sich bereits im winterlichen zehnten Monat und der Bauch der Prinzessin schwoll immer stärker an. Wan-djin erinnerte sich nun, da sein Herr verreist war, der Liebe, die er für die Prinzessin empfunden hatte und beschloss, sie zu besuchen. Er ging in ein Spezereiengeschäft und kaufte dort etliche Duftbeutelchen mit verschiedenen Parfümen, wie Männer und Frauen sie am Gürtel zu tragen pflegen. Dann ging er auf den Markt und kaufte einen Korb mit Früchten. Mit diesen Geschenken begab er sich in den Palast des Prinzen Sun.

«Ich, der geringe Mann», antwortete er kühn auf die Frage des Torwächters nach dem Woher und Wohin, «gehöre seit vielen Jahren zum Gefolge des Generals Dschau Man. Mein Herr hat mir einen Brief für seine Gattin mitgegeben und mir aufgetragen, mich nach ihrem Befinden zu erkundigen.»

Der Torwächter glaubte ihm aufs Wort und meldete es der Prinzessin. Diese trug ihm auf, den Boten eintreten zu lassen. Da eilte er nach vorne und führte Wan-djin in den westlichen Hof. Sobald die beiden sich alleine wussten, gaben sie sich sehr vertraut. Wan-djin überreichte der Prinzessin seine Geschenke. Im gleichen Augenblick erschien Eisvogelfiligran auf der Schwelle.

«Du Schuft», begrüsste sie ihn, «unser ganzes Unglück rührt daher, weil du die Herrin geschwängert hast. Und jetzt zeigst du uns die kalte Schulter und lässt uns hier im eigenen Saft schmoren. Wir haben dich sehr vermisst, du wolfsherziger Kerl, und uns schier die Augen nach dir ausgeschaut.»

Wan-djin erschrak nicht wenig angesichts dieser Begrüssung. «Woher soll ich wissen, dass die Herrin

Wan-djin besucht heimlich die

Prinzessin im Elternhaus

schwanger ist?» verteidigte er sich. «Niemand hat es mir gesagt. Ich bin ja hergekommen, weil ich nichts von ihr wusste. Sollte ich jemals die dicke Güte vergessen, mit der sie mich bedacht hat, dann möge mein Leib in tausend Fetzen zerrissen werden! Nur weil der alte Vater fort ist, bot sich mir die Gelegenheit zu einem Besuch. Ich habe dem Torwächter weisgemacht, dass ich einen Brief für meine Herrin hätte. Nur so kam ich überhaupt hinein. – Und jetzt seid Ihr schwanger, Herrin? Was ist da zu tun?»

«Das will ich dir sagen», antwortete die Prinzessin. «Gerade darum habe ich ja hier wie auf einem Holzkohlenfeuer auf dein Erscheinen gewartet. Sobald ich geboren habe, kommst du her und schaffst das Kind oder die Kinder heimlich aus dem Haus. Ziehst du sie auf, so werden sie dich stets an unsere Liebe erinnern.»

«Gewiss, ich bin bereit, das zu tun. Doch sagt, Herrin, wann ist es soweit? Ich muss das unbedingt wissen, damit ich zur rechten Zeit erscheinen kann.»

«Etwa gegen Ende des Monats. Du darfst es aber auf keinen Fall vergessen. Versprich' mir das.»

Wan-djin versprach ihr das hoch und heilig, dann verabschiedete er sich und ging fort. Die unerwartete Kunde von der Schwangerschaft der Prinzessin hatte seinen Geist verwirrt. Schnurstracks eilte er zum Stadtgott-Tempel, und nachdem er etwas Weihrauch verbrannt und ein stilles Gebet verrichtet hatte, zog er eines der Lostäfelchen. Er studierte das Orakel, doch der rätselhafte Wortsinn blieb ihm verborgen, und enttäuscht ging er von dannen. Auf der Strasse traf er einen Wahrsager. Dies war kein gewöhnlicher Sterblicher, sondern die in menschliche Gestalt verwandelte

‹Dame, die die Kinder ins Leben geleitet›. Sie war eigens herabgestiegen, um ihm die Zukunft zu deuten. Als er sie bemerkte, verneigte er sich rasch und sagte dann:

«Herr, ich habe daheim eine schwangere Frau und ich möchte gerne wissen, wann sie gebären wird. Erlaubt, dass ich Eure Wunderlose befrage.»

«Zuerst», antwortete sie, «müsst Ihr ein stilles Gebet verrichten. Dann wollen wir sehen, was Euch die Triagramme zu sagen haben.»

Wan-djin tat, wie ihm geheissen. Dann griff er in den Eimer und zog eines der Lostäfelchen heraus. Nachdem sie es geprüft hatte, holte sie drei Kupfermünzen aus ihrer Gürteltasche und warf diese mehrmals auf den Boden, um die Schicksalslinie zu ermitteln.

«Euer Los», erklärte sie dann, «heisst Gou, das Entgegenkommen, und setzt sich aus den beiden Triagrammen für ‹Wind› und ‹Himmel› zusammen. Das Urteil lautet: ‹Das Mädchen ist mächtig. Man soll ein solches Mädchen nicht heiraten.›» Sie murmelte etwas vor sich hin und fuhr dann fort: «Die besagte Frau wird gebären, und zwar werden es Zwillinge sein. Die Stunde der Geburt fällt auf den frühen Morgen des neunundzwanzigsten Tages.»

Wan-djin gab ihr ihren Lohn und ging weiter. Die Kinder fortzuschaffen eilt also nicht, überlegte er. Woher aber soll ich eine Amme nehmen, die sie ernährt und aufzieht? Erst dann habe ich das Problem wirklich gelöst. Er ging heim und wurde Tag und Nacht derart von Sorgen geplagt, dass er keine Ruhe fand. Ohne Unterlass zerbrach er sich den Kopf, doch eine Lösung fand er nicht.

FÜNFTES KAPITEL

*Nach seiner Heirat schafft Wan-djin die beiden Kinder
heimlich aus dem Palast. Fe-yän stiehlt ihrem Vater ein
Buch und erlernt die Kunst des Pfortenschliessens.*

An einem dieser Tage ging Wan-djin aus und traf zu-
fällig eine Kupplerin. Diese war kein gewöhnliches
Weib, sondern die Himmelskönigin, die menschliche
Gestalt angenommen hatte.

«Onkelchen», sprach sie ihn an, «ich habe gehört,
dass du eine Frau suchst und bin eigens hergekommen, um dir meine Dienste als Heiratsvermittlerin
anzubieten.»

Wan-djin war nicht wenig erstaunt, als man ihn
derart ansprach. Dann aber fragte er, aus welcher Familie das Mädchen stamme.

«Ich will mich kurz fassen, Onkelchen. Sie ist kein
Mädchen mehr, sondern eine junge Witwe von gutem
Aussehen und praktischem Verstand. Sie zählt ein-
undzwanzig Jahre und ist elternlos. Nach dem frühen
Tod ihres Mannes brachte sie ein Kind zur Welt; aber
schon nach neun Monaten starb das arme Wurm. Das
war vor wenigen Tagen, und die arme Frau sass daheim und weinte von früh bis spät. Ich versuchte sie
zu trösten; schliesslich gelang es mir sogar, sie zu
einer zweiten Heirat zu überreden. Als ich dich, Onkelchen, als Ehekandidaten vorschlug, erzählte sie
mir, dass sie früher im Dschau-Palast gedient habe
und dich flüchtig kenne. Wenn du einwilligst, kannst

du sie noch heute Abend heiraten. Ich weiss nun aber nicht, welches deine geschätzten Absichten sind.»

Das war nun genau das, wonach Wan-djin schon die ganze Zeit Ausschau gehalten hatte, und so willigte er von ganzem Herzen ein. «Leider», gestand er dann, «habe ich bis heute noch keine Wohnung gefunden. Kann ich da die junge Witwe heiraten?»

«Um eine Wohnung brauchst du dich nicht zu bemühen, Onkelchen. Sie selbst besitzt ein Haus, das sie nur ungern aufgeben würde.»

«Ausgezeichnet!» rief Wan-djin und langte in die Ärmeltasche. Er holte einen Batzen Silber hervor und überreichte ihn der Alten mit den Worten: «Nehmt einstweilen diese Kleinigkeit und kauft euch dafür einen Krug Wein. Ich gehe jetzt in den Dschau-Palast und packe meine Sachen. In einer Doppelstunde könnt ihr mich abholen. Ich bringe dann auch gleich die Brautgeschenke mit.»

Und so geschah es. Noch am gleichen Abend heiratete Wan-djin die junge Witwe.

Der übernächste Tag war bereits der Achtundzwanzigste. Weil Wan-djin durch das Orakel wusste, dass die Stunde der Geburt nicht mehr fern war, gab es für ihn keine andere Möglichkeit, als sich seiner Frau anzuvertrauen.

«Ich habe», gestand er ihr zögernd, «etwas auf dem Herzen, das ich gerne mit dir besprechen möchte. Aber mach' mir nachher bitte keine Vorwürfe.»

«Wir sind doch jetzt miteinander verheiratet», antwortete die junge Frau, «und du bist der Herr des Hauses. Warum glaubst du, ich könnte dir Vorwürfe machen?»

«Gut, dann will ich dir mein Geheimnis anvertrauen. Als ich noch im Dschau-Palast lebte, hatte ich ein Verhältnis mit der Prinzessin Gu-su. Jetzt ist sie von mir schwanger, und die Geburt steht unmittelbar bevor. Sollte der alte Vater es erfahren, dann würde ich schwerlich mit dem Leben davonkommen.» Er erzählte ihr die Geschichte nun in allen Einzelheiten und sagte zum Schluss: «Lass' uns die Kinder, ganz gleich, ob es Knaben oder Mädchen sind, als Hoffnung und Stütze des Alters grossziehen. – Wie aber schaffe ich sie heraus, ohne dass es jemand merkt?»

«Das ist ganz einfach», meinte die junge Frau und erklärte ihm, was er zu tun habe.

«Ausgezeichnet!» lobte er ihren Vorschlag, und ging dann daran, die Vorbereitungen für den nächsten Tag zu treffen.

In der folgenden Nacht setzten bei der Prinzessin die Wehen ein, und sie brachte genau zu der Zeit, die das Orakel verkündet hatte, zwei Mädchen zur Welt. Eisvogelfiligran ging ihr als Amme zur Hand und gab ihr, als alles vorüber war, heissen Ingwertee zu trinken. Da sie sich in den vorangegangenen Monaten gut erholt hatte, wurde sie durch die Geburt nicht allzu sehr geschwächt. Seltsam war, dass die beiden Neugeborenen sich weder rührten noch schrien. Es hatte ganz den Anschein, als ob sie gelähmt seien. Eisvogelfiligran glaubte gar, sie seien bereits tot. Sie legte die beiden kleinen Körper in eine Ecke und bedeckte sie mit einem Tuch. Wenig später erschien eine Dienerin und erkundigte sich nach dem Befinden der Prinzessin. Eisvogelfiligran liess sie gar nicht erst ins Schlafzimmer, sondern erzählte ihr, ihre Herrin habe sich tags zuvor erkältet. Sie sei unpässlich und bedürfe der Ruhe. Ihr Herz war von Angst und Sorge erfüllt, weil Wan-djin sich nicht blicken liess.

«Möge der Himmel den Kerl umbringen», schimpfte sie vor sich hin. «Warum kommt er nicht? Wagt er es vielleicht, uns zu vergessen?»

Als sie an seinem Erscheinen bereits zu zweifeln begann, sah sie ihn eilenden Schrittes über den Hof kommen. Unter jedem Arm trug er eine längliche Geschenkschachtel und betrat sofort die Bibliothek.

«Möge der Himmel dich umbringen, du Schuft», zischte sie ihm entgegen. «Heute Nacht hat die Herrin zwei Mädchen geboren. Und seitdem warten wir hier auf dich wie auf glühenden Kohlen.»

«Wie geht es ihr?» erkundigte er sich.

«Es geht ihr gut. Doch sag', wie willst du die beiden Bälge hinausschaffen?»

«Das lass' nur meine Sorge sein. Jetzt werde ich erst einmal nach ihr schauen.» Und er betrat das Schlafzimmer.

«Du bist also doch gekommen», begrüsste ihn die Prinzessin mit matter Stimme und richtete sich ein wenig auf. «Vorhin habe ich zwei Mädchen geboren. Bei ihrer Geburt war das ganze Zimmer in rotes Licht getaucht. Das ist ein selten günstiges Vorzeichen, und ich glaube, dass ihnen eine grosse Zukunft beschieden ist. – Lass' dich ja nicht erwischen, wenn du sie hinausbringst. Und sei ihnen ein guter Vater. Wenn du sie grossgezogen hast, war unsere Liebe nicht vergeblich.»

«Ich habe zwei Geschenkschachteln mitgebracht», antwortete Wan-djin, «und dem Torwächter erzählt, der Palast schicke Euch einige Delikatessen. In ihnen kann ich die Kinder unbemerkt hinausschaffen. Ich habe auch schon eine Amme für sie und ein Haus. Ihr könnt ganz unbesorgt sein, Herrin; es wird ihnen an nichts fehlen.»

«Dann fällt mir ein Stein vom Herzen.»

Während Wan-djin sich von ihr verabschiedete, legte Eisvogelfiligran in jede Schachtel ein Kind. Dann nahm er die beiden Schachteln unter den Arm und eilte mit langen Schritten hinaus. Er kam glücklich heim, ohne unterwegs mit seiner Last Aufsehen zu erregen. Dort öffnete er die Schachteln, nahm die Kinder heraus und gab sie in die Obhut seiner Frau. Erst am dritten Tag begannen sie zu weinen. Die junge Frau sorgte für sie, wie wenn es ihre eigenen Kinder gewesen wären. Und als sie ein wenig grösser geworden waren, hatte auch Wan-djin an ihnen seine Freude. Er lebte nun bei seiner Frau und wagte sich nicht mehr in den Dschau-Palast.

Schliesslich kehrte auch Dschau Man in die Heimat zurück. Nachdem er seinen Schwiegervater besucht hatte, ging er sofort zu seiner Frau.

«Wie geht es dir, meine Liebe?» fragte er, nachdem sie sich begrüsst hatten. «Ich habe da draussen immerfort an dich denken müssen.»

«Seitdem du fortgingst», antwortete sie, «hat sich mein Befinden allmählich gebessert. Jetzt bin ich wieder zu acht oder neun Zehnteln gesund.»

«Dann möchte ich dich bitten, mit mir heimzufahren.»

Da die Prinzessin nun nichts mehr zu befürchten hatte und längst der Einsamkeit überdrüssig war, sagte sie nicht nein. Man nahm also Abschied, und der General schickte einige Diener voraus, damit bei der Rückkehr alles zum Empfang bereit sei. Als sie wieder daheim waren, feierten sie das Wiedersehen mit einem kleinen Festmahl.

Nun war Dschau Man von daheim geraume Zeit fortgewesen und hatte im Lande der Hunnen eisige Winde, klirrende Fröste und anderes Ungemach erdulden müssen. Ganz zu schweigen von einer Frau, nicht einmal einen hübschen Jüngling hatte er dort getroffen, bei dem er sein Verlangen hätte befriedigen können. Kurz, er konnte dem Feuer der Sinnenlust, das lichterloh in ihm brannte, nicht länger Einhalt gebieten. Bald schon ging er mit seiner Frau ins Bett, wo beide sich auf hundert Arten vergnügten. Am Kissenrand gab es Freudenschreie und leises Stöhnen, und es wurden vertrauliche Gespräche geführt, ‹die das Herz durchbohren›. Nachdem er sie eine Weile bearbeitet hatte, hielt er plötzlich inne und sagte:

«Schatz, schon lange habe ich mit dir nicht mehr Kissen und Matte geteilt. Ich wusste gar nicht, dass du dich so gut auf dieses Geschäft verstehst.»

«Obwohl du nur mit diesem Wan-djin verkehrt hast», antwortete sie mit leisem Vorwurf in der Stimme, «habe ich immer nur an dich gedacht. Wie sollte ich mich da jetzt nicht freuen?»

Und gleichsam um ihre Worte zu bekräftigen, schlang sie ihre Beine um seine Hüften. Er aber rammte ihr seinen Jadestengel bis zur Wurzel in die Lustgrotte und werkte und walkte, bis sich bei ihr der erlösende Regen einstellte. Sie merkte, wie ihr Körper erschlaffte, und war eine Weile wie betäubt. Und als

85

er gar noch seinen Jadestengel nach allen Seiten zu drehen und zu winden begann, zitterte sie im Hochgefühl des Glückserlebens und glaubte es kaum mehr ertragen zu können. Er stiess noch eine Weile zu und spritzte dann gewaltig. Nachdem sie sich voneinander gelöst hatten, nahm er ein Tuch zur Hand und wischte ihre Lustgrotte aus. Dann schliefen sie einander umschlingend ein.

Als er von ihr ging,
befiel sie wieder die alte Traurigkeit –
Mit Groll im Busen schalt sie ihn.
In dieser Nacht hatten sich die Herzen erneut verknüpft
beim bitter-süssen Wiedersehen.
Am Morgen ist sie wunschlos glücklich,
und erlaubt ihm nicht, den Zauber der Stunde zu brechen.

Als Wan-djin erfuhr, dass der General zurückgekehrt war, sagte er zu seiner Frau:

«Der alte Vater ist wieder da. Ich werde ihn jetzt besuchen. Sollte er uns erlauben, in den Palast zu ziehen, werde ich wieder tüchtig mit seiner Frau verkehren. Das ist viel besser, als ewig hier herumzusitzen.»

«Mach' doch, was du willst», knurrte sie verdrossen.

Daraufhin besuchte Wan-djin den General.

«Warum bist du nicht hiergeblieben?» fragte jener, nachdem sie einander begrüsst hatten.

«Ich, der geringe Mann, habe kürzlich geheiratet, ohne Eure Erlaubnis einholen zu können. Darum wagte ich es nicht, hier nach eigenem Gutdünken mit meiner Frau einzuziehen, sondern habe mir draussen eine Wohnung gemietet.»

86

Der General blickte ihn erstaunt an. Seine Leidenschaft für den schönen Wan-djin war erkaltet. Jetzt hat er also eine Frau, überlegte er. Auch junge Leute werden einmal alt. Wenn ich ihn hierbehalte, geht er überall aus und ein und schnüffelt herum. Das hat keinen Sinn. Und laut sagte er: «Da du nun verheiratet bist, wäre es für dich nutzlos, hier zu wohnen. Ich gebe dir zwanzig Batzen Silber. Damit kannst du ein kleines Geschäft anfangen, das dich und deine Familie ernährt. Sollte ich später einen Auftrag für dich haben, dann lasse ich dich rufen.»

Wan-djin blieb nichts anderes übrig, als das Silber zu nehmen und sich zu bedanken. Schlechtgelaunt kehrte er zu seiner Familie zurück.

Unvermerkt glitten die Tage und Monate wie ein Weberschiffchen dahin, und die beiden Mädchen zählten zehn oder elf Jahre. Die Ältere hörte auf den Rufnamen I-dschu; die Jüngere dagegen wurde Ho-dö genannt. I-dschu war klug und von rascher Auffassungsgabe; sie konnte viele Lieder, Gedichte und poetische Beschreibungen auswendig hersagen, ferner spielte sie ein wenig Schach, malte, sang und schlug die Laute, kurz, alles was sie einmal sah oder las, begriff sie auf der Stelle. Als sie eines Tages im Bücherkasten ihres Vaters herumstöberte, fiel ihr ein medizinisches Werk, betitelt ‹Meister Peng-dsus Adernsystem›* in die Hände. Neugierig schlug sie es aufs Geratewohl auf und las:

«...der Gelbe Kaiser* hatte mit zwölfhundert Frauen Verkehr und erlangte dadurch die Unsterblichkeit. Gewöhnliche Männer haben nur mit einer

Verkehr, doch diese eine genügt, um sie zugrundezurichten. Besteht nicht ein grosser Unterschied zwischen denen, die in die Geheimnisse des körperlichen Verkehrs eingeweiht sind, und jenen anderen, die nichts davon wissen? Die Eingeweihten sorgen sich lediglich darum, dass ihnen keine ausreichende Zahl von Frauen zur Verfügung steht. Die Frauen müssen durchaus nicht schön und anziehend sein. Man sollte vor allem nach jungen Frauen Ausschau halten, solchen, die noch kein Kind geboren haben und gut im Fleische stehen. Wenn man mit sieben oder acht von ihnen regelmässig verkehrt, wird der Nutzen beträchtlich sein.»

Das war so ganz nach ihrem Geschmack. Sie las weiter und kam zu einem Kapitel, in dem ausführlich beschrieben wurde, wie Frauen nach dem Intimverkehr sich durch ein dreitägiges Kreisenlassen des Lebensodems wieder in Jungfrauen zurückverwandeln können. Als sie dies las, musste sie unwillkürlich kichern. Sie nahm das Buch mit auf ihr Zimmer und studierte das betreffende Kapitel eingehend, bis sie verstand, wie man den Lebensodem in Bewegung setzt und das Loch verschliesst. Dabei geriet ihr Herz kaum in Aufregung, denn für Wollustgefühle war sie noch zu jung. Ausserdem erzogen die Eltern sie mit straffer Hand und sahen darauf, dass die Mädchen keinen Unfug trieben. Sie durften lediglich Handarbeiten verrichten und Gedichte und Lieder auswendig lernen. Von Musik und Gesang war überhaupt nicht die Rede.

Wer nur müssig herumsitzt, sagt ein altes Sprichwort, kann dabei selbst einen Berg an Nahrung verzehren. Nun hatte der General Wan-djin seit der letzten Begegnung nie wieder zu sich rufen lassen, um ihn mit einem Auftrag zu betrauen. Gelegentlich hatte er auf Hochzeiten und anderen Festen als Musikant gespielt und dabei nur wenig verdient. So war inzwischen auch das bescheidene Vermögen seiner Frau aufgezehrt worden, und mit der Familie ging es von Tag zu Tag mehr bergab. Ihm blieb schliesslich nichts anderes übrig, als hier und dort Gelegenheitsarbeiten zu verrichten. Von diesen kärglichen Einkünften lebte die Familie.

Als die beiden Mädchen fünfzehn Jahre zählten, übertrafen sie an Schönheit alle anderen. Sie waren so lieblich anzuschauen, wie kein zweites Paar. Sie waren von schlankem Wuchs, mit schmalen Hüften und wunderbar kleinen Füsschen. I-dschu besass noch mehr Grazie als ihre jüngere Schwester; sie glich einem blühenden Zweig, der sich leise im Wind bewegt. Das war ihr von Natur aus eigen – wie hätte eine Sterbliche auch soviel Anmut erlernen können? Die Leute nannten sie daher nur Fe-yän, Flugschwalbe. Ihre Schwester Ho-dö hingegen besass etwas fülligere Formen. Ihre Haut glänzte, und wenn sie aus dem Bad stieg, blieb kein einziges Wassertröpfchen daran hängen. Sie besass damenhafte Zurückhaltung und war eine zarte, holdselige Erscheinung von feiner Wesensart. Sie konnte gut singen und besass eine weiche, tiefe Stimme, der man gerne lauschte. Sie schrieb auch Gedichte und Lieder; noch besser aber verstand sie es, ein witzig-geistreiches Gespräch zu führen. Die beiden Schwestern lagen oft bis tief in die Nacht hinein wach im Bett und pflegten, wie das bei Mädchen ihren Alters so üblich ist, einander die Herzen auszuschütten, denn sie hatten keine Geheimnisse voreinander. Und unruhig träumten sie von männlichen Phönixen, die auf der Suche nach weiblichen Zaubervögeln waren.

Ganz unerwartet geschah es in diesen Tagen, dass Wan-djin in noch grössere Not geriet. Die Familie besass nicht einmal mehr genug, um ihr Leben zu fristen. Kummer und Sorgen warfen ihn auf das Krankenlager. Eines Tages rief er seine Frau zu sich und sagte ihr:

«Meine Krankheit ist sehr ernst; für mich gibt es keine Rettung mehr. Du weisst, dass ich einst im Dschau-Palast lebte, und der alte Vater an mir Gefallen fand. Gehe mit den Kindern zu ihm und vertraue dich ihm an, wenn ich tot bin.»

Und er schluchzte so laut, dass es ihm die Sprache verschlug. Das waren seine letzten Worte, denn schon bald war seine Seele in das Reich der Gelben Quellen entwichen. Und weil seine Frau kein Geld mehr besass, um ihm ein anständiges Begräbnis auszurichten, blieb ihr nichts weiter übrig, als zu Dschau Man zu gehen und etliche Batzen Silber zu borgen. Sie selbst und ihre beiden Stieftöchter verdienten sich den Lebensunterhalt fortan durch Nadelarbeiten.

Im nächsten Jahr gab es eine grosse Dürre, und auf den Feldern wurde kaum ein Halm Getreide geerntet. Zur gleichen Zeit brach unter der Bevölkerung eine furchtbare Seuche aus, die auch die Stiefmutter der beiden Mädchen aufs Krankenbett warf. Als sie ihr

Ende herannahen fühlte, rief sie Fe-yän und Ho-dö zu sich und sagte ihnen:

«Ich habe euch zwar nicht geboren, aber ihr lagt an meiner Brust, und ich habe euch grossgezogen. Ich hatte meine Hoffnungen darauf gesetzt, euch mit tüchtigen Männern verheiratet zu sehen, die mir persönlich einen ruhigen Lebensabend ermöglicht hätten. Niemals hätte ich geglaubt, schon so früh sterben zu müssen. Wenn ich tot bin, dann verkauft meine Kleider in der Truhe dort und bezahlt von dem Erlös das Begräbnis. – O weh, ihr beide seid im trauten Heim aufgewachsen und noch so jung an Jahren! Wie könnt ihr ohne Führung das Leben meistern? So hört denn: Wenn ihr nicht mehr aus und ein wisst, dann geht in den Dschau-Palast und vertraut euch der Prinzessin Gu-su an. Sie wird euch bestimmt weiterhelfen.»

Nachdem sie dies gesagt hatte, röchelte sie nur noch. Ihr Atem setzte aus, und ihre Seele kehrte in das Reich der Schatten zurück.

Nun standen die beiden Schwestern ganz alleine da. Und sie waren so arm, dass am Morgen kein Hahn sie wachrief, und in der Nacht keine Ratte in der Hütte etwas zu knabbern fand. Die vier nackten Wände starrten sie an, und die Hütte glich einem leeren Kasten. Sie verrichteten wieder Nadelarbeiten; wer aber hätte derartiges in einem Jahr der Pestilenz und Dürre kaufen wollen? Als sie nicht mehr aus und ein wussten, berieten sie sich, und Fe-yän sagte:

«Lass' uns gemäss den Weisungen der Mutter handeln und die Prinzessin Gu-su aufsuchen. Später werden wir weitersehen.»

Sie gingen also zum Dschau-Palast, doch als sie dort ankamen, sahen sie, dass Zeichen der Trauer ausgehängt waren. Und als sie sich erkundigten, sagte man ihnen, die Prinzessin Gu-su sei vor wenigen Tagen gestorben. Da erschraken beide sehr und Fe-yän klagte:

«Welch bitteres Schicksal ist uns doch beschieden! Jetzt ist auch die Prinzessin, unsere letzte Stütze, gestorben. Wenn wir hineingehen und um Hilfe bitten, wird man uns gewiss mit Verachtung behandeln. Tun wir es nicht, dann ist uns der Tod gewiss.»

Zögernd gingen sie wieder fort. Als sie kurze Zeit später die Nachbarn reden hörten, dass man in der Kaiserstadt Tschang-an genug verdiene und ein auskömmliches Leben führen könne, beschlossen sie, ihr Glück dort zu versuchen. Sie verkauften die Hütte, schnürten ihre Bündel und machten sich auf den Weg.*

SECHSTES KAPITEL

In Tschang-an erdulden die beiden Schwestern grosse Not.
Auf dem Strohlager entfachen sie einen fröhlichen Liebes-
wettstreit.

In der östlichen Vorstadt von Tschang-an mieteten
die beiden Schwestern sich eine binsengedeckte Hütte
und flochten dort Strohsandalen. Von Zeit zu Zeit trugen sie diese auf den Markt und tauschten sie gegen
Reis und Brennholz ein. Auf diese Weise fristeten sie
ihr Leben. Die Männer auf dem Markt priesen ihre
Schönheit, und ein jeder hoffte wohl insgeheim, eine
der beiden Schwestern würde an ihm Gefallen finden.
Aus diesem Grund gab man ihnen auch beim Tausch
stets ein wenig mehr Reis und Brennholz, als allgemein üblich war.

Unter den vielen Leuten, die dort ihre Geschäfte
machten oder auch nur einfach herumspazierten, befand sich auch ein junger Bursche. Er war aufge-
weckt, recht hübsch von Angesicht und zudem
ein rechter Wollustjünger. Das Einzige, worauf er sich
verstand, war die Vogeljagd mit Bogen und Schnur-
pfeil. Darum hatten die Leute ihm den Spitznamen
«Vogelschütze» gegeben. Er war gerade über die
Zwanzig hinaus und besass – seine Eltern waren
schon früh gestorben – ein ansehnliches Vermögen
im Wert von einigen hundert Goldstücken. Trotzdem
war er noch immer ein einsamer, unbeweibter Hecht.
Und warum wohl? Weil er ein liederliches, dem Spiel
und dem Müssiggang geweihtes Leben führte. In der

Hauptstadt kannte ihn ein jeder, und gerade darum wollte ihm keine Familie ihre Tochter zur Frau geben. Auf seinen Streifzügen und Spaziergängen waren ihm auch die beiden Schwestern mehrmals begegnet, wenn sie ihre Strohschuhe auf den Markt trugen. Wie er auf den ersten Blick festgestellt hatte, waren sie mit himmlischer Anmut begabte ‹Landesschönheiten›, Mädchen von verführerischem Reiz. Als er erfuhr, dass sie ganz alleine auf der Welt dastanden und weder Eltern noch Verwandte hatten, beschloss er, ihre Bekanntschaft zu machen, mit der Absicht, sie später zu heiraten. Er wusste, dass sie blutarm waren, und schickte ihnen deshalb öfters ein Bündel Brennholz nebst etwas Reis und Frischgemüse ins Haus. Weil die beiden Schwestern ihn weder persönlich kannten, noch sich mit ihm verwandt wussten, waren sie angenehm überrascht, denn noch nie hatte ein Fremder ihnen solche Freundlichkeiten erwiesen.

Inzwischen war der Herbst vergangen, und der Winter hatte Einzug gehalten. Kalte Winde bliesen von Norden, und dann gab es einen grossen, drei Tage andauernden Schneefall.

So weit das Auge reicht, ballen sich grauverhangene Wolken. Alles Leben in der Natur ist in Frost und Eis erstarrt. Wie weisse Blütenblätter oder Jadesplitter rieselt es von oben herab und deckt die Erde zu. Aus den acht Himmelsrichtungen heulen klagend die Winde. Immer dichter wird das tanzende Flockenmeer; schon sind die massigen Berggipfel in der Ferne nicht mehr zu sehen. Im Nu hat die Landschaft ihr Aussehen verändert. Hausdächer und Bäume tragen weisse Hauben, und der frosterstarrte Fluss

94

ist unter der Schneedecke verschwunden. Der Wind wir-
belt die Flocken vor sich her und häuft sie klafterhoch an
Wänden und Mauern auf. Schneeschleier hängen in der
Luft, zerflattern und bilden sich neu. Himmel und Erde
sind zu einer Farbe verschmolzen; man könnte meinen,
der Jadedrachen sei im Kampf besiegt worden. Makello-
ses Weiss, wohin das Auge blickt.

Der karge Vorrat an Reis und Brennholz in der
Hütte der beiden Schwestern war rasch erschöpft.
Wie sollten sie bei einem solchen Wetter hinausgehen
und ihre Strohschuhe eintauschen? Sie warteten, bis
der Schneefall am Spätnachmittag des dritten Tages
nachliess; dann stapfte Ho-dö zum Markt und tausch-
te eine Traglast Strohschuhe gegen ein Säckchen Reis
ein. Weil sie in ihren dünnen Kleidern schrecklich
fror, ging sie sofort heim und vergass, auch ein Bündel Brennholz mitzunehmen. Als Fe-yän sie daran
erinnerte, war es bereits dunkel geworden. Die Tore
der einzelnen Stadtbezirke wurden gerade geschlossen. Wo sollten sie jetzt Holz hernehmen und sich eine
Mahlzeit kochen? Es ging ihnen, wie es in dem
Sprichwort heisst:

Hat dein Hausdach einen Schaden,
regnet es bestimmt in Schwaden.
Fährst du über Meereswogen,
kommt bestimmt ein Sturm gezogen.

Nachdem sie eine Weile ihr Unglück beseufzt und be-
jammert hatten, blieb ihnen nichts anderes übrig, als
mit knurrendem Magen auf die Strohschütte zu krie-

chen und sich hinzulegen. Sie schliefen bis gegen Mitternacht, dann wachten sie von Hunger und Kälte gepeinigt auf. Wie hätten sie auch weiterschlafen können?

«Wie kalt es ist», seufzte Fe-yän. «Und dazu noch der nagende Hunger. Lass uns eine Weile Rücken an Rücken sitzen, jüngere Schwester.» Dabei wurde ihr so weh ums Herz, dass sie leise zu weinen anfing. In dieser Stellung verharrten sie, dicht aneinandergeschmiegt, bis der neue Tag heraufdämmert.

Der Vogelschütze lag derweil in seinem warmen Pfühl. Er reckte und streckte sich, drehte sich von einer Seite auf die andere und fand gleichfalls keinen Schlaf. Unablässig kreisten seine Gedanken um die beiden Schwestern. Wegen des grossen Schneefalls war es ihm in den letzten Tagen nicht möglich gewesen, ihnen Reis und Brennholz zu schicken. Am besten ist es, überlegte er, wenn ich sie gleich morgen früh besuche und ein bisschen mit ihnen flirte. Auf diese Weise kann ich leicht feststellen, ob sie mir gewogen sind.

Er sehnte den Morgen herbei, und als es endlich zu tagen begann, stand er sofort auf, machte Toilette und frühstückte. Dann trug er seinem Dienerknaben auf, einen Krug Wein zu holen und etliche Schüsseln mit Obst und Nüssen herzurichten. Anschliessend schickte er ihn fort, um Backwerk und Süssigkeiten zu kaufen. Als alles bereit war, legte er seine besten Kleider an und stapfte, gefolgt vom Dienerknaben mit der Traglast, zur Hütte der beiden Schwestern. Sie kamen heraus, um ihn zu begrüssen, und nachdem er sich ihnen vorgestellt hatte, sagte Fe-yän:

«Welch ein Glanz in unserer armseligen Hütte! Wir fühlen uns durch die Anwesenheit des Herrn sehr geehrt.»

Worauf der Vogelschütze galant antwortete: «Dass ich, der Sohn eines einfachen Bauern, eure duftenden Antlitze schauen darf, ist mehr, als ich zu hoffen wagte. Heute Nacht war es recht kalt, und da dachte ich, dass die Damen ihre liebe Not haben würden, die Zeit so ganz alleine zu verbringen. Darum habe ich mir erlaubt, einen Krug schalen Weines mitzubringen, der den älteren Schwestern helfen wird, die Kälte von innen heraus zu vertreiben.»

«Wir haben bereits so viele Gaben vom Herrn empfangen, dass wir ausserstande sind, Euch jemals dafür zu danken. Wir können diesen erneuten Beweis Eurer dicken Güte kaum annehmen.»

«Aber, aber. Warum machen die Damen sich überhaupt die Mühe, für diese geringen Gaben zu danken?»

Man hatte inzwischen die Hütte betreten und setzte sich an den Tisch. Der Vogelschütze befahl seinem Dienerburschen, den Wein zu erhitzen. Als dies geschehen war, trank ein jeder von den dreien mehrere Becher, und schon fühlten sie die ersten Regungen einer heimlichen Zuneigung. Sie tranken und plauderten, und als der Wein zur Neige ging, erbot sich der Vogelschütze, einen neuen Krug zu kaufen. Er langte in seine Ärmeltasche, zog ein rohseidenes, zusammengeknotetes Schweisstuch hervor und knüpfte es auf. Dem Dienerburschen gab er ein Stück Feinsilber im Werte von vier oder fünf Scherf und sagte zu ihm:

«Lauf' in die nächste Brennerei und kaufe zwei Krüge vom allerbesten ‹Drei-Weiss-Wein›. Auf dem Rückweg gehst du dann daheim vorbei und bringst Fleisch, Gemüse, und was man sonst noch für eine Mahlzeit braucht, mit.»

«Jawohl. Wird erledigt», rief jener und eilte davon.

Als der Vogelschütze sich wieder den beiden Schwestern zuwandte, stellte er mit Befriedigung fest, dass, angefacht durch den reichlichen und ungewohnten Weingenuss, in ihren Busen bereits das Feuer der Zuneigung brannte. Wie hätte ihn das kalt gelassen? Trotzdem wagte er es nicht, sofort kühn zu werden, sondern sagte zunächst in geheuchelter Absicht:

«Ältere Schwestern, welches Ungemach, wieviel Kälte und Hunger müsst ihr bei einem solchen Wetter ertragen? Was meint ihr dazu, wenn ich für euch den Heiratsvermittler spielen würde? Ich könnte euch tüchtige Männer suchen. Dann hättet ihr für alle Zeiten ausgesorgt, und ich, euer jüngerer Bruder, könnte etliche Batzen Vermittlergebühren einstreichen. Nun, was meint ihr dazu?»

«Wir möchten schon gerne heiraten», druckste Fe-yän. «Wo aber sollen wir den Mann finden, der uns arme Gespenster nehmen würde?»

«Nur keine allzu grosse Bescheidenheit! Darf ich die älteren Schwestern zuvor fragen, welche Art von Mann sie heiraten möchten?»

«Wir wären mehr als zufrieden, wenn es ein Mann von Eurer Art wäre», erwiderte Fe-yän und schlug die Augen nieder.

«Haha, da sind die älteren Schwestern aber schlecht beraten! Ich fürchte, dass ihr mit einem

Kerl meines Schlages keine gute Partie machen würdet.»

«Mehrfach haben wir Eure Gunstbeweise empfangen und wissen nicht, wie wir sie jemals vergelten sollen. Wenn Ihr uns nicht gar verschmäht, junger Herr, würden wir beide Euch gerne mit Besen und Kehrschaufel dienen.»

«So sei es! Da Ihr, ältere Schwestern, mir Eure Zuneigung bekundet, wollen wir die Gelegenheit wahrnehmen und noch heute Nacht ein Freudenfest der Liebe feiern. Später schicke ich dann eine Heiratsvermittlerin her und nehme euch beide als meine Ehefrauen ins Haus. Der höchste Wunsch meines Lebens ist, dass wir einander in ehelicher Verbundenheit für alle Zeiten angehören.»

«Wir sehen wohl, dass Ihr ein nobler Kavalier seid. Ihr unterstützt die Notleidenden und helft den Bedrängten. Ganz bestimmt – seid dessen versichert – möchten auch wir Euch mit unseren Körpern dienen. Aber wenn wir uns schon jetzt, ohne Heiratsvermittler und ohne rote Hochzeitskerzen, hingeben würden, dann würde das nur dazu führen, dass die Leute uns auf Schritt und Tritt verspotten. Nein, nein, so etwas tun wir bestimmt nicht! Ihr solltet Euch das reiflich überlegen, junger Herr.»

Da fiel er vor ihr auf die Knie nieder und bat: «Ältere Schwester, hab' Mitleid mit mir! Schenke mir deine Huld, ohne die ich nicht mehr leben kann! Sonst werde ich mich hier vor deinen Augen umbringen.»

Ho-dö zog ihn rasch empor und sagte zu ihrer Schwester: «Bitte, nur ein einziges Mal! Wie sollten die Leute es erfahren?»

«Sie hat recht», half der Vogelschütze sofort nach. «Wie sollen die Leute es erfahren, wenn es bei einem Mal bleibt? Nachher werde ich es nicht wagen, mich ungebärdig aufzuführen, sondern werde geduldig warten, bis ich euch beide als meine Ehefrauen heimgeführt habe.»

«Gut», willigte Fe-yän ein, als sie sah, wie sehr er in Liebe zu ihnen entbrannt war. «Aber wir warten damit, bis es Nacht geworden ist.»

Sie wechselten das Thema und plauderten über dies und jenes, da ging plötzlich die Türe auf, und der Dienerbursche kam mit seiner Traglast hereingekeucht. Er setzte sie ab, packte aus und stellte den Wein und alles andere auf den Tisch. Anschliessend trug der Vogelschütze ihm auf, das Essen zu kochen, denn man hatte beschlossen, erst mit vollem Magen weiterzubechern. Von den beiden Schwestern unterstützt, kochte er die Mahlzeit. Als die dampfenden Gerichte auf dem Tisch standen, liess man sie sich munden. Dann wurde abermals Wein erhitzt, und ein jeder trank etliche Becher. Zum Schluss sagte der Vogelschütze zu seinem Dienerburschen:

«Ich muss heute noch in der Stadt einige fällige Rechnungen eintreiben und werde erst morgen früh zurückkommen. Geh' jetzt heim und schau' dort nach dem Rechten.»

«Jawohl», antwortete dieser dienstbeflissen und verschwand.

Als der Vogelschütze bemerkte, dass der Wein die beiden Schwestern angeheitert hatte, begann er keck und ausfallend zu werden. Am liebsten hätte er sich sofort auf sie gestürzt. Wie sehnte er den Abend herbei! Das Wasser lief ihm im Mund zusammen, als er sich die Genüsse ausmalte, die ihn erwarteten, und ohne Hemmungen steuerte er auf sein Ziel zu. Er setzte sich dicht neben die beiden Schwestern, tastete bei der einen den Busen ab und tätschelte der anderen die Schenkel, kurz, er wandte sein ganzes Repertoire von Verführungskünsten an, um sie sich geneigt zu machen. Fe-yän und Ho-dö hatten bereits als Mädchen von solchen Dingen geträumt. Seine modisch-elegante Kleidung fiel ihnen besonders ins Auge. Sie stellten sich vor, dass auch sie bald reiche Kleider tragen würden, und ihre Herzen schmolzen dahin. Sie befürchteten nur, dass die Nachbarn etwas merken könnten. Aus eben diesem Grund wollten sie ja den Vogelschützen heiraten, weil es ihnen erst dann möglich war, sich ohne Bedenken mit ihm zu vergnügen.

Nachdem im Westen das rote Sonnenrad versunken, und im Osten der Jadespiegel des Mondes aufgegangen war, zog der Vogelschütze die beiden Schwestern noch dichter an sich heran und setzte sie sich auf die Knie – auf jedes eine. Dann sang er für sie ein altes Liebeslied. In Fe-yän begann sich bereits die Wollust zu regen; wie hätte sie auch dem übermächtigen Verlangen länger widerstehen können? Darüber vergass sie alles, auch das, was sie ihm erst vor wenigen Stunden gesagt hatte, nämlich dass sie sich ihm erst in der Hochzeitsnacht hingeben werde.

«Ich kann mir vorstellen», sagte sie keck, «dass so ein Mannesding der Frau grosses Vergnügen bereitet. Doch weiss ich nicht, wie es aussieht.»

«Es ist viereckig», witzelte der Vogelschütze.

«I, das glaub' ich nicht. Wenn es viereckig wäre, wie

könnte es dann in unsere runden Löcher hineinpassen?»

«Er soll es zeigen!» rief Ho-dö stürmisch. «Dann wissen wir, wie es aussieht.»

Und bevor er eine passende Antwort fand, war sie ihm mit der Hand zwischen die Schenkel gefahren und hatte das Ding hervorgeholt. Es befand sich im Zustand hochgradiger Erregung, war so heiss wie Feuer und so hart wie Eisen.

«Warum», fragte sie, «ist es so heiss und hart? – O, wenn der in unsere Löcher hineinschlupft – das Vergnügen kann ich mir gar nicht recht vorstellen!»

Der Vogelschütze schlug Fe-yän's Rock hoch und tastete ihre Lustgrotte ab. Sie fühlte sich ganz warm an und glänzte feucht im Kerzenlicht wie Pongè. Behutsam schob er einen Finger hinein und reizte ihr Blütenherz. Das erregte sie derart, dass sie gänzlich die Beherrschung verlor und ihn stürmisch umhalste. Rasch und ohne dass es noch eines Wortes bedurft hätte, entledigten sie sich der Kleider und krochen auf die Strohschütte, wo sie sich eng aneinanderkuschelten. Fe-yän hielt den Jadestengel des Vogelschützen mit beiden Händen umklammert und wollte ihn durchaus nicht loslassen. «Das herzige Ding», bibberte sie. «Ich liebe es sehr.»

«Du bist ganz schön in Fahrt», meinte der Vogelschütze. «Und vorhin ein solches Getue. Warum nur?»

«Red' nicht soviel. Rasch, steck' ihn mir ein bisschen hinein.»

Der Vogelschütze grinste: «Das geht nur, wenn du dich auf den Rücken legst.»

Fe-yän kam seinem Rat sofort nach und legte sich

102

auf den Rücken. Da spreizte er ihre Schenkel auseinander, legte sich über sie und versuchte, seinen Jadestengel in ihre Lustgrotte hineinzuzwängen. Das gelang ihm nicht auf Anhieb, denn sie war ja noch eine unaufgebrochene Melone. Er richtete sich wieder auf, spuckte kräftig in die Hände und salbte seinen ‹Schildkrötenkopf› mit Speichel ein. Dann griff er erneut an. Fe-yän, die dabei vor Wollust fast verging, schlang die Arme um seinen Hals. Als er erneut zustiess, gab es ein fluppendes Geräusch, und sein Jadestengel hatte sich ungefähr einen halben Zoll durch das Jungfernhäutchen hindurchgebohrt. Sie verspürte einen kurzen, stechenden Schmerz und keuchte unwillkürlich: «Es tut weh»; ihr Glückserleben war aber gerade in diesem Augenblick so gross, dass sie kaum weiter darauf achtete.

Als sich sein Jadestengel immer tiefer in die Wandelgänge ihres Lustschlösschens hineinbohrte, fühlte er, dass es drinnen ganz schlüpfrig war. Das entsprach ganz seinem Wunsch, und widerstandslos drang er in tiefere Regionen vor, bis sein Jadestengel sich ‹bis zur Wurzel› hineingebohrt hatte. Im gleichen Augenblick verspürte Fe-yän im Unterleib ein Kitzeln, das ihr wie Schmerz vorkam.

«Es tut weh», stöhnte sie laut, worauf er als rücksichtsvoller Kavalier sofort innehielt. «Nicht aufhören», stammelte sie. «Rasch, stoss’ ein bisschen zu.»

«Aber eben sagtest du doch, es täte weh. Darum wagte ich es nicht, weiter zuzustossen.»

«Jetzt tut es aber nicht mehr weh.»

«Gut, dann weiss ich ein probates Mittel.»

Er packte ihren zarten Popo mit beiden Händen,

Die Schwestern als gelehrige Schülerinnen

des Liebeslehrers, des Vogelschützen

stiess rasch zu und zog den Jadestengel langsam wieder heraus. Auf diese und andere Arten vergnügten sie sich wohl eine Doppelstunde lang, bis auch die neben ihnen liegende Ho-dö sich nicht länger beherrschen konnte.

«Ältere Schwester», bat sie, «als du vorhin nicht wolltest, da bin ich es gewesen, die dich dazu ermuntert hat. Jetzt will ich endlich auch ein wenig von dem Geschmack kosten. Wie soll ich es aushalten, wenn ich euch die ganze Zeit zusehen muss?»

«Und wie kann ich aufhören, wenn ich noch nicht fertig bin?» antwortete Fe-yän. Keuchend schlang sie ihre Beine um seine Hüften und bewegte ihren Unterleib wild auf und ab. Nach einer Weile sank sie vom Hochgenuss erschöpft zurück und keuchte: «Liebes, älteres Brüderchen, hör’ einstweilen auf. Später machen wir weiter.»

«Ja, hört nur endlich auf!» rief Ho-dö. «Ich will auch ein wenig von dem Geschmack kosten.»

Als sie sich voneinander gelöst hatten, nahm Fe-yän ein Schweisstuch und wischte den Wollusttau von ihrer Lustgrotte fort. Dann legte sie sich hin, drehte sich auf die Seite und tat, als ob sie schlafen würde.

Inzwischen war der Vogelschütze voll hastiger Begierde auf Ho-dös Leib gekrochen und hatte ihre Lustgrotte abgetastet.

«A-ya, ist die aber nass!» rief er erstaunt.

«Red’ nicht soviel! Steck’ ihn lieber ein bisschen hinein.»

Der Vogelschütze liess sich das nicht zweimal sagen. Er stiess mit aller Kraft zu und brachte seinen

106

Jadestengel tatsächlich in ihre Lustgrotte hinein. Als er eine Weile gewalkt und gewerkt hatte, fragte sie plötzlich:

«Komisch. Zuerst tut es ein bisschen weh und dann fängt es an zu jucken.»

«Die Zeit der Schmerzen ist kurz, die des Juckens lang», gab er aufgeräumt zurück. «Darum ist es ja so wundervoll.»

Als Fe-yän dies hörte, drehte sie sich um. Sie umhalste ihn, drückte einen Kuss auf seine Backe und flüsterte: «Schatz, mir kommt es wieder! Mach' ein bisschen schneller. Dann wollen wir mal sehen, wer besser ist: ich oder meine jüngere Schwester.»

«O, ihr versteht es beide gut. Ich weiss nur nicht, ob ich es schaffen werde.»

«Was soll das heissen?» fragte Ho-dö.

«Du hast so ein gewisses Etwas an dir, das mich ganz verrückt macht. Du bist ein Mädchen, das ganz einfach für die Liebe geboren ist. Darum werde ich es nicht schaffen.»

«So, bin ich das? Dann lass einmal sehen, was du kannst.»

Der Vogelschütze stopfte ihr ein Kleid unter den Popo, so dass ihr Unterleib sich emporwölbte, und sein Jadestengel beim Ein- und Ausgleiten jedesmal das ‹Blütenherz› berührte. Dadurch geriet sie in ganz kurzer Zeit in eine solche Verzückung, dass sie am ganzen Körper zitterte. Das war selbst für den Vogelschützen zuviel, zumal sich ihre Lustgrotte bald weitete, bald verengte. Er spritzte gewaltig. Und warum, geschätzte Leser, versagte der in hundert Bettschlachten erprobte Kämpe diesmal so kläglich? Weil Ho-dö in

107

ihrem früheren Leben eine Geisterfüchsin gewesen war und zudem wie ihre Schwester das medizinische Werk ‹Meister Peng-dsu's Adernsystem› studiert hatte. Aus diesen Gründen zeigte sie sich sowohl wollüstig wie auch kampftüchtig.

«Nein, so was», bekannte der Vogelschütze, nachdem die Erregung bei ihm abgeklungen war, «ist mir noch nicht vorgekommen. Ich habe schon mit etlichen Frauen verkehrt und bin die ganze Nacht nicht müde geworden. Ältere Schwester, du bist wahrhaftig eine Heldin unter den Frauen, eine gewaltige Kämpin im Reich der Wollust.»

«Das interessiert mich nicht», mischte sich Fe-yän ein. «Noch einmal musst du meine Lust stillen. Dann mag von mir aus Schluss sein.»

Was blieb ihm da anderes übrig, als ihr mit seinem schlaffen Wedel noch einen Kampf zu liefern? Dann schliefen sie in zärtlicher Umarmung ein.

Brokatvorhänge umschatten die Lampe.
Unter der mandarinenentenpärchenbestickten Bettdecke
*   ist es kühl geworden.*
Ganz benetzt ist das frische Kissen;
Der Überschwang der Gefühle löste sich in Tränen auf.
Die Muskatnuss will aufspringen und sich ergiessen.
Beim ersten Auskosten der Seligkeit,
brachen Kirsche und Pfirsich ganz von selbst auf
und das Herz ward trunken.

Wer die Nacht mit Vergnügungen hinbringt, dem erscheinen die Stunden kurz; wer dagegen schlaflos auf einsamer Matte ruht, den dünken sie endlos lang. Nach kurzem, erquickendem Schlaf war der Morgen angebrochen. Als die drei aufgewacht waren, schäkerten sie noch ein Weilchen herum, dann standen sie auf, zogen sich an und machten Toilette. Der Vogelschütze wollte sich sogleich verabschieden, da sagte Fe-yän zu ihm, die Tränen nur mühsam zurückhaltend:

«Du hast uns Schwestern nun mit deiner Liebe beglückt. Allezeit möchten wir dir mit unseren Körpern dienen, und wir bedauern es durchaus nicht, dass wir heute Nacht unsere Keuschheit verloren haben; was uns aber Furcht einflösst und unsere Herzen erzittern lässt, ist der Gedanke, du könntest später eine andere lieben, so dass wir seufzen und klagen müssten, bis unsere Haare schlohweiss geworden sind. Dieser Gedanke erscheint uns unerträglich.»

«Ich habe eure Gunst genossen, ältere Schwestern», versuchte er sie zu beruhigen. «Dieser Gedanke ist in meine Eingeweide eingeprägt und in mein Herz eingeschnitten. Sollte ich dennoch eines Tages meine Liebe einer anderen schenken, dann will ich nach dem Tod in die tiefste Hölle verdammt werden, aus der es kein Entrinnen gibt.»

Weil er fürchtete, die Nachbarn könnten etwas merken, wenn er die Hütte der beiden Schwestern am hellichten Tage verliesse, blieb ihm nichts anderes übrig, als sich hastig von ihnen zu verabschieden und aufzubrechen, sowie die Stadtbezirkstore* sich öffneten. Als er wieder daheim war, steckte er einiges Silber ein und ging auf den Markt zu den Kleiderläden. Dort kaufte er zwei gefütterte, brokatseidene Jacken und zwei Hosen aus dem gleichen Material, dazu eine dauengefütterte Seidendecke. Daheim liess er etliche Viertelscheffel Reis abmessen und etwas Gemüse und Fleisch holen; dann befahl er dem Dienerburschen, alles zu den beiden Schwestern zu tragen. Dieser packte die Sachen in zwei grosse Körbe, lud sie sich an einer Tragstange auf die Schulter und stapfte durch den Schnee davon. Als Fe-yän die vielen, nützlichen Dinge sah, freute sie sich sehr und trug Ho-dö auf, sie in Empfang zu nehmen. Anschliessend frug sie: «Wann gedenkt dein Herr, uns wieder zu besuchen?»

«Morgen Nachmittag. Er lässt die jungen Damen auch recht schön grüssen.»

«Richte ihm aus, dass wir mit ihm etwas zu besprechen haben. Er soll auf jeden Fall morgen Nachmittag kommen.»

«Jawohl», sagte der Dienerbursche und trank den Tee, den Ho-dö ihm gereicht hatte. Dann stand er auf, bedankte sich und ging fort.

Fe-yän und Ho-dö zogen sogleich die neuen Kleider an, und am Abend kuschelten sie sich in die Daunendecke, unter der sie so warm wie auf einem Kang lagen. «Der Unterschied zwischen heute Nacht und den früheren Nächten», meinte Fe-yän, «ist so gross, wie der zwischen Himmel und Erde.»

Sie unterhielten sich noch eine Weile über die Vorteile, die sie aus einer Ehe mit dem Vogelschützen für sich erwarteten, dann schliefen sie ein.

Am nächsten Morgen standen sie erst spät auf. Nachdem sie Toilette gemacht und das Frühstück verzehrt hatten, richtete Fe-yän das Mittagessen her, das sie zusammen mit dem Vogelschützen einzunehmen gedachten. Unterdes ging Ho-dö in die nächste Brennerei und kaufte zwei Krüge ‹Fünf-Düfte-Wein›. Dann warteten sie. Als die frühe Dämmerung begann, setzte heftiger Schneefall ein. Inzwischen war es auch wieder merklich kälter geworden.

SIEBENTES KAPITEL

*Ein wutentbrannter Blankknüppel beabsichtigt, die bei-
den Schwestern zu vergewaltigen. Durch das gestickte Bild
eines schönen Mädchens machen sie Dschau Lin's Bekanntschaft.*

Ganz unverhofft hatte der Vogelschütze in der Stadt
einen alten Freund getroffen, und der war mit ihm sofort in die nächste Schenke gegangen, um das Wiedersehen zu begiessen. Sie tranken einen Becher nach
dem anderen, und der Vogelschütze versuchte mehrmals vergeblich, sich von ihm loszureissen.

Unterdes warteten die beiden Schwestern mit
wachsender Ungeduld und Besorgnis auf ihn.
Schliesslich trat Fe-yän, von Unrast getrieben, vor die
Haustüre. Dort stand sie dann mitten im Schnee- und
Eisgeriesel und hielt sehnsüchtig nach ihm Ausschau.
Weil sie sich auf die Kunst verstand, verhalten zu atmen und den Luftstrom auf die richtige Weise zu lenken, fröstelte sie nicht im geringsten. Als der Vogelschütze wenig später erschien, glaubte er zuerst, einen
Geist vor sich zu haben. Dann aber erkannte er sie,
und sein Erstaunen war grenzenlos. Rasch deckte er
sie mit den weiten Ärmeln seines Gewandes zu und
sagte im vorwurfsvollen Ton:

«Ältere Schwester, bei dieser Kälte solltest du besser auf dich acht geben.» Doch als er an ihre Brust
griff, merkte er, dass sie ganz warm war. Fe-yän hatte
ihm nichts davon erzählt, dass sie ihren Atemstrom
lenken konnte. Um so grösser war sein Erstaunen,

112

und er rief: «Ältere Schwester, du bist wahrhaftig ein Feenmädchen!»

Fe-yän kicherte belustigt, griff nach seiner Hand und führte ihn in die Hütte. Als Ho-dö die beiden erblickte, sprang sie erregt auf und rief: «Böser, was fällt dir ein, so spät zu kommen? Wir waren schon ernstlich um dich besorgt.»

«Das tut mir aber leid. Entschuldigt bitte.»

Er wurde nun an den Tisch gebeten, und die beiden Schwestern trugen das Essen auf. Sie setzten auch gleich den Wein in einen Topf mit heissem Wasser. Als sie gegessen hatten, trank ein jeder mehrere Becher, bis alle leicht beschwipst waren. Der Vogelschütze umarmte Fe-yän und Ho-dö, und Fe-yän füllte einen Becher mit Wein. Sie reichte ihn dem Vogelschützen, und nachdem dieser ihn zur Hälfte ausgetrunken hatte, gab er ihn ihr zurück und sie trank den Rest. Dann schenkte er selbst ein und reichte den Becher Ho-dö, worauf sich das Zeremoniell wiederholte. Sie tranken noch eine Runde, dann entkleideten sie sich zur Hälfte und alberten eine Weile herum. Schliesslich räumten die beiden Schwestern den Tisch ab und alle gingen zusammen ins Bett. Sie umhalsten einander und erlebten wieder, Brust an Brust und die Beine ineinanderverschlungen, unendliche Liebeswonnen. Grenzenlos war ihre Wollust und zahlreich die Stellungen des Zaubervogel-Phönix-Spiels, die der Vogelschütze kannte. Sie vergnügten sich volle drei Stunden, bis der Geist der beiden Schwestern verwirrt und ihre Sinne völlig durcheinander waren. «Noch mehr! Noch mehr!» riefen sie in einem fort. «O, das ist wundervoll!»

113

Als er an ihre Brust griff, merkte er, dass sie

trotz der Eiseskälte ganz warm geblieben war

«Das ist noch gar nichts», meinte der Vogelschütze. «Wie schade, dass es so kalt ist. Da kann man es nicht besser machen. Wartet ab, bis es Frühling geworden ist und eine milde Witterung herrscht. Dann heiraten wir, und ihr zieht zu mir. Ich nehme eine Rolle mit Lenzbildern in die Hand, und wir machen die verschiedenen Stellungen nach. Das wird dann erst ein richtiges Vergnügen.»

«Werde ich dann nicht vor Wollust sterben?» fragte Fe-yän zaghaft.

«Ach was, sterben! Wir drei werden uns himmlisch vergnügen.»

Er packte seinen Jadestengel und drückte ihn erneut in Fe-yän's Lustgrotte hinein. Nachdem er mehr als hundertmal ‹bis zur Wurzel› Kung-fu gemacht hatte, wechselte er die Partnerin. Aber schon nach zweihundert Stössen merkte er erneut, dass er Ho-dö nicht gewachsen war, und wieder spritzte er zu früh. Dann löste er sich von ihr, und sie nahm ein Schweisstuch und wischte damit ihre Lustgrotte aus.

«Mein Herz, meine Leber!» rief Fe-yän. «Wie könnte ich je von dir lassen? Schicke doch bitte bald die Heiratsvermittlerin her, damit die Sache in Ordnung gebracht werden kann. – O wäre ich doch nur schon deine Frau! Dann könnten wir uns Tag und Nacht vergnügen.»

«Wenn du ihn heiratest, ältere Schwester», liess sich Ho-dö vernehmen, «dann möchte ich sein ‹Seitengemach› werden.»

«Nein, nein», wehrte der Vogelschütze spasshaft ab. «Zuerst heirate ich dein Schwesterchen und dann suche ich für dich einen reichen alten Kerl als Mann,

116

einen, dem er nicht mehr steht. Hernach komme ich immer wieder gelegentlich vorbei und nehme dich hinter dem Rücken deines Alten. Wäre das nicht nett?»

«Schi bu dö, das geht nicht! Wo soll ich dich suchen, wenn du nicht kommst oder keine Lust hast? Das hiesse ja die Zeit meiner grünenden Lenze nutzlos zu vergeuden.»

Sie unterhielten sich noch eine Weile, bis sie schliesslich erschöpft, aber glücklich einschliefen. Am nächsten Morgen standen sie noch vor Tagesanbruch auf, und nachdem sie Toilette gemacht hatten, wollte der Vogelschütze fortgehen.

«Schau' dich bitte nach einer Heiratsvermittlerin um, wenn du wieder daheim bist», drängte Fe-yän. «Dieses Am-Abend-Kommen-und-am-Morgen-Gehen ist doch keine Dauerlösung.»

«Ich muss heute noch aufs Land hinaus und die fällige Pacht einfordern», antwortete er. «Erst gegen Jahresende werde ich zurückkommen. Bis zum ersten Monat des neuen Jahres müsst ihr also mindestens warten. Dann werde ich die Heiratsvermittlerin herschicken. Es ist ganz und gar unnötig, dass du mich immer wieder daran erinnerst, ältere Schwester.» Dann verabschiedete er sich und ging fort.

Bei der wohligen Begegnung heute Nacht
geriet ihr Duftherz erstmals in Bewegung.
Ohne die vollen Becher zu beachten,
schauten sie einander unablässig an.
Als sie auf der Elsternbrücke zusammentrafen,
liess die Kühle der Brokatseidendecke sie erschauern.

Unmerklich schwindet die Röte auf den Gesichtern,
der trunkene Ausdruck aber bleibt.
Immer neu ermuntert die Schöne seine Wind- und Mond-
*   Gefühle.*
Es ist schwierig, die innersten Gedanken
*   in Worte zu fassen.*
Wenn aber die Liebe Dauer hat,
warum müssen dann die Liebenden
Tag und Nacht beisammen sein?

Nun ist es auf der Welt so, dass das, was man vor anderen Leuten verheimlichen möchte, schliesslich
durch einen dummen Zufall doch offenbar wird. So
war es auch hier. Durch die lässig gehandhabte Regierung des Kaisers und das arrogante Auftreten seiner
männlichen Anverwandten mütterlicherseits war es
dahin gekommen, dass Betrug und sittliche Verwahr-
losung in der Hauptstadt überhandnahmen. Junge
Männer aus den Armenvierteln der Vorstädte hatten
sich zu Banden zusammengerottet. Sie ermordeten
Beamte und Büttel und beseitigten für bestimmte
Summen auch Personen, die bei ihren Auftraggebern
missliebig waren. Zuweilen veranstalteten sie unter
sich Auslosungen mit farbigen Kugeln. Wer eine rote
Kugel zog, musste einen Beamten des Strafwesens
umbringen, wer eine schwarze zog, einen Zivilamts-
träger. Jede Nacht wurde geraubt und gemordet, und
am nächsten Morgen fand man tote und schwer ver-
letzte Personen auf den Strassen. Ununterbrochen
wurden, bald hier, bald dort, in den einzelnen
Stadtbezirken die Trommeln geschlagen, doch die
Beamten und ihre Büttel vermochten des überhand-

nehmenden Räuberunwesens nicht mehr Herr zu werden.*

Damals lebte in der Nachbarschaft der beiden Schwestern ein Blankknüppel namens Wang Zwei. Er war von kurzer, gedrungener Gestalt und hatte ein dunkles, pockennarbiges Gesicht. Wenn er lachte, riss er das Maul so weit auf, als ob er einen ganzen Ochsen verschlingen wollte. Er war ein brutaler und zuweilen gar tollwütiger Kerl, der weder Scham noch Rücksicht kannte. Des nachts beging er mit seinen Kumpanen Gewalttaten und Notzuchtsverbrechen; tagsüber dagegen spielte er sich in den Stadtbezirken als Tyrann auf, drangsalierte die Bürger und erpresste die Ladeninhaber. Schon mehr als einmal hatten die Beamten des Strafwesens ihn zur Rechenschaft ziehen wollen; er aber war ihnen immer wieder entkommen. Kurz nachdem die beiden Schwestern die Hütte gemietet hatten, war er auf sie aufmerksam geworden und hatte in Erfahrung gebracht, dass sie ganz alleine dastanden und keinen männlichen Beschützer besassen. Er hatte sich vor ihre Türe gestellt und mit lauter Stimme nach Tee gerufen. Auf diese plumpe Art hatte er ihre Bekanntschaft machen wollen. Es traf ihn ganz unerwartet, als Fe-yän ihm eine gehörige Abfuhr erteilte. Er hatte seinen Groll hinuntergeschluckt und war ohne noch ein Wort zu verlieren fortgegangen, doch den Vorfall hatte er nicht vergessen.

Eines Morgens war er in aller Frühe aufgestanden. Als er sich der Hütte der beiden Schwestern näherte, sah er, wie der Vogelschütze herauskam und eiligen Schrittes davonging. Diese widerwärtigen Sklavinnen, überlegte er. Mir haben sie damals eine Abfuhr erteilt, und jetzt treiben sie's heimlich mit diesem Kerl. Na, denen werd' ich's zeigen! Und im Weitergehen überlegte er, wie er wohl am besten an ihnen Rache nehmen könnte. Der Zufall wollte es, dass ihm wenig später einer seiner Kumpane über den Weg lief. Dieser, Dschang Drei geheissen und von Beruf Ladengehilfe, war ein kleiner, heimtückischer Kerl, dem die Bosheit aus den Augen herausschaute.

«Erinnerst du dich noch an die beiden Weiber, die mich damals haben abblitzen lassen?» sagte Wang Zwei zu ihm. «Na, die treiben's jetzt heimlich mit dem Vogelschützen. Was meinst du? Wie soll ich sie bestrafen?»

«Da sieht man's wieder!» erboste sich der andere. «Du bist nicht so reich und protzig wie jener Kerl. Was bilden sich die beiden Schlampen ein, so auf dich herabzublicken? Dass sie es mit dem Vogelschützen, diesem Hurenbock, treiben, beweist eindeutig, dass sie keine anständigen Mädchen sind. Ich hab' eine Idee: Wir beide gehen heute Abend hin und vergewaltigen sie. Dann kannst du dein Mütchen an ihnen kühlen.»

«Wohl gesprochen. Aber zuerst muss ich noch ein dringendes Geschäft erledigen. Sobald das getan ist, komme ich zurück. Du kannst mich heute zur Stunde des Hundes bei dir daheim erwarten.»

Wände haben Ohren, sagt ein altes Sprichwort. Während die beiden sich unterhielten, stand nicht weit von ihnen entfernt ein Lauscher und hörte zu. Seine spitze Visage und sein fliehendes Kinn gaben ihm die nicht zu bestreitende Ähnlichkeit mit einem Affen. Darum hatten zungenfertige Leute ihm den

Spitznamen ‹Geldaffe› gegeben, denn Tjiän, Geld war sein Geschlechtsname, und mit Rufnamen hiess er Wu, der Fünfte. Er verdiente sich seinen Lebensunterhalt als Wasserträger, und in dieser Eigenschaft war er auch mit den beiden Schwestern bekannt geworden. Als er alles aufgeschnappt hatte, rannte er davon und erzählte alles brühwarm den beiden Schwestern. Diese waren zuerst wie vom Donner gerührt.

«Was sollen wir bloss machen?» jammerte Fe-yän, nachdem sie sich vom ersten Schreck erholt hatte. «Der Vogelschütze ist aufs Land hinausgefahren, und wir wissen nicht wohin.»

«Ich wüsste schon Rat», meinte der Geldaffe. «Es wäre am besten, wenn die beiden älteren Schwestern sich sofort zur ‹Strasse des grossen Glücks› aufmachen und in der Nähe des Dschau-Palastes ein Zimmer mieten würden. Dort herrscht ein ständiges Kommen und Gehen, und kein Bandit würde es wagen, euch zu belästigen. Ausserdem macht des nachts eine Wache ihre Runden. Glaubt ihr denn, dass die beiden Kerle sich erfrechen würden, euch dorthin zu folgen?»

«Wenn es wirklich so ist, wie du sagst, dann möchten wir dich bitten, uns das Gepäck dorthin zu tragen. Eile tut Not. Wir werden uns dafür auch erkenntlich zeigen.»

«Aber der Vogelschütze weiss nichts davon», wandte Ho-dö ein.

«Was ist da zu tun?»

«Dann muss er uns eben suchen. Jetzt können wir uns unmöglich um ihn kümmern.»

Hastig zogen sie mehrere Kleider übereinander an

121

und packten ihre wenigen Habseligkeiten nebst dem Bettzeug in ein grosses Bündel, das der Geldaffe an das eine Ende seiner Tragstange hängte. An das andere band er den Ofen. Dann lud er sich die Last auf die Schultern, und alle drei verliessen heimlich die Hütte. Nachdem sie ungefähr zwei oder auch drei kleine Meilen zurückgelegt hatten, waren sie in der ‹Strasse des grossen Glücks› angelangt.

Zu jener Zeit, im dritten Jahr der Regierungsära ‹Grosses Gedeihen› (18. v. Chr.), sass Kaiser Tscheng, ein Sohn des Kaisers Yüan, auf dem Drachenthron. Er war von Natur aus verspielt, dem Wein und der Liebe ergeben. Mittlerweile hatte er sowohl das Interesse an den Staatsgeschäften, wie auch an den zahlreichen Bewohnerinnen seiner ‹hinteren Paläste› verloren. Und warum, geschätzte Leser? Weil er neue Reize entdeckt hatte, nämlich die des ‹Männerwindes›, und sich dieser vergnüglichen Beschäftigung im ‹Hinterhof› seines Schwagers, des Grafen von Fu-ping, ausgiebig widmete. Jener hielt sich Tag und Nacht in seiner Nähe auf und las ihm jeden Wunsch von den Augen ab. Er verstand es, den Kaiser derart zu betören, dass Tscheng-di ihm sehr zugetan war und fast jede Nacht mit ihm schlief. Bei solchen intimen Begegnungen traf es sich dann, dass der Graf des Kaisers heimlichen Wunsch nach Spazierfahrten in Verkleidung erfuhr. Skrupellos wie er war, nutzte er die Gelegenheit sogleich aus und arrangierte für den Kaiser Ausflüge. Dieser fand einen solchen Gefallen daran, dass er derartige Abenteuer bald nicht mehr missen wollte. In einfachen, schmucklosen Gewändern und ohne Kappen schlichen die beiden sich, nur von einem halben Dutzend schwerterbewaffneter Pagen begleitet, aus den Hintertüren des Vormitternachts-Palastes hinaus und bestiegen die dort bereitgestellten Pferde und Wagen. Sie dehnten ihre Ausflüge über die Bannmeile der Hauptstadt bis in die benachbarten Landkreise aus, nahmen als Zuschauer inkognito an Hahnenkämpfen und Pferderennen teil oder soffen sich auf Jahrmärkten randvoll.

Zuweilen kam der Kaiser auch zu Dschau Lin in die ‹Strasse des grossen Glücks› und nahm als Ehrengast an einem Bankett teil. Dschau Lin, ein entfernter Verwandter des Generals Dschau Man, war Besitztumsverwalter der Prinzessin Yang A-dschu. Weil der Kaiser ihn mehrfach mit seiner Anwesenheit beehrt hatte, besass er in der Hauptstadt grossen Einfluss und führte ein gar prächtiges Haus. Eine ganze Anzahl von seinen Dienerinnen und Sklavinnen verstand sich auf Gesang und Tanz; einige spielten sogar mehrere Musikinstrumente.

Mit seinem grossen, durch Spekulationsgeschäfte erworbenen Vermögen hatte Dschau Lin nach und nach alle Häuser in der ‹Strasse des grossen Glücks› aufgekauft. In einem von ihnen lebte eine alte Kupplerin mit dem Geschlechtsnamen Djin. Ihr Mann war schon vor langer Zeit gestorben, und sie hatte nur einen einzigen, bereits erwachsenen Sohn. Sie war vor allem als Heiratsvermittlerin tätig, vermittelte aber auch andere Geschäfte. Weil sie es trefflich verstand, die Leute mit ihrer schnellen Zunge zu begaunern, nannte man sie allgemein nur Djin ‹Blumenmund›. Sie ging im Dschau-Palast aus und ein, und Dschau

Lin bediente sich ihrer für die verschiedensten Aufträge.

Der Geldaffe, der die Habseligkeiten der beiden Schwestern an seiner Tragstange trug, führte sie zum Haus der Alten. Er schob den Vorhang aus Bambussplittern zur Seite, steckte den Kopf hinein und rief:

«Ist jemand da?»

Sofort erschien der Sohn der Alten und fragte nach seinem Begehr.

«Hier sind zwei junge Damen, die deine Mutter in einer bestimmten Angelegenheit sprechen möchten.»

Der Sohn drehte sich um und rief laut: «Mutter, hier sind Leute, die zu dir wollen!»

Die Alte war tags zuvor wieder einmal als Heiratsvermittlerin tätig gewesen. Das hatte die ganze Nacht bis in den Morgen hinein gedauert. Sie war erst vor kurzem zurückgekommen und hatte sich gerade ins Bett gelegt. Als ihr Sohn sie rief, seufzte sie und stand auf, drehte rasch ihr aufgelöstes Haar zu einer Schneckenfrisur zusammen und humpelte dann ächzend die Stiege hinab.

«Woher kommen die beiden älteren Schwestern?» wandte sie sich höflich an Fe-yän und Ho-dö. «Der Gepäckträger da sieht ganz wie unser beliebter Geldaffe aus.»

«Willst du mich wohl wieder mit deinem Blumenmund reizen?» antwortete jener halb belustigt und halb verärgert.

«Und du willst wohl wieder deine üblen Spässe mit mir treiben, wie? Woher kommen die beiden älteren Schwestern?»

124

«Aus dem Stadtbezirk ‹Friedensschutz› vor dem ‹Tor der geraden Mauer›, zwei kleine Meilen von hier. Sie sind Waisenkinder und haben keine männliche Stütze mehr. Ein Blankknüppel aus der Nachbarschaft will sie belästigen. Ihnen blieb nichts anderes übrig, als in aller Eile aus ihrer Wohnung auszuziehen. Nun sind sie hierher gekommen und hoffen, im Dschau-Palast ein Zimmer mieten zu können.»

Die Alte zerfloss förmlich vor Mitleid, als sie das vernahm: «Kommt nur herein und setzt euch! Verlasst euch ganz auf mich; ich werde die Sache schon in Ordnung bringen, damit ihr fortan in Ruhe und Frieden leben könnt.»

Fe-yän und Ho-dö bedankten sich. Sie traten ein und nahmen Platz. Nachdem sie eine Schale rasch zubereiteten Begrüssungstee getrunken hatten, fragte die Alte nach ihrem Familiennamen. Fe-yän nannte ihn und erzählte ihre Geschichte. Da schlug die Alte die Hände über dem Kopf zusammen und rief:

«Welch ein Jammer! Da dreht sich einem ja das Herz im Leibe um! Habt ein wenig Geduld. Ich werde euch schon eine gute Unterkunft besorgen.»

Gleich darauf erschien der Sohn mit dem Frühstück, und die drei Frauen liessen es sich munden. «Bleibt bitte sitzen», sagte die Alte nach dem Essen und stand auf. «Ich werde euch jetzt eine Unterkunft besorgen.» Dann verliess sie das Haus und humpelte in Richtung Dschau-Palast davon.

«Hör' einmal her», sagte sie zum Torwächter. «Im Westtrakt des Palastes sind zwei schöne, möblierte Zimmer. Stehen sie noch leer oder sind sie bereits vermietet?»

«Warum willst du das so genau wissen, Mütterchen?»

«Eben sind zwei junge Damen zu mir gekommen, die ein Zimmer suchen. Sie sind Waisen, stammen aber aus guter Familie.»

«Da musst du schon mit dem alten Vater sprechen, Mütterchen.»

Sie liess sich anmelden und wurde sofort eingelassen. Dschau Lin, ein kleiner, beleibter Mann, dessen ölig-glänzendes Vollmondgesicht ein herabhängender Schnurrbart zierte, sass in der Halle und unterhielt sich gerade mit seiner Frau. Die Alte ging auf ihn zu, grüsste und sagte dann kichernd: «Alter Vater, lange habe ich Euch nicht gesehen. – Und wie geht es der Nai-nai?»

«Warum bist du so lange fortgeblieben?» fragte die Nai-nai. «Ich hätte mich gerne mit dir unterhalten.»

Als die Alte sich damit entschuldigte, dass sie in letzter Zeit bei mehreren vornehmen Familien der Hauptstadt die Heiratsvermittlerin habe spielen müssen, schlug Dschau Lin ihr im Scherz seinen Fächer auf das ausgelichtete Haar und spottete:

«Kein Wunder, dass dein Schädel immer kahler wird.»

«Wollt Ihr Euch über mich lustig machen, alter Vater?»

«Warum bist du gerade heute gekommen?» wollte die Nai-Nai wissen.

«O, das ist eine lange Geschichte. Gestern war ich wieder einmal als Heiratsvermittlerin tätig...» Und dann erzählte sie von den beiden Schwestern, die sich hilfesuchend an sie gewandt hatten. Zum Schluss fragte sie, ob die beiden Empfangszimmer im West-trakt des Palastes noch freistünden.

Dschau Lin bejahte das und sagte mit Gönnermie-ne: «Gut, ich will ihnen die beiden Zimmer vermie-ten.»

Daraufhin verabschiedete sich die Alte rasch und humpelte freudestrahlend hinaus. Als sie wieder da-heim war, sagte sie:

«Ihr habt Glück, ältere Schwestern. Zufällig sind im Westtrakt des Palastes noch zwei Zimmer frei. Sie sind gut eingerichtet und befinden sich in ruhiger Lage. Eben sprach ich mit dem alten Vater. Er hat nichts dagegen, wenn ihr im Palast wohnt. Kommt jetzt bitte mit.»

Fe-yän und Ho-dö standen auf und folgten der Al-ten in ihre neue Wohnung.

«Ihr werdet in der Hauptstadt schwerlich besser eingerichtete Zimmer in solch ruhiger Lage finden», meinte die Alte, nachdem sie die Türe aufgeschlossen hatte.

«Vielen Dank für die dicke Güte, Mütterchen. Wir werden uns bei Gelegenheit erkenntlich zeigen.»

«Aber nicht doch, das möchte ich keinesfalls. Wenn ich mir das nächste Paar Schuhe kaufe, könnt ihr sie mir mit Blumen besticken.»

«Das kann schwierig werden», blödelte der Geldaf-fe. «Für dieses eine Paar werdet ihr wohl an die tau-send Päonienblätter brauchen.»

Die Frauen lachten. Dann verabschiedete sich die Alte und ging heim.

«Willst du uns ein Weilchen an die Hand gehen?» fragte Fe-yän den Geldaffen.

«Ich habe keine Lust», antwortete der. «Und ausserdem muss ich zusehen, dass ich Geld verdiene.»

«Wir geben dir dafür auch einen Batzen Silber», versprach Ho-dö.

«Abgemacht!» Nachdem der Geldaffe das Bettzeug und den Ofen an ihre Plätze gestellt hatte, gab Fe-yän ihm etwas Geld und sagte, er solle auf den Markt gehen und zwei Viertelscheffel Reis und zwei Bündel Brennholz kaufen. Als er zurückgekehrt war, gab sie ihm erneut Geld und schickte ihn in einen Stoffreste-Laden. Dort kaufte er einen Fuss dunkle Leinwand und mehrere Fuss weisse Seidengaze. Aus der Leinwand machten die beiden Schwestern ein Paar Schuhe, dessen Oberteil sie mit Gras- und Blumenstickereien verzierten. Auf die Seidengaze aber stickten sie das Bild eines schönen Mädchens. Einige Tage später kam die alte Frau Djin vorbei. Sie nahm Platz und erkundigte sich:

«Nun, wie gefällt es euch in eurem neuen Heim? Ich habe euch ja schon ein paar Tage lang nicht mehr gesehen.»

«Vielen Dank, Mütterchen, dass du so um uns besorgt bist. Hier gefällt es uns ausgezeichnet. Wir haben für dich ein Paar grobe Schuhe gemacht und möchten sie dir gerne überreichen.»

«Ja, gerne. Gebt sie nur her.» Sie nahm die Schuhe in die Hand, beschaute sie von allen Seiten und lobte: «Treffliche Arbeit! Die Blumen sehen ja aus, als ob sie echt wären. Ganz allerliebst.»

«Probier’ sie erst einmal an, Mütterchen. Vielleicht passen sie dir nicht.»

«O, da fällt mir etwas ein! Als ich vor einiger Zeit

im Dschau-Palast war, trug mir der alte Vater auf, ich solle ihm eine Frau suchen, die sich gut auf das Stikken versteht. Er will nämlich unbedingt zwei ‹Hundert-Blumen-Gewänder› haben. Ich habe schon hin und her überlegt, wer sich wohl für eine solche Arbeit eignen könnte. Jetzt sehe ich, dass eure Kunstfertigkeit mit der Sticknadel ohne Vergleich ist. Ich werde zum alten Vater gehen und ihm das melden. Falls er einverstanden ist und euch den Auftrag gibt, könnt ihr nicht nur ein hübsches Stück Geld verdienen. Sicher wird er euch auch den Mietzins herabsetzen.»

«Das wäre fein! Seit einiger Zeit haben wir auch an einem Bild gestickt, das ein schönes Mädchen darstellt. Wir möchten dich bitten, es dem alten Vater zu zeigen. Wenn es ihm gefällt, würden wir ihm gerne einen Höflichkeitsbesuch machen.»

«Bring' es her! Ich will zuerst einen Blick darauf werfen.»

Fe-yän brachte die Stickerei und rollte sie vor ihren Augen auf. Einen Augenblick lang war die Alte starr vor Staunen, dann rief sie begeistert: «Eure Kunstfertigkeit grenzt ans Wunderbare. In der Tat, ganz allerliebst. Wenn der alte Vater das sieht, wird er sich gewiss freuen.»

Sie nahm die Stickerei, rollte sie sorgfältig zusammen und steckte sie in die Ärmeltasche. Dann ging sie zu Dschau Lin. Nachdem sie ihn begrüsst hatte, sagte sie:

«Erinnert Ihr Euch noch, alter Vater? Vor einiger Zeit habt Ihr mir aufgetragen, für Euch eine Stickerin zu suchen. Ich habe schon überall nachgeforscht, doch nirgends fand ich eine, die in dieser Kunst wirk-

Mütterchen Djin ist von der Schön-

heit der Stickerei überwältigt

lich Meisterin ist. Nun will es der Zufall, dass zwei
junge Damen bei Euch wohnen, die eine solche
Kunstfertigkeit besitzen, dass man glauben könnte,
ihre Stickereien würden leben. Seht her, dieses Paar
Schuhe haben sie mir gemacht. Sind sie nicht wunderbar, die Stickereien?»

Dschau Lin nahm sie in die Hand, beschaute sie
und sparte nicht mit Lob. Dann zog die Alte das gestickte Bild aus der Ärmeltasche, reichte es ihm und
fuhr fort:

«Und dieses schöne Mädchen haben sie auch gestickt. Sie gaben mir das Bild, damit Ihr es anschauen
könnt, alter Vater. Gerne würden sie Euch einen Höflichkeitsbesuch machen.»

Dschau Lin war begeistert, als er die wie lebendig
wirkende Stickerei sah. Er sagte:

«Nie hätte ich geglaubt, dass es unter dem Himmel
solch kunstfertige Mädchen gibt. Diese Stickerei ist ja
allein an die hundert Batzen Silber wert! Bestelle sie
auf morgen her; ich möchte sie kennenlernen.»

«Gut. Ich komme morgen vorbei und bringe sie
mit.»

Die Alte verabschiedete sich und ging sogleich zu
den beiden Schwestern.

«Ihr beide habt grosses Glück!» rief sie, kaum dass
ihr Fuss die Schwelle überschritten hatte. «Der alte
Vater ist von eurer Stickerei begeistert und trug mir
auf, euch morgen zu ihm zu bringen. Ich hoffe, dass
seine Bekanntschaft euch von Nutzen sein wird.»

«Wenn sie uns Nutzen bringt, werden wir dich keinesfalls vergessen, Mütterchen», versicherte Fe-yän.
Sie rief den Geldaffen herbei und trug ihm auf, zwei

132

Krüge Wein, etwas Fleisch und eine Gans zu kaufen. Als das Essen fertig war, schmausten und tranken sie bis in den Abend hinein. Dann bedankte sich die Alte und ging heim.

ACHTES KAPITEL

Dschau Lin adoptiert die beiden Schwestern. Im ‹Wohnturm der zehntausend Blüten› brilliert Fe-yän vor dem Kaiser mit ihrer Tanzkunst.

Am nächsten Morgen stand die Alte früh auf. Sie wusch und kämmte sich und humpelte dann zu den beiden Schwestern hinüber, die bereits ihre besten Kleider angelegt hatten. Sie frühstückten gemeinsam, und anschliessend schickte Fe-yän den Geldaffen heimlich fort, um dem inzwischen in die Hauptstadt zurückgekehrten Vogelschützen zu melden, dass sie umgezogen seien. Er möge, liess sie ihm bestellen, sie besuchen, wann immer er Lust habe, doch dürfe er das nur heimlich tun. Dann gingen die Alte und die beiden Schwestern zu Dschau Lin. Er war von der Schönheit beider Mädchen so tief beeindruckt, dass es ihm fast die Sprache verschlug. Nachdem sie einander begrüsst und eine Weile miteinander geplaudert hatten, liess er die Nai-nai rufen. Er stellte ihr die beiden Schwestern vor, ging dann mit ihr in ein Nebenzimmer und sagte:

«Ich habe erkannt, dass diese beiden Mädchen einen tugendhaften Charakter, Anstand und Zurückhaltung besitzen. Gerne würde ich sie als Adoptivtöchter bei uns im Haus behalten. Wie denkst du darüber?»

«Das ist auch meine Ansicht», pflichtete sie ihm bei. «Aber vorerst wissen wir ja noch gar nicht, wie sie selbst darüber denken.»

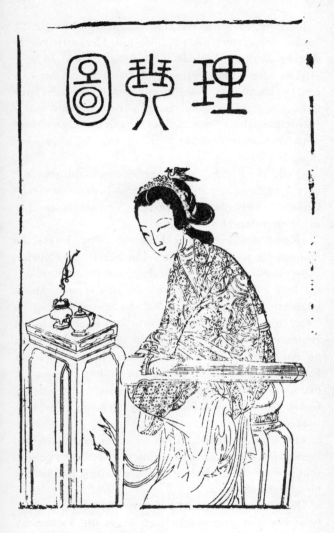

Fe-yän, die Fliegende Schwalbe, beim Lautenspiel

Sie ging wieder in die Halle zurück und fragte die beiden Schwestern nach Namen und Herkunft. Nachdem Fe-yän sie aufgeklärt hatte, fuhr sie fort:

«Der alte Vater möchte euch beide gerne adoptieren. Ihr könntet hier im Palast wohnen und eure Tage unbeschwert von allen Sorgen verbringen. Später würden wir dafür sorgen, dass ihr mit tüchtigen Männern verheiratet werdet. Nun, welches ist eure Meinung?»

«Falls Ihr geruht, uns zu erheben», stammelte die verwirrte Fe-yän, «dann... ja dann würden wir diesen Gnadenbeweis niemals vergessen, und wenn darüber die Welt untergeht.»

«Keine grossen Worte bitte!» beschwichtigte die Nai-nai sie und rief Dschau Lin herein. Die beiden Schwestern rückten nun zwei Stühle zusammen, auf die ihre künftigen Adoptiveltern sich setzten. Dann begrüssten sie sie mit neunfachem Stirnaufschlag als Vater und Mutter. Anschliessend liess Dschau Lin ein Festessen herrichten, an dem alle teilnahmen. Von da an nannten die beiden Schwestern sich nicht mehr Feng, sondern Dschau. Gegen Abend liess Dschau Lin den Geldaffen rufen, und weil er wusste, aus welcher Gefahr jener seine Adoptivtöchter gerettet hatte, sagte er zu ihm:

«Ich habe die beiden jungen Damen adoptiert, und sie werden fortan bei mir wohnen. Was ihnen gehört, schenke ich dir als Belohnung. Du kannst die Sachen gleich mitnehmen.»

Der Geldaffe bedankte sich mit einer tiefen Verbeugung und ging wieder fort. Als er die Sachen zusammenpackte, erschien Fe-yän und fragte ihn:

«Hast du dem Vogelschützen meine Botschaft ausgerichtet?»

«Gewiss doch; ich war bei ihm. Er sagte, dass er übermorgen kommen werde. Was soll ich ihm jetzt ausrichten?»

Fe-yän seufzte tief auf. «Grüsse ihn vielmals. Und sag' ihm, dass es für uns kein Wiedersehen geben kann. Er soll sich die Trennung nicht zu Herzen nehmen. Entbiete ihm unser Lebewohl.» Die Tränen liefen ihr über das Gesicht, und sie wischte sie hastig fort. Der Geldaffe nickte, lud sich das Gepäck an seiner Tragstange auf die Schulter und ging ohne weitere Worte fort.

Gerade an diesem Abend wollte der Vogelschütze die Heiratsvermittlerin aufsuchen. Da erschien der Geldaffe und richtete ihm Fe-yän's Botschaft aus. Wie hätte er da ruhig bleiben können? Der Zorn loderte in ihm empor, und er prügelte den Unglücksboten zur Türe hinaus.

Am nächsten Morgen wog er einige Batzen Silber ab, steckte sie in die Ärmeltasche und eilte schnurstracks in die ‹Strasse des grossen Glücks›, um sich bei der alten Frau Djin näher zu erkundigen. Aber als er sie nach den beiden Schwestern befragte, wurde sie auf der Stelle misstrauisch, denn sie glaubte, er sei jener Wang Zwei, der sie habe vergewaltigen wollen. «Bist du mit ihnen verwandt?» fragte sie.

Der Vogelschütze verneinte das.

«Was willst du also von ihnen? Wozu bist du hergekommen?»

«Ich war ihr Nachbar und habe ihnen in der Not

zuweilen geholfen. Jetzt wohnen sie hier und ich bin vorbeigekommen, um sie zu besuchen.»

Nun, die alte Frau Djin konnte in diesem Fall nicht Schwarz von Weiss unterscheiden. Sie holte aus und gab ihm eine schallende Ohrfeige.

«Du Ölmaul, du verfluchter kleiner Blankknüppel», zeterte sie los. «Die beiden älteren Schwestern sind hierher gezogen, weil sie deine Belästigungen nicht länger haben ertragen können. Wie kann ich es zulassen, dass du dich weiter bei ihnen austobst? So eine Frechheit! Der Kerl wagt es tatsächlich, auch hier seinen Unfug zu treiben!»

«Warum schlägst du mich?» fragte der verdutzte Vogelschütze. «Ich habe mit den beiden jungen Damen Bruderschaft geschlossen. Was macht es schon, wenn ich sie besuche?»

Während sie sich stritten, eilte der Sohn der Alten hinaus und alarmierte die Nachbarn. Sie kamen sofort herbeigeeilt und riefen:

«Was ist los, Mütterchen? Warum streitet ihr?»

«Da sind zwei junge Damen, Waisenkinder», rief die Alte aufgebracht. «Sie zogen hierher, weil dieser Kerl sie fortwährend belästigte. Sie können gut stikken, und der alte Vater hat sie kürzlich adoptiert. Und jetzt kommt dieser Grünschnabel daher und will sich erneut an sie heranmachen. Wenn der alte Vater es erfährt, kann er sich auf eine Tracht Prügel gefasst machen.»

«Junger Mann, stell' hier keinen Unfug an», warnten die Nachbarn. «Im Dschau-Palast nimmt man so was verflucht ernst. Verschwinde auf der Stelle. Wenn du nicht gehst oder dich hier herumtreibst, bringen

138

wir dich zum alten Vater. Der lässt dir bestimmt das Kreuz entzweischlagen.»

«Quatscht keinen Blödsinn! Ich habe nichts verbrochen. Warum wollt ihr mich in den Palast bringen?»

Da wurden die Leute erst recht zornig. Sie fielen über ihn her, zerrten ihn hierhin und dorthin, und es hagelte Faustschläge und Fusstritte. Gegen eine solche Übermacht konnte der Vogelschütze nichts ausrichten, und es blieb ihm nichts anderes übrig, als um Schonung zu bitten.

«Also gut», rief jemand, «lassen wir ihn laufen.»

Nun gab es ein Hin- und Hergeschiebe; die Männer knufften und pufften ihn, und er wurde so unsanft zur Türe hinausbefördert, dass es ihm schwarz vor den Augen wurde und er der Länge lang hinfiel. Schliesslich rappelte er sich auf und verliess stumm und niedergeschlagen die ‹Strasse des grossen Glücks›. Stöhnend und ächzend humpelte er heim und legte sich sofort ins Bett. Er dachte lange über die Demütigung nach, die ihm widerfahren war, doch des Rätsels Lösung fand er nicht. Was sollte er nur tun, um die beiden Schwestern wiederzusehen? Auch auf diese Frage wusste er keine Antwort. Darüber grämte er sich so sehr, dass er nach ein oder zwei Tagen krank wurde, und sein Dienerbursche den Arzt holen musste.

Schliesslich genas er, und um sich zu zerstreuen, besuchte er die ‹kleinen älteren Schwestern› im Nordviertel.

Eines Morgens, kurz nachdem die Stadtbezirkstore geöffnet worden waren, schlenderte er auf dem Heimweg durch eine der vielen engen und winkeligen Gassen der Vorstädte. Die Läden waren noch alle geschlossen; nur eine Teestube hatte schon geöffnet, und durch die halbgeöffnete Türe fiel der Lichtschein auf die Gasse. Ein appetitlicher Geruch stieg ihm in die Nase, und als er hineinblickte, gewahrte er eine junge Frau, deren Gesichtszüge durch zahlreiche Pokkennarben entstellt waren. Sie hielt eine Tonschüssel in den Händen und trat damit an den Herd. Als sie ihn bemerkte, drehte sie sich um und fragte:

«So früh schon unterwegs?»

«O, ich bin ein Frühaufsteher und zudem recht hungrig», antwortete er. «Könnte ich wohl etwas zu essen bekommen?»

«Aber sicher. Wir verkaufen gedämpfte Klösse mit Fleischfüllung. Wollt ihr welche haben?»

«Gerne».

«Sie sind noch auf dem Herd, aber es dauert nicht mehr lange. Bitte tretet ein und nehmt Platz.»

Er folgte der Aufforderung und trat ein. In dem schmucklos-einfachen Raum standen ein langer Tisch und auf jeder Seite eine Bank. Er nahm Platz, und im Handumdrehen hatte die geschäftig hin und her eilende junge Frau eine Schale mit dampfendem Tee vor ihn hingestellt. Wenig später langte sie einen Napf aus dem Regal, fischte mit dem Holzlöffel etliche Klösse aus dem kochenden Wasser und stellte sie vor ihn hin.

Nach der durchkämpften Nacht war der Vogelschütze wirklich hungrig; er machte sich über die Klösse her und hatte sie im Nu verputzt. In diesem Augenblick kam der Blankknüppel Wang Zwei herein. «Klösse und Tee!» rief er mit barscher Stimme und warf ein Geldstück auf den Tisch. Dann liess er sich auf der Bank nieder und mass den Vogelschützen mit einem herausfordernden Blick. Flink füllte die junge Frau dessen Napf und sagte zu Wang Zwei:

«Bitte, gedulde dich noch ein Weilchen. Die Klösse sind noch nicht gar.» Und damit eilte sie an den Herd zurück.

«Du Hundefurz, du geile Schlampe!» schrie er hinter ihr her. «Ich habe dir mein Geld zuerst gegeben, aber die Klösse frisst dieser Kerl hier.»

«Mässige deine Worte, Wang Zwei, und zieh' nicht über andere Leute her. Es lohnt sich nicht, wegen einer solchen Kleinigkeit schon wieder einen Streit anzufangen.»

«Gut, dann will ich dir eine Frage stellen. Wo hat dieser Kerl die Nacht verbracht, der so früh schon alle Klösse auffrisst?»

«Woher soll ich das wissen? Er kam eben erst her.»

«Er war heute Nacht bei dir, du geile Schlampe! Leugne es nicht ab. Ich werde mich nachher mal bei den Nachbarn erkundigen.»

Als die junge Frau diese Worte vernahm, war sie ausser sich vor Entrüstung. Zwei Tränen liefen ihr über das Gesicht, und zornig rief sie:

«Pestbandit! Hundemaul! Du wagst das ja nur, weil du weisst, dass mein Bruder nicht da ist, und ich bloss eine schwache Frau bin. Nimm dein Geld fort! Ich verkaufe dir keine Klösse.»

«Ha, du geiles Miststück, du ranzige Ware! Du wagst es, so mit mir zu reden?»

«Schweig' du schwarzer Schildkröterich! Deine

Grossmutter war eine geile Schlampe und deine Mutter eine verkommene Hure. Noch heute erzählt man sich, wie schamlos sie es jederzeit mit den Männern trieb.»

Vor Zorn brüllend sprang Wang Zwei auf und gab dem eisernen Kessel einen Fusstritt, dass er vom Herd stürzte. Kochendes Wasser und halbgare Knödel ergossen sich über den Boden.

«Zu Hilfe!» schrie die junge Frau und schlug die Hände vor das Gesicht.

Der Vogelschütze hatte die Auseinandersetzung mit aufmerksamen Blicken verfolgt. Seit jenem bewussten Tag hegte er einen tiefen Groll gegen Wang Zwei, dem er alle Schuld an seinem Unglück gab. Und er war fest entschlossen, sich bei der ersten Gelegenheit an ihm zu rächen. Diese Gelegenheit war nun da, als Wang Zwei ihm, während er den Kessel zu Boden stiess, kurz den Rücken zuwandte. Blitzschnell sprang er auf, und als jener sich umdrehte, trat er ihm mit voller Wucht in den Unterleib. Wang Zwei stiess einen Wehlaut aus, fiel hintenüber gegen die Wand und riss im Fallen das Regal mit den Näpfen herunter. Als er sich aufrappeln wollte, packte der Vogelschütze den hölzernen Kochlöffel und schlug ihm den derart über den Schädel, dass er in zwei Stücke auseinanderbrach. Dann fesselte er den Ohnmächtigen mit seiner Leibbinde und eilte schnurstracks zum Stadtbezirks-Vorsteher. Jenem meldete er, dass er dort und dort einen seit langem steckbrieflich gesuchten Verbrecher dingfest gemacht habe. Dann ging er mit sich selbst und der Welt zufrieden heim.

Unterdes hastete der Stadtbezirks-Vorsteher mit

seinen Leuten zur Teestube, wo er den Banditen Wang Zwei wirklich gefesselt in einer Wasserlache zwischen halbgaren Knödeln liegend antraf. Er war noch immer ohnmächtig und kam erst wieder zu sich, nachdem man ihm einen Eimer kalten Wassers über den Kopf geschüttet hatte. Da er nicht gehen konnte, liess der Stadtbezirks-Vorsteher ihn in eine Sänfte setzen und zum Amt des hauptstädtischen Polizeipräfekten tragen. Dort wurde er zusammen mit anderen jugendlichen Verbrechern summarisch zum Tod in den «Tigerhöhlen» verurteilt.

Sicherlich werdet ihr, geschätzte Leser nun wissen wollen, was es mit jenen Tigerhöhlen auf sich hatte. Nun, so lasst es euch erklären. In jenen Tagen hatte ein sehr energischer Beamter das Amt des hauptstädtischen Polizeipräfekten angetreten und war fest entschlossen, mit dem Verbrecherunwesen ein Ende zu machen. Zu diesem Zweck hatte er eine Anzahl von Gruben ausheben lassen, die drei oder vier Klafter in die Tiefe massen. Sie waren an den Seiten sehr solide mit gebrannten Ziegeln ausgemauert und oben mit schweren Steinen verschlossen. Bei mehreren Razzien waren den Bütteln wohl an die tausend jugendliche Verbrecher in die Hände gefallen, und je hundert warf man in eine Tigerhöhle. Dann wurden die schweren Steine über die Öffnungen gewälzt und von einem Beamten des Strafwesens versiegelt. Erst nach einigen Tagen öffnete man die unterirdischen Verliesse wieder. Wenn dann die Büttel hinabblickten, sahen sie die Leiber kreuz und quer, über- und durcheinander daliegen, wie auf einem Schlachtfeld, und alle waren erstickt. Einige Büttel stiegen hinab,

143

und die Leichen wurden an Seilen emporgehievt. Man lud sie auf grosse, zweiräderige Karren und begrub sie in Massengräbern draussen vor der Stadt. Auf solch schreckliche Weise büsste nun auch Wang Zwei für seine Missetaten. –

Die beiden Schwestern lebten nun im Dschau-Palast bei ihren Adoptiveltern. Sie beschäftigten sich jeden Tag ein oder zwei Stunden mit Nadelarbeiten und liessen keine Gelegenheit aus, ihre Sanges- und Tanzeskünste zu vervollkommnen. Vor allem Fe-yän war so sehr mit dem Herzen dabei, dass sie darüber oft das Essen und Trinken vergass. Es war noch kein halbes Jahr vergangen, da sang und tanzte sie so wundervoll, dass Dschau Lin, als er ihr einmal zuschaute, sich über die Massen freute.

Im Takt der Trommeln kommt sie hereingeschritten.
Sie gleicht einer duftenden Blume,
die sich im Wind bewegt.
Ihre Augen blitzen, und sie wirft seitwärts
*   verführerische Blicke.*
Sobald der Tanz beginnt, ist es,
als würde sie emporfliegen oder niedersinken.
Ihr weites Seidenkleid weht im Wind,
die langen Schmetterlingsärmel verschlingen sich
*   zu immer neuen Figuren,*
der zarte Gazeschleier flattert so, als ob er
*   zerreissen könnte.*
Sie zeigt Schönheit und Anmut,
und die Mimik ihrer Hände und Blicke
stimmt mit der Melodie überein.

Sie wirbelt im Kreis umher wie eine Schwalbe,
die sich flatternd niederlässt,
wie eine Schneegans, die ihre Flügel ausbreitend
plötzlich aufsteigt.

Diese beiden Schwestern sind wirklich aussergewöhnlich begabt, dachte er. Man kann sie gewiss nicht mit der Menge vergleichen. Herrlich, wie Fe-yän tanzen kann!

Als der Kaiser an einem dieser Tage die Regierungsgeschäfte erledigt hatte und die Langeweile ihn plagte, beschloss er, Dschau Lin zu besuchen, um in seiner Gegenwart etwas Zerstreuung zu finden. Er liess die Pferde anschirren und machte sich auf den Weg.

Inzwischen war Dschau Lin durch einen Boten benachrichtigt worden. In aller Eile liess er besondere Delikatessen wie Drachenaugen und gesottene Bärentatzen herrichten und erwartete aufgeregt das Erscheinen seines illustren Gastes. Als lautes Rufen die Ankunft des Kaisers ankündigte, eilte er hinaus und kam eben noch zurecht, um ihn am Wagenschlag zu empfangen. Er begrüsste ihn in geziemender Weise und führte ihn dann in die Empfangshalle, wo er Platz nahm und sich mit ihm unterhielt. Inzwischen war auch im ‹Wohnturm der zehntausend Blüten› die Festtafel hergerichtet worden. Im angrenzenden Raum sass eine Schar weiblicher Musikanten, die beim Erscheinen des Kaisers ein Lied zu spielen begannen. Zart wurde der Klingstein angeschlagen, Mundorgeln und Flöten fielen im Takt der Trommel ein, Lauten und Mondgitarren spielten bald laut, bald

145

leise auf, und die tigergestaltige Rassel markierte das Ende jeder Strophe.

Der Kaiser nahm auf dem Ehrensitz Platz und erlaubte Dschau Lin, sich zu seiner Linken zu setzen. Eine Weile gaben sie sich schweigend den Genüssen der Tafel hin, dann erschienen Sängerinnen und Tänzerinnen. Bevor der Kaiser es überhaupt bemerkte, war er vom reichlich genossenen Wein leicht beschwipst. Da sagte Dschau Lin zu ihm:

«Euer Diener hat ein Mädchen, Fe-yän geheissen. Sie kann wundervoll tanzen und singen. Erlauben Eure Majestät, dass ich sie rufen lasse, damit sie Eure Majestät ein wenig zum Trinken animiert?»

«Gut», antwortete der Kaiser, «lass' sie rufen.»

Im Flüsterton trug Dschau Lin einem Diener auf, Fe-yän hereinzubitten. Sie stand schon eine ganze Weile draussen und war nicht wenig aufgeregt. Als sie hörte, dass sie drinnen gewünscht werde, zupfte sie rasch noch einmal ihr Kleid zurecht und stieg dann in anmutiger Haltung die Treppe zu den oberen Wohnturmgemächern hinauf. Langsam und doch beschwingten Schrittes trat sie ein. Ihr Gesicht glich der Blüte des Erdbeerbaumes an einem taufrischen Frühlingsmorgen. Unter dem taillierten Rock erschienen ihre zarten Hüften so schmal, dass ihr Körper einer Weide glich, die sich im Ostwind bewegt. Dem Kaiser dünkte sie wie eine Djiung-di aus dem Wellenpark; an Schönheit schien sie die Feen des Kassia-Palastes zu überstrahlen. Mit einem leisen Wan-fu, zehntausendfaches Glück, und einer dreimaligen Verneigung begrüsste sie den Kaiser und trat dann mit züchtig gesenktem Blick hinter den Sitz ihres Adoptivvaters.

Der Kaiser war von ihrer zierlichen Gestalt und ihrem Liebreiz, der in jedem Männerherzen die Liebesglut entfacht hätte, entzückt und starrte sie eine ganze Weile an. Dann bat er sie durch Dschau Lin, eine Probe ihrer Tanzkunst zu geben.

«Ich fürchte», zierte sie sich, «dass mein geringes Können Eurer Majestät missfallen könnte.»

«Nur nicht so bescheiden», ermunterte sie der Kaiser. Dschau Lin flüsterte ihr etwas ins Ohr und gab der Musik ein Zeichen. Der dumpfe Trommelton dröhnte schier bis in Himmelshöhen empor, während die hohen Töne der Mundorgel und der schrille Falsettgesang das Trommelfell erbeben liessen. Fe-yän trat vor, zupfte noch einmal rasch ihr Kleid zurecht und begann dann den Tanz.

Hell strahlen die Kerzen im Lustgemach.
Nachdem das Mahl vorüber ist,
erhebt sie sich zum anmutigen Tanz.
Dem raschen Takt folgt der zögernde Schritt.
Mit der anschwellenden Melodie
richtet ihr anfangs gesenkter Kopf sich empor.
Das Kleid flattert, und erst als das Lied verklungen ist,
erwacht sie wie aus einem schweren Traum.
Nicht blossem Lernen verdankt sie diese Kunst.
Sie ist ihr aus einem früheren Leben zu eigen.

Als die Melodie verklungen und der Tanz zu Ende war, flatterte die Seele des Kaisers unstet umher. Er klatschte in einem fort Beifall und rief ein um das andere Mal: «Wundervoll! Wenn man ihr zusieht, schmilzt einem die Seele im Leib förmlich dahin. Wie

147

Fe-yän tanzt

vor dem Kaiser

kommt es nur, dass ihr Körper so leicht und grazil ist? Wirklich, sie verdient es, Flugschwalbe genannt zu werden.»

Daraufhin befahl ihr Dschau Lin, dem Kaiser Wein einzuschenken. Sie nahm den grossen, feinziselierten Silberpokal, füllte ihn mit blassgelbem Wein und bot ihn dem Kaiser kniend mit ihren zarten Bambussprossen dar. Er nahm den Pokal, zog sie an den Händen zu sich empor und leerte ihn, berauscht von ihrer Schönheit, auf einen Zug. Fe-yän kniete abermals nieder und nahm den nun leeren Pokal aus seinen Händen.

Ihre anmutigen Bewegungen entzückten den Kaiser derart, dass er die Augen nicht mehr von ihr abwandte. Am liebsten wäre er mit ihr gleich ein wenig vertraulich geworden, doch fürchtete er, seiner Würde als Kaiser etwas zu vergeben. Gerne hätte er sich mit ihr unterhalten, wagte es aber nicht. Er schielte zu ihr hinüber, und die erzwungene Zurückhaltung machte ihn derart konfus, dass er mehr trank, als er vertrug. Immer wieder musste Fe-yän ihm den Pokal kredenzen. Schliesslich war er, ohne sich dessen bewusst zu sein, schwer betrunken. Er liess den Wagen vorfahren und erhob sich auf unsicheren Beinen. Dschau Lin begleitete ihn bis zum Tor des Vormitternachts-Palastes; dort bedankte er sich überschwenglich für den Besuch und nahm Abschied. Der Kaiser aber begab sich in seine Gemächer, ohne nachher zu wissen, wie er dort hingelangt war.

Dschau Lin, der natürlich schon von Anfang an bemerkt hatte, dass der Kaiser die Augen nicht von seiner Adoptivtochter abwandte, war es klar, dass sein il-

lustrer Gast sich in sie verliebt hatte. Als er heimge-
kehrt war, eilte er schnurstracks zu seiner Frau und
rief, kaum dass sein Fuss die Schwelle der inneren Gemächer überschritten hatte:

«Denk' dir, als der Heilige unsere Fe-yän sah, empfand er sofort Zuneigung für sie. Bestimmt wird es in
seiner Absicht liegen, sie früher oder später zu sich in
den Palast zu holen. Für uns wäre es am vorteilhaftes-
ten, sie ihm gleich jetzt zu schenken. Falls sie seine
Favoritin wird, sind uns Reichtum und Einfluss für
alle Zeiten sicher.»

«Das ist ja grossartig!» rief die Nai-nai. «Erledige
das am besten gleich morgen und zögere nicht erst
lange, sonst könnte der Kaiser sich eines anderen be-
sinnen.»

Am nächsten Morgen in aller Frühe liess Dschau
Lin seine Adoptivtöchter wecken und teilte Fe-yän
seinen Entschluss mit. Sie nahm ein Vollbad, legte
dann eines der ‹Hundert-Blumen-Gewänder› an und
wurde von den Dienerinnen geschmückt und frisiert.
Nach dem Frühstück setzte sie sich in einen verdeckten Wagen, und Dschau Lin bestieg ein Reitpferd.

Im Trab ging es dann durch Strassen und Gassen
zum Vormitternachts-Palastbezirk. Dieser war ringsherum von einem breiten Graben umgeben, an dessen
beiden Ufern knorrige, alte Weidenbäume standen.
Dahinter ragte die zinnoberrote Mauer vier Klafter
hoch empor. Dschau Lin stieg ab und durchschritt
das von zwei kupfernen Pferden flankierte Djin-ma-
Tor, vor dem Leibgardisten Wache standen. Drei
Treppenfluchten mit doppeltem Geländer, deren obere Querhölzer gleich den Endstücken der Vordächer

mit herrlichen Schnitzereien versehen waren, führten zum Vorhof der Audienzhalle hinauf. Rechts davon befand sich eine für Wagen befahrbare, schiefe Ebene, die indessen nur Prinzen aus kaiserlichem Geblüt und verdiente Minister benutzen durften. Glückbringende Bäume und aromatische Kräuter waren rings um den Hof angepflanzt, und in der Mitte hing eine riesige, dreihunderttausend Pfund schwere Bronzeglocke in einem mit wilden Tierfratzen verzierten Gestell. Dieses wurde von mächtigen Vögeln getragen, die, als ob die Glocke nicht schon schwer genug wäre, die Flügel auseinanderspreizten, wie wenn sie auffliegen wollten.

Eine Allee erzgegossener Statuen der Nordbarbaren führte auf das hohe Tor von imposantem Aussehen zu. Die Torflügel waren mit holzgeschnitzten und mit blauem Lack überzogenen Ringketten verziert, und im Vorraum, wo eine Schar Eunuchen sich aufhielt, stand ein über mannshoher Windschirm aus feingekörntem Nan-mu-Holz. Solche Windschirme wurden Fu-sï, nochmaliges Überdenken genannt, denn vor ihnen pflegten die Beamten einen Augenblick stehenzubleiben, um ihre Gedanken zu ordnen, bevor sie vor das Drachenantlitz des Kaisers traten. Drinnen hingen um das reichverzierte Oberlicht rings geschnitzte Lilienstengel herab, deren Blüten sich in üppiger Gedrängtheit öffneten, während die goldenen Endstücke der bemalten Dachtraufen im Sonnenlicht funkelten und glitzerten. Als Dschau Lin die Audienzhalle betrat, kniete gerade ein Zensor in violetter Amtsrobe und mit der schwarzen Flügelkappe aus Seidenflor auf dem Kopf vor der Estrade, wo in majestätisch-würdevoller Haltung der Kaiser auf dem edelsteinfunkelnden Drachenthron sass. Der Zensor sprach mit mahnend-erhobener Stimme:

«...Bevor der Himmel am Fürsten das Strafgericht vollzieht, ist er es selbst, der sich durch seine Taten vernichtet. Im Buch der Wandlungen heisst es: ‹Man bekommt Diener, hat aber kein eigenes Heim mehr.› Das heisst, dass der Fürst dem Reich zu dienen hat, und nicht der eigenen Familie, noch sich selbst. Ihr aber habt die Würde und Erhabenheit, die dem Sohn des Himmels geziemt, aufgegeben und findet Freude an den billigen Vergnügungen gemeiner Menschen. Ja, nicht nur das! Ihr schätzt leichtfertige und ungesittete Personen hoch ein und seid bei ihnen zu Gast. Ihr verlasst die sichere Geborgenheit des Palastes und verkehrt nicht nur bei Tage, nein auch bei Nacht mit Menschen von niederer Herkunft und Gesinnung. Wie eine Vogelschar kommt man da zusammen, frisst und säuft sich voll, sitzt mit unordentlicher Kleidung Schulter an Schulter und vergisst dabei alle Unterschiede des Standes und der Person. Während Ihr unaufhörlich auf der Suche nach immer neuen Vergnügungen und Sinneskitzeln umherstreift, bewacht die Garde einen leeren Palast, und von den Würdenträgern weiss keiner, wo Ihr Euch aufhaltet. Dieser Zustand währt nun schon Jahre. Im Altertum gab es einen Fürsten von Kuo, der ohne Dau war. Ihm erschien im Traum ein Gott und sagte, er wolle ihm Felder schenken. Damit wollte er ihm zu verstehen geben, dass er ihm diese Felder schenke, weil er ein gemeiner Mann war, denn dem Herrscher gehört alles unter dem Himmel. Und allen Fürsten, die seither den gleichen Traum hatten, war dies ein untrügliches Omen dafür, dass sie eines Tages ihr Reich einbüssen würden.»

Bei den letzten Worten erbleichte der Kaiser, doch er blieb stumm und gab dem Knienden durch einen Wink zu verstehen, dass er entlassen sei. Jener erhob sich und trat zurück.

«Wer noch etwas zu melden hat möge vortreten!» rief der Hofmarschall laut. «Anderenfalls erkläre ich die Audienz für beendet.»

Da trat Dschau Lin rasch aus der Menge hervor, ohne die argwöhnischen Blicke der Beamten zu beachten. Er kniete auf dem Kissen nieder und sagte:

«Euer geringer Diener Dschau Lin hat etwas zu melden. Er besitzt die grosse Kühnheit, Eure himmlische Majestät damit zu belästigen, doch er möchte zuvor darum bitten, dass die Herren Beamten sich zurückziehen. Erst dann wird er zu sprechen wagen.»

«Die Herren sind für heute entlassen», verkündete der Kaiser. «Sollte es später noch Geschäfte geben, so möge man sie Uns morgen bei der Frühaudienz vortragen.»

Die Beamten verliessen die Halle. Als Dschau Lin sich mit dem Kaiser alleine wusste, fuhr er in einschmeichelndem Ton fort: «Gewiss ist meine Adoptivtochter Fe-yän mit ihrer plumpen, bäuerischen Wesensart kaum geeignet, in den hinteren Palästen Eurer Majestät Aufnahme zu finden. Weil es ihr aber gestern Abend zufällig vergönnt war, Eurer Majestät den Wein zu kredenzen, und weil Eure Majestät deutlich Ihre Zuneigung bekundeten, erkühne ich mich, sie als Geschenk darzubieten. Doch weiss ich nicht, ob Eure Majestät gewillt sind, ihr Ihre Aufmerksamkeit zu schenken.»

Als der Kaiser diese Worte vernahm, hellte sich sein mürrisches Gesicht auf und er erkundigte sich, wo sie sei.

«Sie wartet draussen im Wagen auf den Ruf Eurer Majestät, denn sie wagt es nicht, unaufgefordert zu erscheinen.»

«Mein Teurer, ruf' sie sofort her!»

Dschau Lin ging hinaus und geleitete Fe-yän in die Audienzhalle. Sie begrüsste den Kaiser mit drei Verneigungen und hauchte mit lieblicher Stimme ein dreifaches Wan-fu, zehntausend Jahre. Wie hätte er weiter seine herrscherliche Würde wahren können, als er das holde, blumengleiche Geschöpf vor sich knien sah? Lächelnd zog er sie zu sich empor und sagte:

«Meine Teure, bitte nicht so zeremoniell.»

Dann liess er dem Eunuchen, der das Amt des Vorstehers der kaiserlichen Schatzkammer versah, sagen, er solle Dschau Lin hundert Längen Brokatseide aushändigen. Zu ihm selbst sagte er: «Nimm' einstweilen dieses kleine Geschenk. Später werde ich dich in den Adelsstand erheben.»

Dschau Lin bedankte sich mit dreifachem Stirnaufschlag für die unverhoffte Gnade und verliess die Audienzhalle. Der Kaiser zog sich in eine der ‹Ohrenkammern› zurück, wo er seine reichbestickte Staatsrobe aus schwerer Tributseide gegen ein bequemes Hausgewand vertauschte. Dann bestieg er mit Fe-yän den von Eunuchen gezogenen Wagen und liess sich in seine Privatgemächer fahren, wo ihm unverhofft die Kaiserin begegnete.

«Woher haben Eure Majestät dieses Mädchen?» fragte sie sichtlich pikiert.

«O, das ist eine Tochter des Dschau Lin, Fe-yän geheissen», antwortete der Kaiser vergnügt. «Als ich ihn gestern Abend besuchte, erfreute sie mich mit Tanz und Gesang. Ihr Vater merkte natürlich, dass sie mir gefiel; er kam heute morgen und hat sie mir geschenkt. Ist sie nicht schön?»

«Gewiss ist sie schön, und ich fürchte, dass ich neben ihr keine gute Figur machen werde», antwortete die bereits zur Fülle neigende Kaiserin.

«Warum denn gleich so misstrauisch? Ich habe euch doch beide in mein Herz geschlossen.»

Noch am gleichen Abend liess er ein Festbankett herrichten. Man sass dichtgedrängt beisammen, die Flügelbecher kreisten und wurden unzählige Male geleert. Herrliche Tänze wurden in abwechslungsreicher Folge aufgeführt. Zuerst kamen die Tänzerinnen ganz langsam daher und zeigten dabei eine Kraftlosigkeit, wie wenn selbst die hauchdünnen, durchsichtigen Seidengewänder für sie zu schwer wären. Sie pirouettierten, dass die Gazeschleier in ihren Chignons flatterten und ihre Reize erst recht zum Vorschein kamen. Dann eilten sie zurück, wie eine Schar aufgeschreckter Kraniche, die plötzlich müde geworden war, und näherten sich abermals. Sie sprangen auf die Tische und bewegten ihre Schuhe auf dem schmalen Platz zwischen Schüsseln und Tellern hin und her, sie liessen die langen Schmetterlingsärmel flattern, spielten mit Wimpern und Brauen und warfen dem Kaiser

156

verliebte Blicke zu. Dann sprangen sie wieder auf den Boden und zogen sich langsamen Schrittes zurück. Kurz bevor das Festbankett ein Ende fand, verlieh der Kaiser Fe-yän den Rang einer Vollkommenen Nebenfrau.

Damals war Fan I, eine Base der Fe-yän, Aufseherin im ‹Palast des Frühlingsempfangs›, wo der Kaiser mit seiner ‹Neuen› das erste Liebesfest feiern wollte. Darum befahl er ihr, dort alles entsprechend vorzubereiten. Fan I wusste von den früheren Beziehungen Fe-yän's mit dem Vogelschützen. Als sie nun hörte, dass der Kaiser sich ihr nähern wollte, gefror ihr vor Angst, der Fehltritt könnte offenbar werden, fast das Blut in den Adern. Wenn der Pferdefuss zum Vorschein kommt, dachte sie voller Entsetzen, gibt es bestimmt ein Unglück. Unterdessen trank der Kaiser, der Fe-yän für eine noch nicht durchbohrte Perle hielt, sich in aufgeräumter Stimmung einen kleinen Schwips an und hörte erst auf, als er es merkte. Da erschien Fan I und meldete:

«Ich bitte Eure Majestät, den Wagen zu besteigen und in den Palast des Frühlingsempfangs zu fahren.»

Daraufhin verabschiedete der Kaiser sich von seinen Gästen und fuhr mit Fe-yän im handgezogenen Wagen davon.

Der Faszination folgt das Lustverlangen.
Ihre Haut ist so weiss wie Schnee,
so glatt wie Eis, füllig sind ihre Formen.
Zuerst sind die Motten-Augenbrauen gerunzelt,
dann aber erhellt sich ihr Gesicht.

Er drückt ihr einen Becher in die Hand
und versucht, sie zum Trinken zu ermuntern.
Hell scheint in dieser Nacht der Mond,
und die Frühlingsfreude ist stark wie alter Wein.

NEUNTES KAPITEL

Zwei Nächte lang bemüht sich der Kaiser vergeblich, Fe-yäns Festungswall zu stürmen. Weil ein treuer Minister zu tadeln wagt, wird er zum Sammeln des ‹Geisterholzes› verurteilt.

Sie sassen nebeneinander auf dem Bett, und der Kaiser sagte, den Kopf an ihre Schulter gelehnt: «Noch heute, Liebling, wirst du die Meine werden. Du bist wahrhaftig eine Frau, die für das ganze Leben genügt.»

Fe-yän schlug die Augen nieder und antwortete: «Sollte ich, das billige Weib, durch meine ungehobelte Wesensart den Körper Eurer Majestät entweihen, dann wäre mein Vergehen so tief wie das Meer. Doch falls Eure Majestät mich nicht gar verschmähen, will ich Euch gerne auf ewig angehören, bis meine Kopfhaare weiss geworden sind.»

«Zerbrich dir nicht das Köpfchen über zukünftige Dinge. Lass' uns die Freuden geniessen, die der heutige Tag bringt.»

Als sie sich auszogen, griff der Kaiser ihr zwischen die Schenkel, packte in leidenschaftlicher Aufwallung ihr Lustschlösschen und rief entzückt: «Mein Herz, meine Leber! Dieses wundervolle Ding soll mir unendliche Wonnen bereiten!»

Er wälzte sich auf sie und begann, mit seinem Jadestengel wie närrisch zwischen der ‹goldenen Schlucht› und dem ‹schattigen Tal› herumzubohren, doch so sehr er sich auch abmühte, in ihr Lustschlösschen

159

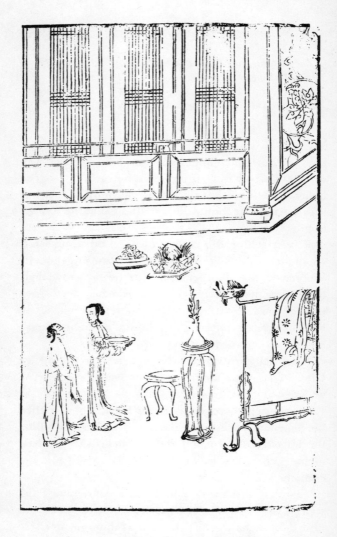

Zwei Nächte lang bestürmt der Kaiser ver-

geblich die feine Zimmetspalte von Fe-yän

kam er nicht hinein. Mit geschlossenen Augen versuchte Fe-yän, sich gegen seine stürmischen Liebkosungen zu wehren; Tränen liefen ihr über das Gesicht, als sie heuchlerisch gegen ihn ankämpfte. Dann wieder umarmte sie ihn zärtlich und flüsterte: «Es tut gar sehr weh. Wie soll ich das nur aushalten?»

Da liess der Kaiser von ihr ab. Er spuckte kräftig in die Hände und salbte seinen Jadestengel mit Speichel ein, bis er vor Nässe glänzte. Dann versuchte er abermals, in ihre Lustgrotte einzudringen. Wollt ihr, geschätzte Leser, erfahren, warum es nicht gelang? Weil Fe-yän verhalten atmete und ihren Luftstrom auf die rechte Weise lenkte. Dadurch wurde sie wieder so eng wie eine Jungfrau. Ausserdem besass der Kaiser einen grossen dicken Wedel. Wie hätte er ihn in ihren engen Spalt hineinzwängen können? Nachdem er sich eine weitere halbe Stunde vergeblich abgemüht hatte, war er derart geil, dass er sie kräftig in den Nacken biss. «Mein Schönchen, mein Herz, meine Leber», stöhnte er, «es geht einfach nicht. Du hast mich ganz närrisch gemacht. Wie kann ich mich nur beruhigen?»

«Eure Majestät müssen ein wenig Geduld haben», säuselte sie. «Dann wird es schon gehen.»

Da ging er zum letzten Angriff vor, doch so sehr er sich auch in ihrer feinen Zimmetspalte abmühte, sein rüstiger Krieger bezwang ihren Festungswall nicht. Er gab nun endlich den Kampf auf und rief eine Palastdame herbei, die zu seiner persönlichen Aufwartung gehörte. Sie hiess Dsau Gung und war ein stilles, sanftes Mädchen. Nachdem er mit ihr eine Runde lang erbittert gekämpft hatte, war seine Lust gestillt. Zwei Nächte hintereinander versuchte er vergeblich,

Fe-yän zu bezwingen. Hinterher stillte er seine Lust immer wieder an Dsau Gung.

«Wie kommt es nur», fragte jene schliesslich ganz verwundert, «dass Eure Majestät sich die ganze Zeit nicht mit der Vollkommenen Nebenfrau haben vereinigen können?»

«Üppig ist sie wie ohne Mass», rief der Kaiser verzückt, «weich, als ob sie keine Knochen im Leibe hätte. Einmal ist sie herausfordernd, dann wieder schüchtern, wie nah und ferne zugleich. Ein sittsames, anständiges Mädchen ist sie! Wie kann man sie mit euch buhlendem, Süssholz raspelndem Weibervolk vergleichen?»

Am gleichen Abend besuchte er Fe-yän abermals, und es blieb ihr nun nichts anderes übrig, als ihn gewähren zu lassen. Als er seinen Jadestengel kraftvoll in ihre Lustgrotte hineinbohrte, drang er einige Zoll tief ein, so dass sein ‹Schildkrötenkopf› eben drinnen stak. Da stiess er einen Seufzer der Erleichterung aus und rief: «Schönes, listiges Wesen du – ha, das ist in der Tat ein köstlicher Genuss! Wie habe ich mich nur anstrengen müssen, um ihn da hineinzubekommen?»

«Eure Majestät», säuselte Fe-yän, «sind dem Weibe heute begegnet, wie Wind und Regen der Blume. – O, das ist wirklich beschwerlich. Eure Majestät sollten nicht gar so hastig zustossen.»

Er aber machte unentwegt weiter Kung-fu. Als er nach ihrem zarten Popo griff, schob sie plötzlich ihre Zungenspitze in seinen Mund. Das machte ihn erst richtig wild. Er rammte ihr seinen Jadestengel bis zur Wurzel hinein, zog ihn langsam heraus und stiess rasch wieder zu. In beiden brannte das Feuer der Wol-

163

lust lichterloh, und der Kaiser schien einem angeleim-
ten Fisch zu gleichen, denn er liess auch nicht einen
Augenblick locker. Nach ungefähr einer Stunde erlebte er die höchste Seligkeit. Als er sich dann von ihr löste, sah er, wie der rote Saft zwischen ihren Schenkeln
herabtropfte und sich auf der Matte ausbreitete. Er
nahm ein Tuch und wischte ihn behutsam fort. Dann
schliefen sie in enger Umarmung ein.

Von da an genoss er die Wonnen der Liebe nur
noch mit Fe-yän und besuchte keine der anderen Damen mehr. Bald schon sah die Kaiserin sich um allen
Einfluss gebracht und war darüber tief verzweifelt.
Als eine ihrer jüngeren Schwestern sie besuchen kam,
vertraute sie sich ihr an und schüttete ihr das Herz
aus. Diese lud heimlich ein altes Zauberweib in den
Palast, die durch ihre Beschwörungen und durch andere Mittel die Liebe des Kaisers zu ihrer Schwester
neu entfachen sollte. Das kam Fe-yän zu Ohren. Sie
hoffte, selbst Kaiserin zu werden, und liess das Ge-
rücht verbreiten, die Kaiserin Hsü betreibe bösen
Zauber; sie beschwöre Unheil auf die Bewohnerinnen
der hinteren Paläste herab und habe es sogar gewagt,
den Kaiser zu verwünschen. Ähnliche Gerüchte liess
sie auch über die Vollkommene Nebenfrau Ban aus-
streuen, die vor einiger Zeit hoch in der Gunst des
Kaisers gestanden hatte. Diese benahm sich sehr klug
und zartfühlend, war von aparter Schönheit und um-
fassender Bildung. Es war ja gerade ihre Reinheit gewesen, die den kaiserlichen Wüstling angezogen hatte. Jedesmal, wenn Frau Ban ihm begegnete, hielt sie
sich streng an die überlieferten Sitten und Gebräuche.
Als der Kaiser eines Tages in den hinteren Höfen im

handgezogenen Wagen spazierenfuhr und sie bat, sich zu ihm zu setzen, lehnte sie höflich ab und antwortete:

«Ich, das geringe Weib, habe die Bildnisse der weisen und heiligen Herrscher aus alter Zeit betrachtet und gesehen, dass sie bei ihren Spazierfahrten berühmte Minister und weise Berater an der Seite hatten. Niemals habe ich vernommen, dass sie auch mit ihren Frauen spazierenfuhren. Nur die jeweils letzten Herrscher der drei Dynastien hatten Favoritinnen an ihrer Seite. Jetzt verlangen Eure Majestät, dass auch ich auf den Wagen steige. Würden Eure Majestät nicht jenen verderbten Herrschern gleichen, wenn ich es täte? Darum wage ich es nicht, zu gehorchen.»

Als der Kaiser eines Tages mit Fe-yän im ‹Hundert-Blüten-Pavillon› sass und zu schäkern versuchte, setzte sie mit Absicht eine verdrossene Miene auf.

«Warum machst du heute ein so betrübtes Gesicht, Liebling?» fragte der Kaiser verwundert.

«Ich, das unwürdige Weib», antwortete sie, «habe die übergrosse Gunst Eurer Majestät empfangen, wahrlich mehr, als ich in meinen kühnsten Träumen zu erhoffen wagte. Dennoch ist es so, dass ich bei Hofe keine bestimmte Stellung einnehme. Mir geht es wie den Blumen hier, die heute einen betäubenden Duft ausströmen und morgen schon verwelkt sind. Falls die Kaiserin missvergnügt zu sein beliebt, wird man mich eines Tages wie einen lästigen Gast fortschicken, und ich werde nicht einmal wissen, an welchem Ort mir zu sterben beschieden ist.»

«Also das ist es, was dich bedrückt! Hab' nur Geduld. Eines Tages werde ich die Kaiserin Hsü abset-

zen, und dann wirst du ihren Platz einnehmen. Nun,
bist du jetzt mit mir zufrieden?»

Durch einen bestochenen Eunuchen erfuhr der
Kaiser schliesslich von den Gerüchten um die Kaiserin Hsü und die Vollkommene Nebenfrau Ban. «Wie
ich es hasse, dieses billige Weib!» schrie er aufgebracht und befahl, der Kaiserin Siegel und Siegel-
schnur, die Abzeichen ihrer Würde, abzunehmen. Er
verbannte sie vom Hofe und liess ein Edikt folgenden
Inhalts verkünden:

«Die ehemalige Kaiserin Hsü hat im Palast böse
und widerwärtige Handlungen begangen, die die öf-
fentliche Moral beeinträchtigen. In Anbetracht ihrer
früheren Verdienste sei ihr die Todesstrafe erlassen.
Wir haben sie abgesetzt und zur Privatperson gemacht.»

Als dann der Kaiser die Vollkommene Nebenfrau
Ban fragte, was sie zu den vorgebrachten Anschuldi-
gungen zu sagen habe, antwortete sie völlig unbeküm-
mert:

«Ich habe vernommen, dass Tod und Leben vom
Schicksal bestimmt sind, Reichtum und Ehren vom
Himmel abhängen. Ich habe stets ein unbescholtenes
Leben geführt. Trotzdem war mir das grosse Glück,
Eurer Majestät einen Thronerben zu schenken, nicht
vergönnt. Hätte ich wirklich Übles getan und versucht, die Hilfe der Götter und Geister zu erlangen,
wie könnte ich dann hoffen, nicht von ihnen wegen
Untreue meinem Herrscher gegenüber angeklagt zu
werden – falls sie ein allumfassendes Wissen aller
menschlichen Handlungen besitzen? Besitzen sie
aber kein solches Wissen, was nützt es dann, ihre Hil-

166

fe zu erflehen? Was man mir vorgeworfen hat, habe ich niemals getan; niemals habe ich an irgendwelchen Geisterbeschwörungen teilgenommen.»

Der Kaiser lobte ihre Antwort und war derart gerührt, dass er ihr auf der Stelle hundert Pfund Feingold schenkte. Er erlaubte ihr auch, in ihren Palast zurückzukehren; da sie aber Fe-yäns Eifersucht kannte und sich vor weiteren Intrigen fürchtete, bat sie, zur Kaiserin-Mutter in das ‹Schloss der langen Treue› ziehen und sie pflegen zu dürfen. Dies wurde ihr gnädig gestattet.

Danach wollte der Kaiser Fe-yän zur Kaiserin erheben, die Kaiserin-Mutter aber, vor der er sich wie ein kleiner Junge fürchtete, nahm an Fe-yäns geringer Herkunft Anstoss und verweigerte ihre Zustimmung. Schliesslich liess sie sich doch, wenn auch widerstrebend, überreden. Daraufhin erhob der Kaiser Dschau Lin zum Grafen von Tscheng-yang und verlieh ihm die Einkünfte aus dem Steueraufkommen von zweitausend Familien. Ausserdem liess er seine Ahnen bis in das dritte Glied adeln.

Zu jener Zeit lebte bei Hofe der Zensor Liu Fu, ein weitläufiger Verwandter des Kaisers, der von ihm persönlich seines schönen Talentes wegen in dieses Amt berufen worden war. Als er von der bevorstehenden Erhebung Fe-yäns zur Kaiserin erfuhr, eilte er schnurstracks zum Kaiser und tadelte ihn mit den folgenden Worten:

«Euer Diener hat vernommen, dass der erhabene Himmel Herrscher, die er zum Gedeihen bringen will, mit glückverheissenden Einflüssen bedenkt, denen

aber, die er verwirft, Katastrophen und unheil-
schwangere Naturwidrigkeiten schickt. Als der König
Wu* und der Herzog von Dschou einst zum Kampf
gegen den Tyrannen Dschou-hsin* ins Feld zogen, erschienen ihnen als Zeichen von glückverheissender
Vorbedeutung ein weisser Fisch und ein roter Vogel.
Trotzdem wurden sie von Furcht ergriffen; sie er-
bleichten und warnten einander. Wieviel mehr als
jene sollte ein Herrscher auf Vorzeichen achten, der
wie Eure Majestät am Ende einer Epoche regiert, dem
das Glück eines Leibeserben nicht beschieden ist, und
dem der Himmel seinen göttlichen Zorn schon mehrfach durch unheilvolle Naturerscheinungen kundgetan hat? Ein solcher Herrscher muss darauf bedacht
sein, seinen Lebenswandel zu ändern.

Durch Schicksalsbefragung sollte er ein Mädchen
von anziehend-bescheidener Wesensart zur Gattin
wählen, ein Mädchen, das wert ist, den Geistern der
Vorfahren im Ahnentempel vorgestellt zu werden.
Das wäre ein den Göttern des Himmels und den Geistern der Erde wohlgefälliges Werk und würde mit
zahlreicher Nachkommenschaft gesegnet werden. –
Ihr aber stimuliert obendrein noch Eure Lust und
gebt Euch zügellosen Ausschweifungen hin. Und
nicht nur das! Ihr hegt sogar Zuneigung zu einem
niedrig-geborenen Mädchen und wollt sie gar zur
Mutter des Reiches machen. Wahrlich, Ihr kennt weder Furcht vor dem Himmel, noch Scham vor den
Menschen – das Abirren vom rechten Weg kann nicht
grösser sein! Aus einem verrotteten Baumstamm lässt
sich kein Stützbalken machen, aus einem niedriggebo-
renen Menschen kein Herr, sagt ein altes Sprichwort.

Ein jeder weiss, dass solches Tun niemals Glück bringen wird. O wie schmerzt es mich, Euren treuergebenen Diener, dass niemand bei Hofe dagegen Einspruch erhebt! Obgleich mir bewusst ist, dass ich damit mein Leben verwirke, habe ich mich zu diesen Vorhaltungen erkühnt.»

Diese Rede missfiel dem bis über beide Ohren verliebten Kaiser sehr. «Mit einem verrotteten Baumstamm vergleichst du die Vollkommene Nebenfrau?» schrie er erbost. «Welch eine Frechheit – Wache! Nehmt ihn fest!»

Er liess den unglücklichen Zensor in Fesseln legen und überantwortete ihn dem Hofgericht. Diesem gab er die heimliche Weisung, ihn zum Tode zu verurteilen. Erst am nächsten Tag sickerte die Nachricht von seiner Verhaftung durch. Obwohl keiner von den Beamten etwas Genaues wusste, ersuchten sie den Kaiser um eine Audienz und Schi Dan, sein alter Lehrer, ergriff das Wort:

«Euer Diener hat gehört, dass ein erleuchteter Fürst beim Anhören von Tadelsworten seine erhabene Ruhe bewahrt und selbst an wilden und vorschnellen Reden keinen Anstoss nimmt. Dann erschöpfen die Beamten sich in Treuebeweisen und setzen alle Kräfte ein, um dem Reiche zu dienen, denn sie haben nicht zu befürchten, dass ihnen aus ihrem Tun und Reden später Unheil erwächst. Wenn es bei Hofe keine Schmeichler gibt, gerät der Herrscher nicht in Gefahr, vom rechten Wege abzuweichen.»

«Was soll das heissen?» fragte der Kaiser misstrauisch.

«Euer törichter Diener Liu Fu...»

Erregt sprang der Kaiser auf und schnitt ihm das Wort ab: «Das also ist es! Nein, nein, dieser Mensch verdient keine Gnade! Er hat die Vollkommene Nebenfrau mit einem verrotteten Baumstamm verglichen und Uns schwer beleidigt. Nicht nur einen, nein tausend Tode verdient er zu sterben!» Und er schickte sich an, den Saal zu verlassen. Schi Dan eilte hinter ihm her, fiel auf die Knie und hielt ihn an einem Zipfel der Zeremonialrobe fest. Da drehte der Kaiser sich um und sagte:

«O Schi Dan, warum ist dir dieser eine Mann so wichtig?»

«Nicht er ist mir wichtig. Ich bin um das Reich besorgt und um die erhabenen Tugenden Eurer Majestät. Bedenkt, dass er mit Euch verwandt ist. Wenn Ihr ihn eines kleinen Vergehens wegen so schwer bestraft, wird es bald im ganzen Reich keinen Beamten mehr geben, der seine Meinung zu äussern wagt.»

Daraufhin gab der Kaiser Anweisung, über den unglücklichen Zensor die nächstniedrigere Strafe zu verhängen. Er wurde aller seiner Ämter und Würden entkleidet, zum gemeinen Mann degradiert und dazu verurteilt, ein Jahr lang in den Bergen das ‹Geisterholz› zu sammeln, das Dschau Lin zu den Opferfeiern für seine frischgeadelten Vorfahren im Ahnentempel benötigte.

Seitdem wagte es keiner von den Beamten mehr, dem Kaiser Vorhaltungen zu machen. Fe-yän wurde zur Kaiserin erhoben und genoss hinfort in noch grösserem Masse die Gunst und Liebe des Kaisers.

An einem der folgenden Tage sass der Kaiser mit etlichen Saufkumpanen im Vormitternachts-Palast und becherte tüchtig. Immer wieder wurden die goldenen Pokale auf einen Zug geleert, es wurden freche Witze erzählt, und schallende Lachsalven ertönten. Da erschien der Kammerherr Ban, ein leiblicher Bruder der früheren Vollkommenen Nebenfrau. Er war lange Zeit krank gewesen und hatte das Bett hüten müssen; jetzt wollte er sich wieder zum Dienst zurückmelden. Nachdem er den Kaiser und die Anwesenden begrüsst hatte, blieb er, obgleich zum Sitzen aufgefordert, stehen und starrte unverwandt auf einen bemalten Wandschirm, der rechts neben der Tafel stand. Auf ihm war der Tyrann Dschou-hsin abgebildet, wie er betrunken neben seiner Favoritin Da-dji sass und sich den ‹Freuden der langen Nacht› hingab. Nach einer Weile bemerkte der bereits angetrunkene Kaiser, dass der Kammerherr noch immer stand. Er forderte ihn auf, sich zu setzen und mitzutrinken. Kammerherr Ban setzte sich wohl, doch rührte er den vollen Becher nicht an und starrte unverwandt weiter auf den Wandschirm. Dies fiel schliesslich auch dem Kaiser auf und er blickte in die gleiche Richtung. «Warum war der Tyrann Dschou-hsin ein Mann ohne Dau?» fragte er.

«Weil er auf eine Frau hörte», antwortete der Kammerherr. «So steht es im Buch der Urkunden geschrieben.»

«Und wovor will dieses Bild warnen?»

«Vor der Trunkenheit. ‹Betrunken umherzugröhlen und die Nacht zum Tag zu machen›, das ist es, was der Dichter der grossen Kunstgesänge im Buch der Lieder beseufzt und beklagt. Die Warnungen vor der Liederlichkeit in diesem Werk heben alle mit der Warnung vor dem übermässigen Weingenuss an.»

Der Kaiser seufzte tief und sagte dann: «Ich habe euch lange nicht mehr gesehen, Herr Ban. Jetzt seid ihr wieder da und versucht sofort, mich zu ermahnen.»

Die Saufkumpane hingegen machten finstere Gesichter, doch wagten sie es nicht, dem Kammerherrn zu widersprechen. Wenig später stand einer nach dem anderen auf und ging unter dem Vorwand, die Kleider wechseln zu müssen, hinaus.

Eines Tages, nachdem der Kaiser mit der Kaiserin in der ‹Mandarinenentenpärchen-Halle› getafelt hatte, fiel es ihm ein, im Seitengemach rasch noch einige Akten zu überprüfen. Fan I, die ihm die Aktenbündel zu bringen hatte, nutzte diese Gelegenheit und sagte: «Eure Majestät haben erklärt, die Kaiserin sei eine Frau, die für das ganze Leben genüge. Ich, Eure Dienerin, weiss aber, dass sie noch eine jüngere Schwester mit Namen Ho-dö hat. Sie ist über die Massen schön von Gestalt, von ungenierter, freimütiger Wesensart, vollkommen vertrauenswürdig und in dieser Hinsicht mit der Kaiserin gar nicht zu vergleichen. Sie ist in der Tat eine Schönheit, die es auf der Welt kein zweites Mal gibt. Eure Majestät sollten sie einmal in den Palast einladen, um sich von der Wahrheit meiner Worte zu überzeugen.»

Als der Kaiser vernahm, dass sie noch schöner sei, überkam ihn eine seltsame Unruhe. Der Rücken begann ihm zu jucken, und nichts wäre ihm lieber gewesen, als wenn er sie bereits in seiner Nähe gewusst hätte. Sofort schickte er den Eunuchen Lü mit einer verdeckten Sänfte fort, um Ho-dö abzuholen. Der Eunuche begab sich zu Dschau Lin und richtete ihm die kaiserliche Botschaft aus. Dschau Lin liess dem Eunuchen und seinen Begleitern Tee servieren und eilte dann schnurstracks zu Ho-dö, um ihr die freudige Nachricht zu überbringen. Ho-dö ging, so wie sie war, hinaus und sagte zu dem Eunuchen:

«Ich, das unwürdige Weib, habe die Botschaft des Heiligen gehört und wage es nicht, ungehorsam zu sein. Doch wenn es nicht meine ältere Schwester ist, die mich zu sich rufen lässt, werde ich nicht hingehen. Es wäre mir lieber, dass man mir auf der Stelle den Kopf abschlüge. Melde dies dem Kaiser!»

Der Eunuche sah, mit welch ernsthaftem Eifer sie sprach. Darum wagte er es nicht, sie zu nötigen, sondern kehrte unverrichteter Dinge zum Kaiser zurück und meldete ihm dies.

«Was ist da zu tun?» fragte jener ratlos. «Wenn ich es der Kaiserin sage, muss ich fürchten, dass sie nicht zustimmt, und dann erreiche ich mein Ziel niemals. Wenn ich sie aber nicht frage, wie kann ich dann ihre jüngere Schwester dazu bewegen, in den Palast zu kommen?»

Er befragte Fan I um Rat, und diese teilte ihm mit, dass sie bereits einen Plan habe. Und sie erzählte ihm, wie man vorgehen müsse.

«Ein wundervoller Plan!» rief da der Kaiser begeistert. «So und nicht anders muss es gemacht werden.»

Am nächsten Tag schlich Fan I in den Palast der Kaiserin, die um diese Zeit gerade ihr Mittagsschläfchen hielt. Leise öffnete sie eine der Truhen und nahm das mit fünffarbenen Troddeln verzierte Arm-polster der Kaiserin heraus. Sie brachte es dem Kaiser, der es sofort an den Eunuchen Lü weitergab. «Dies ist», sagte er zu ihm, «das geheime Zeichen, mit dem die Kaiserin ihre jüngere Schwester zu sich rufen lässt. Mach' dich sofort auf den Weg. Wenn du den Auftrag zu meiner Zufriedenheit ausführst, ist dir eine Belohnung gewiss.»

Der Eunuche ging sofort los. Er zeigte Ho-dö das Armpolster und sagte zu ihr: «Niang-niang, durch die-ses geheime Erkennungszeichen lässt die Kaiserin Euch wissen, dass Ihr im Palast willkommen seid. Ihr werdet gebeten, Euch unverzüglich auf den Weg zu machen.»

Als Ho-dö das Armpolster sah, glaubte sie, Fe-yän habe es ihr wirklich geschickt. Sie machte Toilette, verabschiedete sich von ihren Adoptiveltern und be-stieg dann die Sänfte, die sie in den Vormitternachts-Palast brachte. Sie hatte zuvor gebadet und ihren Leib mit ‹Neun-Flusswindungen-Tauchwasser-Aroma›* gesalbt. Die Haare trug sie nach der ‹neuen Frisurmo-de› gelockt, und ihre Augenbrauen waren dünn nach der Art ‹ferne Bergeslinien› gemalt. Ausserdem hatte sie neben dem Puder ‹lässiges Kommen› auch ein we-nig Rouge aufgelegt. Sie war in einem nach altertüm-licher Art kurzgehaltenen Gewand mit besticktem Rock, gestutzten Ärmeln, sowie dazu passenden Strümpfen gekleidet, die mit Kirschblütenmustern verziert waren. Der Kaiser, der im ‹Wolkenglanz-Pa-villon› auf sie gewartet hatte, liess sie sich durch Fan I vorstellen. Als Ho-dö ihn geziemend begrüsst hatte, erkundigte sie sich, wo ihre ältere Schwester, die Kaiserin, sei.

«Sie weilt in ihrem Palast», antwortete der Kaiser ausweichend. Daraufhin äusserte Ho-dö den Wunsch, sie besuchen zu dürfen.

«In der kaiserlichen Familie», wurde sie belehrt, «ist es nicht Brauch, am Abend Audienzen zu geben. Warte bis morgen früh; dann kannst du sie besuchen.»

«Meine ältere Schwester ist gar schrecklich eifersüchtig. Falls ich hierbleibe, wird sie womöglich fürchten, die Huld Eurer Majestät zu verlieren. Würde man ihr diese Schmach antun, dann gäbe sie sich gewiss den Tod. Da meine Anwesenheit also, wie ich sehe, nicht ihren Absichten entspricht, so werde ich es mir zur Aufgabe machen, jegliche Beschämung von ihr fernzuhalten, wenn mir schon die Hoffnung, heimkehren zu dürfen, versagt bleibt.» So sprach sie mit verhaltener und doch vollkommen klarer Stimme, und alle Anwesenden brachen gerührt in Lobesrufe aus. Da blieb dem Kaiser nichts anderes übrig, als sie wieder heimzuschicken.

Hernach wandte er sich abermals an Fan I um Rat und fragte, wie man die Kaiserin dazu bewegen könne, Ho-dö als Nebenfrau zu dulden. Er folgte ihrem Vorschlag und liess der Kaiserin alsbald einen Palast mit dem Namen ‹umfassendes Gesetz› bauen. Ausserdem beschenkte er sie mit einem purpurroten, wolkenweichen Himmelbett, einem mit Edelsteinen eingelegten Tisch, sowie einem neunfach gefalteten rotgoldenen Bo-schan-Stellschirm. Nachdem er sich derart bei ihr eingeschmeichelt hatte, liess er sie durch Fan I mit den folgenden Worten beschwatzen:

«Schon lange entbehrt Seine Majestät, der Kaiser, einen Thronerben – wie sollte man da in den Frauengemächern nicht über Möglichkeiten nachdenken, um die Fortsetzung der Dynastie auf tausend und zehntausend Jahre zu sichern? Warum solltet Ihr dem Kaiser nicht hin und wieder eine Frau zuführen, damit sein Wunsch nach einem Sohn sich erfülle? Am besten wäre es, wenn Ihr Eure jüngere Schwester veranlassen würdet, in den Palast einzutreten. Wenn sie einen Sohn und Thronerben gebären könnte, dann wären auch Euch Reichtum und Ehren für alle Zeiten gesichert.»

Die Kaiserin billigte den Rat ihrer Base und trug ihr auf, es den Kaiser wissen zu lassen. Fan I tat dies. Wenig später kam sie zurück und bat um ein geheimes Erkennungszeichen. Die Kaiserin holte das mit fünffarbenen Troddeln verzierte Armpolster aus der Truhe hervor, das Fan I zuvor unbemerkt zurückgelegt hatte, und gab es ihr. Jene meldete daraufhin dem Kaiser, dass die Sache nun erledigt sei.

Am nächsten Tag liess der Kaiser Ho-dö abermals in den Palast rufen. Er führte sie sogleich zu ihrer älteren Schwester, der sie in devoter Haltung gegenübertrat. «Hochmögende, ältere Schwester», sprach sie, «du schicktest mir dieses Armpolster mit den fünffarbenen Troddeln als geheimes Erkennungszeichen. Hier hast du es zurück.»

Fe-yän nahm das Armpolster und trug einer Palastdame auf, es wieder an seinen Platz zu legen. Der Kaiser befahl Fan I, im Wolkenglanz-Pavillon ein Festmahl herzurichten und spazierte dann, an jeder Hand eine Schöne haltend, dorthin.

Ho-dö wird zur Vollkommenen Nebenfrau erhoben

Drinnen strahlten Dutzende von Silberlampen. Auf den Tischen standen runde und viereckige Schüsseln, und alle waren mit den ‹Delikatessen der hundert Geschmäcker› gefüllt. Man sah gesottene Bärentatzen und gedünstete Karpfen, knusprig-braun gebratene Schwalbenschenkelchen, pfeffergewürzte Hirschlenden und frische Bambussprossen. Daneben standen Becher mit Orchideen-Wein, um den Mund auszuspülen. Die aufwartenden Dienerinnen trugen Kopftücher und glänzend-frische Schürzen.

Als sie gegessen hatten, trank der Kaiser mit der Kaiserin etliche Becher Wein. Ho-dö, die das Amt des Mundschenks versah, füllte immer wieder nach. Sie selber trank nur ein oder zwei kleine Schalen. Dazu wurde Musik gemacht, gesungen und getanzt. Hernach warfen sie Pfeile in einen Krug, und der Verlierer musste jedesmal einen Becher ‹Strafwein› trinken. Als es vollends Nacht geworden war, befahl die Kaiserin ihrer Schwester, ein Bad in heissem Muskatnusswasser zu nehmen und ihren Leib mit Blütenstaubpuder einzureiben. Hernach schickte sie sie in das Schlafgemach des Kaisers. Ho-dö zierte sich anfangs und meinte, ihr zieme es, die erste Nacht im Palast der Kaiserin zu schlafen, aber jene wollte nichts davon wissen.

«Du bist eben erst gekommen, jüngere Schwester», widersprach sie. «Wie sollte ich da in meinem Palast eine Zimmerflucht für dich bereit haben?»

«Die Kaiserin hat recht», pflichtete der Kaiser ihr bei. Dann nahm er von ihr Abschied, bestieg mit Ho-dö den handgezogenen Wagen und liess sich in seine Privatgemächer fahren, wo beide mit dem Zaubervogel-Phönix-Spiel begannen. Seine Seele flog im Wonnerausch davon und er feierte mit Ho-dö ein Liebesfest, das keine Grenzen kannte. Nachdem er sich völlig verausgabt hatte, versanken beide in einen süssen Schlummer.

Puderstaub fällt von ihrer duftenden Haut.
Zerknüllt sind die feinen Seidendecken.
Er greift langsam nach ihrer weissen Hand.
Der Wein im Becher ist bis zur Neige geleert.
Göttlich war das Zusammentreffen in dieser Nacht,
ihre erste Begegnung auf der Elsternbrücke.
Nachdem sich ihm die Päonienblüte geöffnet hat,
geniessen sie gemeinsam den Zauber ihres Liebesglücks.

Voller Begeisterung sagte der Kaiser am nächsten Morgen zu Fan I: «Die Kaiserin strömt zwar einen fremdartigen Wohlgeruch aus, doch mit dem Eigenduft von Ho-dös Haut lässt er sich nicht vergleichen. In diesem ‹Land des Warmen und des Weichen› will ich alt werden. Meinem Vorgänger, dem Kaiser Wu, der nach dem ‹Reich der weissen Wolken›* strebte, kann ich es ohnehin nicht gleichtun.»

«Zehntausend Jahre!» rief Fan I. «Eure Majestät haben wahrhaftig ein Feenmädchen für sich gewonnen.»

Das zu hören freute den Kaiser sehr, und noch am gleichen Tag belohnte er sie für ihre Dienste mit vierundzwanzig Rollen Haifischmuster-Brokatseide.

ZEHNTES KAPITEL

Der Kaiser baut Ho-dö einen prächtigen Palast und adelt die Familie Dschau. Nach langer Trennung geben zwei Liebende sich dem Rausch der Wollust hin.

Damals lebte in den hinteren Palästen eine weisshaarige Matrone, die Dame Dschau geheissen. Sie war unter Kaiser Hsüan, dem Grossvater des Tscheng-di, Besorgerin des Weihrauchbeckens gewesen und betätigte sich nun als Lehrerin. Jedesmal, wenn der Name Ho-dö fiel, spuckte sie hinter dem Rücken des Kaisers aus und sagte: «Dieses Weib ist das unglückbringende Wasser,* welches mit Sicherheit das Feuer der Han-Dynastie zum Erlöschen bringen wird.»

Die Kaiserin nahm täglich ein Bad mit fünf verschiedenen Zusätzen und sieben Duftstoffen. Sie thronte auf einem Sitz von wohlriechendem Tauchwasserholz und besprengte sich mit dem ‹Hundert-Ingredienzien-Parfüm der im Regenstrom herabgestiegenen Himmelsgeister›, so dass der Duft ihrer Haut dem, der sich ihr näherte, förmlich in die Nase stach. Ho-dö hingegen badete nur in Muskatnusswasser und puderte ihren Leib mit Blütenstaubpuder ein.

Eine besondere Kennerin von Schönheitsmitteln, von der die Kaiserin sich ständig beraten liess, war die alte Frau Li. Sie empfahl ihr Salbungen mit ‹neunfach behandeltem Tauchwasseraroma› sowie einem aus dem Nabel des Moschusochsen gewonnenen Medikament zur Entspannung der Muskulatur, das auch von Ho-dö benutzt wurde. Allerdings hatte die Erfahrung

180

immer wieder gezeigt, dass dieses Mittel, wenn es von Frauen angewandt wurde, auf die Dauer ein Schwächerwerden der Regel herbeiführte. Als die Kaiserin gelegentlich mit Schang-guan Wu, der Leibärztin der Frauengemächer, darüber sprach, griff jene sich erschrocken an die Brust und sagte: «Wenn es sich so verhält, wie können Eure Majestät dann Kinder gebären?»

Auf ihren Rat hin machte die Kaiserin Spülungen mit ‹Schönblumen-Absud›, doch auch das verhalf ihr nicht zum Kindersegen. Als der Kaiser davon hörte, schenkte er ihr eine Matte, die ganz aus weissen, runden Perlen bestand. Ein alter Volksglaube besagt nämlich, dass eine Frau, die von Perlen träumt, Kinder bekommt.

Zwei Monate später zog die Kaiserin in den ‹Palast des umfassenden Gesetzes› ein, während die inzwischen zur Vollkommenen Nebenfrau aufgestiegene Ho-dö den Dschau-yang-Palast als Wohnung zugewiesen erhielt. Dieser von Kaiser Wu erbaute, und vom gegenwärtigen Herrscher neu eingerichtete Palast war ganz besonders prächtig, sowohl innen wie auch aussen. Auf seinem flachen Dach standen neun vergoldete Drachen. In ihren weit aufgerissenen Mäulern hingen neun goldene Glöckchen, die jedesmal, wenn ein leichter Wind ging, melodisch klingelten. Balken- und Sparrenwerk war mit geschnitzten, sich drumherumwindenden Drachen und Schlangen verziert, deren Schuppenhaut so naturgetreu nachgebildet war, dass jeder, der sie zum ersten Male sah, von Furcht und Schrecken ergriffen wurde. Viele Fenster und Türflügel bestanden aus hellgrünem Glas-

fluss. Es war so durchsichtig, dass man dahinter selbst
ein Haar erkennen konnte. Die Türschwellen, Geländer und Balustraden waren aus vergoldetem Kupfer,
die Treppen aus weissem Marmor. Die Wände der
Mittelhalle waren zinnoberrot gehalten, und die Pla-
fonds dunkelrot gelackt. In einigen Räumen hatte
man Kreuzbalken in den Wänden eingezogen und
diese mit allerlei Edelsteinen aus den Steinbrüchen
von Indigofeld eingelegt. In anderen Räumen dagegen waren die Wände ganz mit bestickten Seidenstof-
fen verkleidet, und diese mit roten und grünen Orna-
menten verziert. Der Boden bestand aus rauchfarbe-
nem Quarz und war mit Karneolen, Topasen und Ser-
pentinen eingelegt, die tagsüber im einfallenden Sonnenlicht funkelten und glitzerten. Nachts dagegen,
wenn die Perlen, Edelsteine und Korallenbäumchen
leuchteten, schien das Innere des Palastes wie in ma-
gisches Licht getaucht.

Ferner gab es dort Tische und anderes Mobiliar
aus buntgeädertem Marmor und mit vielfältigen Ver-
zierungen. Der unübertroffene Höhepunkt aber war
ein ‹Hundert-Kostbarkeiten-Bett› mit ‹Neun-Dra-
chen-Vorhängen›, einem Gestell aus Elfenbein und
einer Matte aus grüngefärbtem Bärenfell, dessen
Haare knapp zwei Fuss lang waren. Wer sich zum
Schlafen drauflegte, den verbargen sie derart, dass
man ihn auf den ersten Blick nicht sehen konnte. Wer
es bestieg, versank darin bis zu den Kniekehlen. Das
Fell war mit verschiedenen Parfüms durchtränkt, und
wer auch nur einmal eine Stunde lang darauf geses-
sen hatte, dem hing der Duft wohl an die hundert
Tage lang an.*

An einem dieser Tage begab sich der Kaiser in die Audienzhalle. Nachdem er die versammelten Beamten begrüsst hatte, erkundigte er sich: «Warum lässt Dschau Lin sich nicht bei uns sehen?»

Da traten seine beiden Vettern Dschau Tjin und Dschau Su vor, knieten nieder und meldeten: «Unser älterer Bruder Dschau Lin, Eurer Majestät treuergebener Diener, ist erkrankt und vermag nicht aufzustehen. Wir hoffen, dass Eure Majestät mit ihm Nachsicht haben werden.»

«Vor nunmehr zwei Monaten ist seine Tochter Ho-dö in unserem Palast eingezogen. Sie gefällt uns sehr. So ernennen wir hiermit», sprach der Kaiser, «dich, Dschau Tjin, zum Grafen von Hsin-tscheng und dich, Dschau Su, zum Grafen von Dschung-yang. Dschau Lin aber verleihen wir die Würde eines Reichsherzogs.»

Die beiden bedankten sich für die Gnade mit tiefen Stirnaufschlägen und traten zurück. Der Kaiser erledigte rasch seine Geschäfte und begab sich dann in den Dschau-yang-Palast zurück. Er verbrachte die meiste Zeit in Ho-dö's Gesellschaft, während er die Kaiserin immer seltener besuchte.

Inzwischen war es Herbst geworden, und der Kaiser beschloss, sich mit Ho-dö auf einem Seefest zu vergnügen. Er gab dem Aufseher der Seen und Marschen die entsprechenden Befehle und fuhr dann eines Morgens mit zahlreichem Gefolge hinaus zu dem inmitten des Jagdparkes gelegenen Kun-ming-See.* An seinen buchtenreichen, schilfbewachsenen Ufern nisteten Reiher, Wildenten, Schildkröten und allerlei Reptilien, und im Wasser gab es zahlreiche Fischarten. Berühmt war dieser See durch seinen am Südufer gelegenen, drei Klafter langen Walfisch aus Stein. Er hatte bewegliche Schuppen und Flossen, und jedesmal, wenn ein Donner über den See grollte, oder ein Gewitter im Anzug war, stiess er ein langgezogenes, schauerliches Brüllen aus.

Der Kaiser und Ho-dö fuhren in einer Barke über den See, die als Galionsfigur einen Vogel hatte. Baldachine mit Pilz- und Wolkenornamenten schützten vor den rauhen Winden. Schirme mit langen Fransen waren aufgespannt, und am Heck wurde die Federfahne gehisst. Flötenmelodien erklangen; die Ruderer schlugen den Takt mit den Füssen an die Bootswand und sangen dazu das Lied vom Pflücken der Wasserkastanien:

«Wir sitzen im Entenkopfboot
und fahren lustig übers Wasser hin.
Bei den Inseln der duftenden Kräuter.
Wir freuen uns und vergessen allen Kummer.
Bis in den Tod wollen wir uns ergötzen
und selbst in den Nächten das Vergnügen fortsetzen.
Erst das Ende des Lebens soll für uns
auch das Ende aller Lust sein.»

In dieser Umgebung gaben die beiden Liebenden sich bei unersättlichen Genüssen von üppigen Mahlzeiten und reichlichem Weine der wollüstigen Liebe ihrer Körper hin.

Währenddessen sass die Kaiserin volle drei Monate alleine in ihrem Palast und verzehrte sich vor

Gram. Aus Groll gegen den Kaiser schrieb sie das Lied ‹Der Phönix hat sein Zaubervogel-Weibchen einsam zurückgelassen›. Als dann schliesslich ein Eunuche erschien und ihr den Besuch des Kaisers ankündigte, ging sie sogleich hinaus, um ihn am Wagenschlag zu empfangen. Nachdem sie einander begrüsst hatten, sagte sie in vorwurfsvollem Ton:

«Schon lange ist Euer heiliges Gefährt nicht mehr vor dem Palast Eurer rechtmässigen Gemahlin erschienen. Wie kommt es, dass Ihr mich so völlig verwerft?»

«Zahllose Regierungsgeschäfte bedrücken mein Herz», antwortete der Kaiser. «Wie hätte ich da für dich Zeit finden können? Heute war mir endlich ein wenig Musse vergönnt, und da bin ich sofort hergeeilt, um dich zu besuchen, mein Schatz.»

Die Kaiserin, die diese offenkundige Lüge durchschaute, hüllte sich in eisiges Schweigen. Sie fühlte sich zutiefst verletzt, liess es sich aber nicht anmerken. Sie befahl, ein Festmahl herzurichten und schickte eine Palastdame fort, um Ho-dö herzubitten. Im Nu war die Tafel angerichtet. Alle drei liessen sich am Tisch nieder, assen und tranken. Schliesslich stand Ho-dö auf und sagte: «Eure Majestät sollten die heutige Nacht bei meiner kaiserlichen Schwester verbringen. Ich, das unwürdige Weib, werde mich jetzt zurückziehen.»

Der Kaiser befahl den Palastdamen, Ho-dö in den Dschau-yang-Palast zurückzubegleiten; dann ging er mit der Kaiserin zu Bett. Wohl nahm sein Körper teil am Wolke-Regen-Spiel, seine Gedanken aber weilten bei Ho-dö. Darum stellte sich auch der glückselig-erlösende Augenblick nicht ein, in dem die Liebe ihre Erfüllung findet. Nun werdet ihr, geschätzte Leser, sicherlich wissen wollen, warum der Kaiser sich überhaupt herbemüht hatte, obwohl sein ganzes Wesen von Ho-dö erfüllt war? Weil er fürchtete, die Kaiserin könnte ihm grollen, wenn sie sich allzu lange in Sehnsucht nach ihm verzehren musste. Nur darum hatte er Zuneigung geheuchelt und sie besucht. Sie merkte das natürlich und war nun erst recht verstimmt. Ohne noch ein Wort zu sagen, drehte sie sich auf die Seite und schlief ein.

Als der Kaiser sich am nächsten Morgen zur Frühaudienz begeben hatte, befiel sie eine seltsame Unrast und es war ihr zumute, als fehle ihr etwas. Sie wanderte im Garten umher und hoffte, von ihren trüben Gedanken loszukommen. Am ‹Pavillon der schweren Düfte› blieb sie stehen, lehnte sich schräg vorneübergeneigt auf das gewundene Geländer und schaute gedankenverloren, die eine Hand unter das Kinn gestützt, einem Mandarinenentenpärchen zu, das sich im klaren Wasser des Bächleins tummelte. In ihrem Herzen verspürte sie drängende Liebessehnsucht, und ihre Lippen rezitierten ein Gedicht:

Im Busen hegt sie dumpfen Groll; scharf sind ihre
*   Augenbrauen gerunzelt.*
Sie kann den Duft der Weidenkätzchen nicht mehr
*   ertragen.*
Errötend sieht sie dem Spiel eines Mandarinen-
*   entenpärchens zu.*
Wie qualvoll ist's, die Nacht auf einsamem Kissen
*   zu verbringen.*

Als sie sich nach einer Weile umdrehte, bemerkte sie, dass Fan I unbemerkt an ihre Seite getreten war. Sie schaute ihr eine ganze Weile tief in die Augen, denn sie ahnte wohl, was das Herz der Kaiserin bedrückte. «Niang-niang, ich sehe, dass Ihr sehr traurig seid», brach sie das Schweigen. «Gewiss seid Ihr so niederge-drückt, weil der Kaiser sich so lange von Euch fern-hielt, nicht wahr?»

Die Kaiserin seufzte tief: «Dieser Lieblose! Was soll mir sein Mitleid? Wenn er mich verschmäht, dann – schenke ich mein Herz einem anderen, einem, der mich von Herzen liebt.»

«Ihr habt also schon einen Liebhaber, Niang-niang? Warum klärt Ihr mich dann nicht auf, damit ich zu ihm hingehe und ihn herbringe? Dann könntet Ihr Euch jederzeit mit ihm heimlich vergnügen. War-um sollte das nicht gehen?»

«O, ich rede nicht gerne darüber.»

«Niang-niang, Ihr solltet mich doch wirklich besser kennen. Zudem sind wir miteinander verwandt, und ich habe teil an Eurem Glanz. Wie sollte ich da eine falsche Gesinnung hegen? – Nicht wahr, es ist der Vo-gelschütze?»

Die Kaiserin nickte: «Ganz recht. Früher waren wir beide einander sehr zugetan, doch seitdem ich hier im Palast bin, sind wir voneinander getrennt wie Kleid und Gürtel. Trotzdem denke ich im stillen oft an ihn, und das macht, dass mein Herz unruhig und meine Sinne verwirrt sind.»

«Ich wüsste schon Rat. Schreibt einfach einen Brief an ihn, Niang-niang, und gebt ihn mir. Ich werde ihn schon herbringen, ganz gleich wie. Warum macht Ihr

Euch Sorgen und verzehrt Euch seinetwegen vor Kummer?»

«Wenn du das wirklich für mich tun willst, werde ich es dir nie vergessen.»

Sie ging, begleitet von Fan I, zurück in ihre ‹Pfeffergemächer›,* nahm einen breiten Streifen geblümten Seidenbrokats und schrieb darauf an den Vogelschützen den folgenden Liebesbrief:

Mein Geliebter, seitdem wir voneinander getrennt wurden, haben Frost und Wind einige Male gewechselt. Jetzt wehen kalte Winde, und die einsame Wildgans schreit traurig-klagend. Ich liege mit dem Gesicht auf den Kissen, Tränen entströmen meinen Augen und fallen gleich dem Regen hernieder – fast zerbreche ich an meinem übergrossen Leid. Wie kann ich dir das, was mich in diesen Tagen bedrückt, angemessen schildern? Wie kann ich in Worten die brennende Sehnsucht ausdrücken, die mich verzehrt? Erinnerst du dich noch an jenen Tag, als wir beide uns unter dem überhängenden Binsendach meiner Hütte begegneten? Ich schwor dir ewige Treue und sagte, ich wolle an deiner Seite in harmonischer Ehe alt werden. Wer von uns beiden hätte damals wohl gedacht, dass alles anders ausgehen, dass unsere schönen Träume sich in Nichts auflösen würden? Anstatt an deiner Seite wunschlos glücklich zu sein, muss ich nun die Einsamkeit des Palastes ertragen; ich bin daran gehindert, einfach zu dir zu gehen und mich in deine Arme zu werfen. Beschämt lasse ich den Kopf sinken, denn ich war es ja, die den Schwur brach. O wäre ich doch nur eine Wildgans, die im kalten Herbstwind an der Seite ihres Geliebten fliegt! Solcherart ist – sei dessen versichert – mein Sehnen nach dir; wie denkst du in deinem innersten Herzen über mich schwaches Weib? Verschmähe mich nicht gar, sondern folge bitte meiner Base Fan I, die dir diesen Brief bringen wird; komm' zu mir, mein Geliebter, in meinen verschwiegenen Palast, und lass' uns die noch nicht vollendete Schicksalsverknüpfung fortsetzen. Habe keine Angst, dass dir hier bei mir irgendwelche Gefahren drohen könnten.

Leider kann ich nicht wie früher am Tor lehnend sehnsuchtsvoll nach dir Ausschau halten. Ich verspreche dir aber und schwöre es dir, dass ich hinfort nur dir ganz angehören will. Solltest du nicht kommen wollen, oder sollte sonst etwas Unvorhergesehenes geschehen, dann gehe ich in den Tod. Schenke mir dein geneigtes Ohr und verleugne unseren alten Bund nicht. Ich erwarte dich voller Sehnsucht und Ungeduld.

Dein entehrtes, dich liebendes Weib Fe-yän grüsst dich hundertmal.

Nachdem sie den Brief geschrieben und mit ihrem goldenen Petschaft versiegelt hatte, reichte sie ihn der wartenden Fan I und sagte lächelnd: «Ich will damit den Postreiter nicht bemühen. – Ausser uns beiden darf niemand im Palast davon erfahren, hörst du?»

«Niang-niang», antwortete Fan I, «ich habe Eure dicke Gnade genossen. Wie sollte ich da nicht achtgeben?»

Sie verabschiedete sich und verliess den Palastbezirk. Die Kaiserin sah ihr lange nach und fühlte sich bei dem Gedanken, den Vogelschützen bald in ihrer Nähe zu haben, wunschlos glücklich. Wenig später liess sie sich in den Dschau-yang-Palast tragen und besuchte Ho-dö. Jene begrüsste sie auf scherzhafte Weise, wie wenn sie selbst noch ein Kind wäre, und dabei geschah es, dass die Kaiserin versehentlich auf ihren Ärmel spuckte.

«So wie du, ältere Schwester», sprach Ho-dö, «diesen vom Färber purpurrot gefärbten Ärmelstoff mit deinem Speichel verziert hast, sieht es gerade aus, wie ein Moosmuster auf einem Felsen. Selbst wenn die geschicktesten Tuchmacher sich dransetzen würden – ein solches Dessin brächten sie nicht zustande. Darum werde ich dieses Kleid von nun an den ‹weiten Steinmoosärmel› nennen.»

In diesem Augenblick erschien der Kaiser. «O, meine beiden Schönen», rief er vergnügt, «worüber plaudert ihr?»

Ho-dö erzählte ihm von der Spucke auf ihrem Kleid, und der Kaiser fand das ergötzlich. «Gestern», fuhr er fort, «haben die Dschenla-Barbaren* unter anderem auch eine Zehntausend-Jahr-Muschel und eine Nicht-Nacht-Perle als Tribut geschickt. Sie leuchten in der Dunkelheit wie der Mond, und ihr mildes Licht vermag alles Hässliche zu vertuschen. Sie sind wirklich wundervoll.»

Er holte die beiden Kostbarkeiten aus seiner Ärmeltasche hervor. Der Kaiserin schenkte er die Zehntausend-Jahr-Muschel und Ho-dö erhielt die Nicht-Nacht-Perle. Beide bedankten sich für die Geschenke, und wenig später zog die Kaiserin sich in ihren Palast zurück.

190

Seit jenem Tag, als der Vogelschütze verprügelt worden war, hatte er es nicht mehr gewagt, sich in der ‹Strasse des grossen Glücks› sehen zu lassen. Trotzdem hatte er sich den Kopf darüber zerbrochen, wie er die beiden Schwestern wohl sehen könnte. Als er aber erfuhr, dass der Kaiser Fe-yän zu sich in den Palast geholt und zur Vollkommenen Nebenfrau gemacht hatte, da war alle Hoffnung, sie jemals wiederzusehen, verschwunden. Inzwischen hatte er sie auch fast vergessen.

Als er an einem dieser Tage allein in seinem Zimmer sass und ein Buch las, hörte er plötzlich, wie jemand an seine Türe klopfte und eine leise Stimme rief: «Ist jemand zuhause?»

Er stand auf, strich sein Gewand zurecht und öffnete die Türe. Vor ihm stand eine junge, einfach gekleidete Frau mit einem Brief in der Hand. Nachdem sie einander begrüsst hatten, bat er die Fremde ins Haus und hiess sie Platz nehmen. Er rief den Dienerburschen herbei, hiess ihn Tee aufbrühen, und nachdem jeder etwas getrunken hatte, fragte er sie nach ihrem Namen.

«Mein Geschlechtsname ist Fan, und mit Rufnamen heisse ich I», antwortete die junge Frau.

«Darf ich fragen, was euch in meine kalte Hütte geführt hat?»

«O, das ist eine hochbedeutsame Angelegenheit, über die ich – ihr werdet verstehen – nicht gerne offen sprechen möchte. Hier, hochgeschätzter älterer Bruder, nehmt diesen Brief und lest. Darin steht alles geschrieben.»

Er nahm den Brief, brach das Siegel auf und las.

191

Nun wusste er, dass die Kaiserin ihn zu sich rief. «Wie soll ich das nur machen?» sagte er erschrocken. «Damals, als wir uns liebten, war sie noch ein einfaches Mädchen, heute dagegen ist sie Kaiserin. Und doch sind, so will es mir scheinen, unsere Schicksale unlösbar miteinander verknüpft.»

«Ihr könnt ganz unbesorgt hingehen. Wenn ihr euch allerdings weigert, wird man euch samt eurer ganzen Sippe hinrichten.»

«Ich würde ja gerne hingehen und sie besuchen. Was mir Sorge bereitet, ist, wie ich unbemerkt zu ihr gelange.»

«Da könnt ihr unbesorgt sein. Im Palastbezirk gibt es einen Beamten mit Namen Yän Rotphönix. Er bekleidet dort einen einflussreichen Posten und ist in alles eingeweiht. Ich bringe Euch zu ihm hin, und er wird euch unbemerkt zur Kaiserin führen.»

«Nun gut, dann bleibt mir nichts mehr übrig, als mich ihrem Wunsch zu fügen.»

Er ging in die Bibliothek, steckte eine Rolle mit Lenzbildern in die Ärmeltasche und rief seine Diener zusammen. «Ich gehe jetzt fort, und es wird ein paar Tage dauern, bis ich zurückkomme. Gebt auf alles sorgfältig acht und macht mir hier kein Durcheinander.»

So sprach er, denn er glaubte, dass er nicht allzu lange fortbleiben werde. Dann machte er sich mit seiner Begleiterin auf den Weg. Sie bestiegen einen verdeckten Wagen und fuhren bis vor das Tor des Palastbezirks. Dort wurden sie bereits von Yän Rotphönix erwartet. Er brachte den Vogelschützen unbehelligt in den Palast des umfassenden Gesetzes.

Als der Vogelschütze die Kaiserin in all ihrem Glanze sah, kniete er nieder und sagte:

«Niang-niang, ich, Euer Diener, habe Euren Befehl empfangen und bin hergeeilt, um Euch meine Reverenz zu erweisen.»

Huldvoll lächelnd zog sie ihn zu sich empor. «Wir beide sind doch alte Freunde. Wozu also diese förmliche Begrüssung?»

Sie nötigte den Widerstrebenden, sich zu setzen und rief dann Fan I und Yän Rotphönix herein. Sie schenkte ihnen ein mit fünffarbenen Troddeln verziertes und mit goldenen Elstern besticktes Kissen, eine Sieben-Kostbarkeiten-Haarnadel, einen mit Glimmerornamenten verzierten Fächer, Moschus aus Tjiu-dschen und einen Jadekrug mit Tauchwasser-Aroma. Nachdem die beiden sich bedankt hatten und fortgegangen waren, liess die Kaiserin ein Mahl auftragen. Während des Essens erzählte der Vogelschütze, wie es ihm seit der Trennung ergangen war. Er sprach von seiner grossen, heimlichen Liebe zu ihr, verschwieg aber den Vorfall in der ‹Strasse des grossen Glücks›. Sie tranken, bis der Wein sie angeheitert hatte. Dann befahl die Kaiserin den beiden aufwartenden Palastdamen, das elfenbeinerne, jadeinkrustierte ‹Drachen-Phönix-Bett› mit den goldbrokatseidenen, mandarinenentenpärchenbestickten Vorhängen, der eisvogelfederverzierten Bettdecke und den Kopfstützen aus Koralle herzurichten. Dann nahm sie ihn an der Hand und führte ihn in ihr Schlafzimmer. Sie streifte die bunten Sieben-Kostbarkeiten-Schuhe ab, liess das ungefütterte Kleid aus dünner Seide zu Boden gleiten und umarmte ihn zärtlich.

«Ich bin», sprach der noch immer ein wenig verschüchterte Vogelschütze, «Eurem Befehl nachgekommen und herbeigeeilt. Ich fürchte aber, dass mein wertloser Körper nicht hinreicht, um die hohen Ansprüche der edlen Dame zu befriedigen.»

«Ach was, hohe Ansprüche! Ich will dich so, wie du früher gewesen bist.»

Weil er noch immer keine Anstalten traf, sich auszuziehen, löste sie ihm den Gürtel und streifte seine Hose herunter. Sein Jadestengel hatte sich bereits steil aufgerichtet. Als sie ihn in die Hand nahm und genauer betrachtete, meinte sie, er sei grösser und kampfkräftiger als vorher. Das freute sie sehr und begeistert rief sie: «Mein Herz, meine Leber! Wie lange habe ich dein köstliches Mannesding nicht gesehen. Es scheint mir, dass es in der Zwischenzeit noch grösser und kräftiger geworden ist.»

Beseligt schloss sie ihn in ihre Arme und klammerte sich fest an ihn. Dann bestiegen sie hastig das Bett, und sie erwartete ihn mit auseinandergespreizten Beinen. Nachdem er sie eine Weile bearbeitet hatte, quoll der Wollusttau aus ihrer Lustgrotte hervor. Er nahm ihre Beine, legte sie sich über die Schultern und stiess seinen Jadestengel wohl an die tausendmal bis zur Wurzel in ihren Leib. Das erregte sie stark. Sie drückte ihn fest an sich und flüsterte: «Mein Herz, meine Leber! Das ist schön! Wie gut du es noch immer kannst.»

«Das ist noch gar nichts», meinte er. «Wenn es richtig schön sein soll, müssen wir die verschiedenen Stellungen der Lenzbilder nachmachen. Erst dann wird es wundervoll. Zufällig habe ich ein solches Album bei mir. – Hier, schaut es Euch einmal an und wählt die besten Stellungen aus.»

Er wollte sich von ihr lösen, doch das passte ihr nicht. «Nein, nein», rief sie, «zieh' ihn nicht heraus! Ich schau' mir die Bilder an, und du mach derweil ganz kleine Stösse.»

Sie nahm das Album und schaute sich die einzelnen Bilder an. Dann wählte sie die Stellung «Der Goldpirol breitet seine Flügel aus» und las ihm den erklärenden Begleittext vor:

«Die Frau legt sich auf den Rücken und streckt ihre auseinandergespreizten Beine in die Luft, so. – Der Mann hockt sich auf die Hinterseite ihrer Schenkel, das Gesicht ihren Füssen zugekehrt, und stützt sich mit den Händen auf das Bett. Dann steckt er ihr seinen Jadestengel so tief hinein, dass sein Schildkrötenkopf bis zum ‹Stein des älteren Bruders› vordringt... Ja, so, tiefer! tiefer! Das ist noch nicht der Stein des älteren Bruders.» Sie versuchte, ihm ihren Schoss entgegenzuschieben; weil sie aber die Beine in die Luft strecken musste, gelang ihr das nicht. Da rief sie die zwei aufwartenden Palastdamen herbei und sagte: «Schiebt mir ein Kissen unter das Gesäss und haltet meine Beine fest!... Ja, so. Weiter: Kraftvoll bewegt der Mann sein Glied in der engen Öffnung der Frau hin und her und zwingt sie, seine Bewegungen zu erwidern. – Kraftvoll, hab' ich gesagt! Ja, so! Ramm' ihn mir richtig hinein! ...abwechselnd auf acht Tiefstösse drei Flachstösse... O, ist das herrlich! Wundervoll!... Dann wird ihr Blütengang sich abwechselnd ausweiten und verengen, und der Tau der Lust wird reichlich fliessen... O, es kommt! es kommt!» Der Rest waren

Der Vogelschütze tröstet die

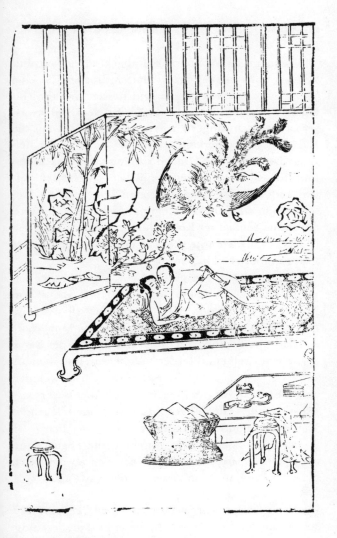

Kaiserin in ihrer Einsamkeit

nur noch Gestöhn und gurgelnde Laute seliger Erfüllung.

Nachdem der Wonnerausch abgeklungen war und sie sich voneinander gelöst hatten, blieben sie eine Weile Seite an Seite liegen und liessen sich die von Nässe triefenden Körperteile mit heissem, tauchwasseraromageschwängertem Wasser abwaschen. Als die Lust sie wieder überkam, wählte die Kaiserin die Stellung ‹Der schwarze Drache stürzt sich in das Meer› und liess sich von hinten beglücken. Die beiden aufwartenden Palastdamen gerieten vom blossen Zuschauen in eine solche Erregung, dass der Wollusttau die dünne Seide ihrer Röcke durchnässte.

«Aah, aah», stöhnte die Kaiserin. «Diesmal werde ich bestimmt glücklich sterben!»

Sie hielt die Augen geschlossen. Unaufhörlich kamen krächzende Laute und Geröchel aus ihrem Mund. Da wusste der Vogelschütze, dass sie den Gipfel der Lust erreicht hatte. Er stiess noch eine Weile zu, und dann war es auch bei ihm soweit: der Same spritzte aus seinem ‹Pferdemaul› hervor, und die aufs Höchste gesteigerte Lust erschöpfte sich in wenigen Augenblicken. Als die Erregung verklungen war, sagte sie zu ihm: «Du, du! Fortan sollst du mein lebendes Kleinod sein und mich immer glücklich machen!»

Sie liessen sich erneut waschen und zogen dann neue Kleider an. Dann setzten sie sich an die frisch gedeckte Tafel und tranken einander lustig zu.

Da dem Kaiser, der sich nach einem Leibeserben sehnte, noch immer kein Sohn geboren war, beschloss er, Schang-di, dem Herrscher in der Höhe, ein grosses

Vorstadtopfer darzubringen. Er gab die entsprechenden Befehle und liess durch den Hofastrologen einen glückverheissenden Tag und eine günstige Stunde für den Aufbruch errechnen. Dann fastete und betete er drei Tage lang. In der dritten Nacht erhob sich ein gewaltiger Sturm. Er knickte oder entwurzelte über hundert von den alten Bäumen, die rings um den runden Hügel des Himmelsaltars standen; er wirbelte Libationsgefässe, Opferkörbe, Weihrauchtische, Musikinstrumente, sowie Scheiter aus duftendem Kassiaholz durch die Lüfte, zerstörte die ‹Götterküche› und den leichtgebauten ‹Bambuspalast›, in dem der Kaiser nach dem Opfer den Herrscher in der Höhe zu begrüssen pflegte. Als man ihm das Unglück meldete, zeigte er sich sehr bestürzt. Er fragte die Anwesenden, was das zu bedeuten habe, doch alle schwiegen.

ELFTES KAPITEL

*Aus Liebeskummer versucht die Kaiserin, sich vom Para-
diesturm zu stürzen. Im Oberen Waldpark gerät sie über
harmlose Schmetterlinge in grossen Zorn.*

Tagaus, tagein trieb die Kaiserin es nun mit dem Vogelschützen so toll und schamlos, dass man bald im
ganzen Palastbezirk darüber sprach. Als Ho-dö von
diesen Gerüchten erfuhr, fühlte sie sich gar nicht
mehr wohl in ihrer Haut. Was sollte sie tun, falls jemand es heimlich dem Kaiser meldete? Es wird am
besten sein, überlegte sie, wenn ich mir rasch etwas
einfallen lasse, um das drohende Unheil abzuwenden.

An einem dieser Tage im Hochsommer sass sie mit
dem Kaiser im Park, wo beide die schattige Kühle der
Bäume genossen. Plötzlich kniete sie vor ihm nieder
und sagte mit trauriger Stimme:

«Ach, meine ältere Schwester hat im Leben viel
Schweres durchstehen müssen und ist auch sonst von
Natur ein wenig spröde. Darum kann es leicht geschehen, dass jemand sich durch ihr Auftreten verletzt
fühlt, ohne dass sie es überhaupt merkt. Sollte dieser
Jemand versuchen, sie aus einem solchen persönlichen Groll zu Unrecht in einen Skandal zu verwik-
keln, dann wäre es wohl für immer mit ihrer Gebärfä-
higkeit vorbei.» Und sie begann herzzerreissend zu
weinen.

«Das», antwortete der Kaiser, «ist mir längst bekannt; du brauchst dir darum wirklich keine Sorgen
zu machen. Sollte jemand es wagen, die Kaiserin in

meiner Gegenwart zu verleumden, dann lasse ich ihn auf der Stelle hinrichten.»

Ho-dö bedankte sich für diese kaiserliche Gunst mit einem Stirnaufschlag und erhob sich dann. Nachdem sie eine Weile zwischen den Blumenrabatten umherspaziert waren, befahl der Kaiser den aufwartenden Palastdamen, am Lotosteich ein Festmahl aufzutischen und lud dazu auch die Kaiserin ein. Alle drei tranken frohgelaunt und ergötzten sich an der Blütenpracht.

So kam es, dass der Kaiser, sobald einer von den Hofbeamten meldete, dass die Kaiserin sich mit fremden Männern der Unzucht hingebe, dem Unglücklichen ohne viel Umstände den Kopf abschlagen liess. Dieser wurde dann in einen Käfig getan und zur Warnung an alle Verleumder an einem der Stadttore aufgehängt.

Zu jener Zeit lebte ein grosser Gelehrter mit Namen Liu Hsiang.* Er bekleidete bei Hofe das Amt eines Rats im Hausministerium und war ein Mann von einfach-ungezwungener Wesensart, bescheiden und ohne jegliche Gespreiztheit in seinem Auftreten. Auch nahm er nicht am Getriebe der höfischen Welt teil, sondern war nur bestrebt, seine bereits umfassende Bildung zu vertiefen. Tagsüber studierte er die klassischen und historischen Werke, nachts dagegen beobachtete er von der Ling-tai,* der Geisterterrasse aus, die Konstellationen der Sterne und Planeten. Dieses Studium betrieb er mit einem solchen Eifer, dass er manchmal bis in den Morgen hinein nicht zum Schlafen kam.

Als er nun mitansehen musste, wie der Kaiser treue Beamte hinrichten liess, nur weil sie ihm die Wahrheit zu sagen wagten, da krampfte sich sein Herz in der Brust zusammen. Die Regierung des Kaisers muss ihren Anfang in der eigenen Familie nehmen, überlegte er. Man sollte darum das, was an guten und schlechten Beispielen von Frauen aus alter Zeit vorhanden ist, dazu verwenden, um dem Herrscher einen guten Rat zu geben. Daraufhin verfasste er die ‹Lebensbeschreibungen berühmter Frauen aus alter Zeit› in acht Abschnitten. Als er damit fertig war, schrieb er in kalligraphisch-schöner Siegelschrift ein ‹Mützenwort›* folgenden Inhalts dazu:

Als die Tai-jen mit König Wen von Dschou schwanger ging,* sah ihr Auge keinen hässlichen Anblick, hörte ihr Ohr keinen disharmonischen Laut, sprach ihr Mund kein anmassendes Wort... Im Altertum waren die Schwangerschaftslehren alle von dieser Art. Das Tun grosser Menschen bestand darin, sich beim Sehen, Hören, Reden und Bewegen stets untadelig zu verhalten, und alle, die die rechte Tugend besitzen, sollten das ehrfurchtsvoll bewundern.

Wie aber ist es uns möglich, die Frauen in einen solchen Zustand der Vollkommenheit zu erheben? Nun, ich habe versucht, aus dem, was ich vernahm, ein Hilfsmittel für die Erziehung zu machen. Wenn nun diejenigen, die die Vorschriften der klassischen Werke, die Regeln der Schmuckstücke am Gürtel und das rechte Mass an Würde und Betragen lehren, zwar daran ihre Anleitungen haben, ohne jedoch den Lebenswandel edler Menschen aus alter Zeit zu kennen, so besitzen sie keine Vorbilder, an denen sie sich selbst

202

vervollkommnen könnten. Denn das richtige Betragen in der Familie beruht auf der Selbstwandlung.

Ist die eigene Person in ihrem Lebenswandel nicht rechtschaffen, so ist auch bei Frauen und Kindern kein mustergültiges Verhalten zu finden. Solche Menschen sind dann nicht aufrichtig, unerschütterlich und vorbildlich; sie sind von den im Buch der Lieder dargestellten Sitten weit entfernt. Und wieviel mehr noch als für gewöhnliche Menschen gilt dies für den Sohn des Himmels?

Der Kaiser las das Buch und freute sich derart über den geschliffenen Stil, dass er mehrfach vor Bewunderung laut aufseufzte. Trotzdem begriff er nicht, was der Gelehrte Liu Hsiang ihm damit hatte sagen wollen.

Als nun die Diener und Lakaien im Palast des umfassenden Gesetzes sahen, dass der Kaiser niemandem mehr Glauben schenkte und auch die mahnenden Worte des Liu Hsiang nicht verstand, da stolzierten sie in ihren schönsten Gewändern und in ihrer feinsten Aufmachung einher; denn nun konnten sie sich seelenruhig und ganz nach Belieben im Palast einnisten, ohne dass sie dabei etwas riskierten. Trotzdem bekam die Kaiserin kein Kind.

Später konnte man dann hören, wie die Knaben beim Spiel in den Strassen und Gassen der Hauptstadt das folgende Liedchen sangen:

Hopp! hopp! hopp!
Die Kaiserin, die Kaiserin,
Die gibt sich fremden Männern hin.
Sie will ein Kindchen haben.

Hopp! hopp! hopp!
Der Kaiser, der Kaiser
setzt' sich 'ne grüne Kappe auf den Kopf.*
O weh, der arme Tropf!

Wenn der Kaiser in den drei Herbstmonaten Musse
fand, fuhr er oft zum grossen Saftsee* hinaus und
liess Drachen in die Lüfte steigen. In der Regel tat er
dies von der mehr als zwanzig Klafter hohen Djiän-
Terrasse aus, die sich rotleuchtend und mächtig in
den See hineinschob. Auf dessen weiter Fläche ragten
die drei künstlich aufgeschütteten ‹Berge der Seligen›
empor. Sie hiessen Atlantis, viereckige Urne und Irr-
garten und lagen in einer Reihe nebeneinander. Nach
Norden zu stiegen bewaldete Höhen mächtig empor,
und auch das Südufer war voller Felszacken und
Schroffen. Wenn ein Sturmwind über die Inseln brauste, hob er das Wasser zu mächtiger Flut empor und
warf es aufgischtend gegen die steilen Felsen.

Als der Kaiser noch jünger gewesen war, hatte er
grossen Gefallen daran gefunden, in dieser Gegend
im Dunkeln verkleidet umherzuspazieren, denn er
mochte das helle Licht der Kerzen und Lampen nicht.
Darum hatte er sich am Westufer einen sogenannten
‹Nachtwandel-Palast› bauen lassen. Die Säulen im Inneren waren alle mit schwarzem Lack überzogen, und
die Decken und Wände mit schwarzgrüner Wildseide
verkleidet. Selbst bei den Gerätschaften, den Wagen
und Kleidern wurde Schwarz bevorzugt, und die Bän-
der, Gürtel und Haarpfeile der Dienerinnen mussten
von dunkler Farbe sein.

Inzwischen hatte der Kaiser an einem anderen Vergnügen Gefallen gefunden. Auf dem See hatte er sich ein Riesenschiff bauen lassen, das gut und gerne tausend Personen tragen konnte. Der Schiffskörper war aus dem Holz des wilden Birnbaums gezimmert, das Steuerruder aus rotem Kassia und der Bug mit Glimmerornamenten verziert. Dieses Fahrzeug – man nannte es ‹Wolkenboot› – hatte als Galionsfigur einen grossen, sich ringelnden Drachen, der so kunstvoll aus dem Stamm eines mächtigen Tung-Baumes geschnitzt war, dass er wie lebendig wirkte.

An einem dieser Tage liess er auf dem ‹Wolkenboot› ein Festmahl auftischen. Bei dieser Gelegenheit trug er selbst ein Gewand mit eingewebten Wellenmustern, während die Kaiserin in eine Robe aus glitzerndem Purpurstoff gehüllt war, einem Tributgeschenk der Barbaren von Süd-Yüe. Darüber trug sie einen leichten Umhang aus Seidenflor, der mit roten und grünen Edelsteinen besetzt war. Sie schlenderten eine Weile lässig umher, tranken frohgelaunt ihren Wein und sangen mit lauter Stimme Lieder. Nachdem der Wind sich ein wenig gelegt hatte, liess der Kaiser das ‹Wolkenboot› Kurs auf den Atlantis-Berg nehmen. Auf dessen Spitze stand ein zehn Klafter hoher Turm, und von dort oben hatte man einen weiten Rundblick.

«Welch’ herrliche Landschaft!» rief der Kaiser begeistert. «Wer ist von soviel Schönheit nicht gerührt? Liebling, tanz’ ein bisschen, um der reinen, beseligenden Freude Ausdruck zu geben, die unsere Herzen erfüllt. – Nun, wie wär’s?» fügte er hinzu, als die Kaiserin mit der Antwort zögerte.

Sie antwortete, dass sie seinen Wunsch gern erfül-

Die Kaiserin tanzt auf dem Taburett hoch über

dem Atlantis-Berg im Sturme und sucht den Tod

len wolle. Der Kaiser hatte sogleich einen neuen Einfall: «Liebling, du hast doch einen so herrlich grazilen Körper. Wie wär's, wenn du auf einem eisvogelfederverzierten Taburett tanzen würdest, das einige Höflinge halten?»

Die Kaiserin war auch damit einverstanden. Sie stieg auf das Taburett und wurde hochgehoben. Dann zupfte sie noch einmal rasch ihre Kleider zurecht und begann zu tanzen. Dazu sang sie das Lied ‹Heimkehrender Wind, du kommst aus der Ferne›. Der Kaiser schlug mit einem verzierten Haarpfeil aus Rhinozeroshorn den Takt auf einem Jadebecher, während der von der Kaiserin sehr geschätzte Höfling Feng Wu-fang ihren Gesang auf der Mundorgel begleitete. Plötzlich kam ein starker Wind auf. Je heftiger der Wind wehte, um so lauter sang die Kaiserin, während Wu-fang die Luft gar gewaltig in die Lungen einsog und auf zarte, feinsinnige Weise einstimmte. Plötzlich raffte sie ihr Kleid empor und schrie mit lauter Stimme:

«Seht mich an! O seht mich an!» Und ihre weiten Ärmel wie Flügel emporreckend, rief sie wie von Sinnen: «Bin ich ein Geist? Bin ich ein Geist? Er hat seine alte Liebe vergessen und sich einer neuen zugewandt. Wie konnte er vergessen, was er einst in seinem Herzen für mich empfand?»

In dem Augenblick, als der Sturm sie vom Turm herabzustürzen drohte, rief der Kaiser erregt: «Wu-fang, schnell! Halt' mir die Kaiserin fest!»

Jener liess sofort die Mundorgel fallen, stürzte nach vorne und bekam die Kaiserin gerade noch an den Füssen zu fassen. So wurde sie gerettet. Wenig

208

später, als der Sturmwind sich gelegt hatte, brach sie in Tränen aus und schluchzte: «Eure Majestät haben mir eine Gunst erwiesen und es nicht zugelassen, dass ich in die Gefilde der Seligen entschwand.»

«Wie könnte ich je auf dich verzichten?» antwortete der immer noch bestürzte Kaiser.

Mit kummervoller Miene schluchzte sie, und immer wieder liefen ihr die Tränen über das Gesicht. Der Kaiser bekam Gewissensbisse, weil er sie so vernachlässigt hatte; er empfand auch Mitleid mit ihr und war ihr darum etwas mehr zugetan. Wu-fang beschenkte er mit tausend Goldstücken und gab ihm ausserdem die Erlaubnis, die Kaiserin in ihrem Schlafzimmer besuchen zu dürfen. Dann ging man wieder zurück auf das ‹Wolkenboot›, und die Matten wurden erneut gerichtet. Die Kaiserin nippte nur an einem Becher mit vollmundigem ‹Fünf-Düfte-Wein›, während der Kaiser ‹Tigerwein› schlürfte, der mit ‹Wollustwasser› aus Jih-nan vermischt war. Mit diesem Wasser hatte es eine besondere Bewandtnis: es war weich und süsslich im Geschmack, und wer auch nur einmal daran roch, kam schon auf sinnliche Gedanken.

Nachdem der Kaiser sich einen tüchtigen Schwips angetrunken hatte, nahm er die Kaiserin auf den Schoss und goss rasch noch einige Becher hinunter. Plötzlich merkte er, wie das Feuer der Wollust in ihm hochauf loderte. Er liess sie auf das Ruhebett gleiten und schlug ihr Gewand hoch. Als er das seidigglänzende, flaumweiche Fell zwischen ihren Schenkeln sah, zog er rasch die Hose aus, legte sich auf sie und zwängte seinen steifen Jadestengel langsam in ihren

Blütenkelch hinein. Mit Verwunderung nahm er wahr, dass sie immer noch so eng wie eine Jungfrau war, denn sein praller Wedel sass ganz fest darin. Nachdem er eine Weile Kung-fu gemacht hatte, rief er eine von den aufwartenden Palastdamen herbei und liess sich Wein einschenken. Und während er ihn in langsamen Zügen schlürfte, liess er sein Mannesding ohne Hast und Eile solange aus- und eingleiten, bis sich bei ihm das Empfinden der Glückseligkeit einstellte. Als er sich aber von ihr lösen wollte, presste sie ihn an sich und flüsterte: «Schatz, eben hast du mein Blütenherz gereizt. Wie soll ich es nur ertragen, wenn du aufhörst?»

Weil er sich in euphorischer Stimmung befand, nutzte er die Gelegenheit und stiess weiter zu, wohl an die tausendmal. Unter ihm gebärdete sich die Kaiserin wie närrisch. Als er merkte, dass auch sie sich dem Höhepunkt der Lust näherte, stiess er bald von unten, bald von oben kräftig zu und spritzte dann ein zweites Mal.

Nachdem der Wollustrausch abgeklungen war, standen sie auf und ordneten ihre Kleider. Sie liessen sich Schulter an Schulter auf der Matte nieder und tranken gemeinsam etliche Becher. Dann schickte die Kaiserin den Kaiser zu Ho-dö und kehrte in ihren eigenen Palast zurück. Und warum tat sie das wohl? Weil hier der Vogelschütze auf sie wartete, und sie sich in der Gegenwart des Kaisers nicht mehr wohlfühlte.

Später nähten sich einige Palastdamen, die der Kaiser gleichfalls mit seiner Gunst beehrte, und die bei dieser Gelegenheit von dem Vorfall erfuhren, eine Falte in den Rock, die dem Gewand der Kaiserin glich, als sie es emporgerafft hatte, und nannten dies spöttisch: Rockmode ‹Bewahrung vor dem Feenland›.

Am nächsten Morgen stand die Kaiserin auf, machte Toilette und nahm das Frühstück ein. Dann liess sie ihren goldverzierten Wagen vorfahren und fuhr mit dem Vogelschützen hinaus zum Oberen Waldpark.* Bald schon waren sie am Ziel; sie stiegen ab und schlenderten den breiten Sänftenweg entlang. Was gab es da nicht alles zu sehen! Schwarze und rote Affen sprangen lärmend in den Baumkronen umher oder hangelten sich von Ast zu Ast. Hirsche und Rehe zogen friedlich äsend über eine Lichtung, und in den Tiergehegen suhlten sich Wasserbüffel, Tapire und Rhinozerosse im Schlamm; man sah Nashörner und Elefanten, Tiger und schwarze Grunzochsen, Strausse und Sackkamele, kurz, Tiere aus den entferntesten Weltgegenden, die man dem Kaiser als Tribut gesandt hatte.

Schliesslich kamen sie an einen Ort, wo unzählige Schmetterlinge und Falter durch die Luft gaukelten. Sie liessen sich auf den Blütenkelchen nieder und schlürften Nektar. Die Kaiserin sah ihnen wie gebannt zu, bis sie plötzlich stolperte. Da drehte sie sich wütend um und rief: «Tötet diese dummen Kreaturen, damit ich meine Ruhe habe!»

Die sie begleitenden Palastdamen stoben sofort auseinander, schlugen die Falter und Schmetterlinge mit ihren Fächern tot und zeigten sie der Kaiserin.

«Warum hasst die hochedle Dame diese unschuldigen, kleinen Wesen?» fragte der Vogelschütze, bass erstaunt über ihren Zornausbruch.

«Es stört mich, dass sie auf die Blüten fliegen und nach Nektar gieren. Fast will es mir scheinen, als hätten sie menschliche Gefühle.»

Sie gingen weiter, überschritten ein mäandrierendes Flüsschen auf einer Kamelrückenbrücke und kamen zu wundervollen Zierteichen, an deren Ufer Kraniche und weisse Reiher auf der Suche nach Beute umherstelzten. Scharen von Wasserraben und Kormoranen hockten auf winzigen Inselchen oder liessen sich im Wasser treiben. In den Vogelhäusern konnte man weisse und bunte Papageien, winzige, buntschillernde Paradiesvögelchen und andere seltene Vogelarten bewundern. Plötzlich kam eine Beamtin des Dschau-yang-Palastes herbeigeeilt und meldete: «Die Vollkommene Nebenfrau hat den Park betreten!»

Kaum hatte der Vogelschütze diese Worte vernommen, da rannte er auch schon wie gehetzt davon. Er wollte sich irgendwo verstecken, doch Ho-dö, die mit ihren Damen eben um die Ecke bog, hatte ihn bereits erkannt. Sie begrüsste ihre Schwester geziemend, sagte aber nichts über ihre Entdeckung, sondern beobachtete sie nur scharf. Beide setzten sich auf eine Bank, und je länger Ho-dö ihre Schwester ansah, um so besser verstand sie, was in ihr vorging.

«Ich habe», sagte sie wie beiläufig, «nicht erwartet, dich hier zu treffen, ältere Schwester. Freust du dich hier am Gezwitscher der Vögel und an den schönen Blumen?»

«Ach was, freuen. Ich höre nur, wie die Vögel, erfüllt von ihren wilden Begierden, durcheinanderschreien. Sie freuen sich, und ich muss mich ärgern.»

«Wenn es so ist, ältere Schwester, warum rufst du dann nicht den Vogelschützen und befiehlst ihm, sie abzuschiessen?»

«Wie darf man hier, in diesem altehrwürdigen Park, wild mit der Armbrust um sich schiessen?»

Ho-dö antwortete nicht. Sie lachte nur mehrmals leise, mit kaltem Unterton, auf, dann erhob sie sich und kehrte schnurstracks in ihren Palast zurück.

Nun war der Vogelschütze, wie der geschätzte Leser bereits weiss, doch auch ein alter Bekannter Ho-dös; warum also hatte er sich vor ihr verstecken wollen? Erstens, weil sie von ihren Palastdamen begleitet wurde, von denen die eine oder die andere sehr wohl eine Angeberin hätte sein können. Und zweitens, weil er befürchtete, dass ihre Gesinnung sich inzwischen verändert haben könnte. Darum war er darauf bedacht, ein Wiedersehen mit ihr zu vermeiden. Erst als er sah, dass sie wieder fortgegangen war, kam er aus seinem Versteck hervor. «Hu», stöhnte er, «fast wäre ich zu Tode erschrocken.»

«Sie hat dich ohnehin gesehen. Nun, da lässt sich nichts machen. Komm', wir fahren heim; ich hab' schon wieder Lust auf dich. Später werden wir weitersehen.»

Hand in Hand verliessen sie den Park, bestiegen den goldverzierten Wagen und fuhren zum Palast des umfassenden Gesetzes zurück. Ho-dö war keineswegs entrüstet gewesen, als sie ihre ältere Schwester beim Spaziergang mit dem Vogelschützen überrascht hatte. Im Gegenteil. Sie hat ihn also doch zu sich geholt, überlegte sie, damit er ihre Lust stillt. Es ist nur gut, dass er sich stets im Hintergrund hält und niemand gross über ihn redet. – Ha, jetzt erst kommt mir der Gedanke, dass auch ich meinen Nutzen aus dieser Situation ziehen könnte... Und dabei wollte er sich vor mir verstecken, als ob ich eine Fremde wäre... Hm, am besten wird es wohl sein, wenn ich dem Kaiser bei der nächsten Gelegenheit klarmache, dass ich näher bei meiner Schwester wohnen möchte. Dann könnte auch ich ein wenig von dem Vergnügen geniessen. Also gut! Daraufhin ging sie zum Kaiser und sagte zu ihm:

«Der Palast der Kaiserin und mein eigener sind gar zu weit voneinander entfernt. Darum können wir nicht so, wie wir es gerne hätten, am Morgen und am Abend unsere schwesterliche Liebe pflegen. Ich möchte gerne näher bei der Kaiserin wohnen, doch weiss ich nicht, wie Eure Majestät darüber denken.»

«Es sei, wie du sagst», pflichtete ihr der Kaiser bei und versprach, die Angelegenheit zu regeln. Er liess Fan I zu sich kommen und beauftragte sie, seinen Willen den kaiserlichen Baumeistern kundzutun. Daraufhin wurden eilends das Klein-Gattinnen-Heim, die Taublüten-Halle, die Windschnapp-Halle, die Liedverbreitungs- und die Friedenswunsch-Halle gebaut, alle mit Vorder- und Hinterhöfen. Ausserdem waren sie mit heizbaren Zimmern versehen und solchen, in denen Eiskrüge im Sommer Kühlung brachten, mit Orchideen-Baderäumen, verwinkelten Schlafzimmern und Verbindungsgängen. Alles war mit Gold und weissem Jade verziert, und die Wände aussen wie innen mit tausendfach variierten, zehntau-

214

sendfach gestalteten Motiven bemalt. In Stufen ragten Firste und Doppeldächer empor, und wenn ein
Luftzug durch das Balkenwerk aus Kassiaholz strich,
verbreitete sich in den Räumen ein himmlischer Duft.
Der ganze Gebäudekomplex war mit dem Palast des
umfassenden Gesetzes durch ein Tor verbunden, das
‹Eingangspforte zu den Wohnungen der Unsterblichen› genannt wurde.

ZWÖLFTES KAPITEL

Von einem Wundermann möchte die Kaiserin das Ge-
heimnis der ewigen Jugend lernen. Auf der Hundert-Fuss-
Terrasse feiert sie mit ihrem Gefolge eine Lustorgie.

Je mehr die Kaiserin von Glanz und Ehren umgeben
war, um so mehr sann sie auf Befriedigung ihrer
schier unstillbaren Wollust. Mit allen nur denkbaren
Mitteln versuchte sie, zu einem Kind zu kommen und
dadurch ihre Stellung bei Hofe zu sichern. Schliesslich schickte sie sogar Leute aus, die das ganze Land
nach Magiern absuchten, denen das Geheimnis der
ewigen Jugend bekannt war.

In jenen Tagen kam zufällig eine Tributgesandt-
schaft von den Be-po-Völkern* im fernen Südwesten
des Reiches an den Hof. Der Anführer dieser Ge-
sandtschaft war ein ganz aussergewöhnlicher Mann.
Mit einem einzigen Bissen Nahrung konnte er soviel
Kraft in sich aufnehmen, dass er danach tage- und
nächtelang nicht mehr zu schlafen brauchte. Das
Fremdvölkeramt meldete diesen merkwürdigen Umstand dem Kaiser und fügte hinzu, dass zuweilen ein
wundersames Leuchten von der Gestalt des Mannes
ausgehe. Als die Kaiserin dies hörte, schickte sie Bu-
dschou, den Sohn der Fan I, hin und liess den Barbaren fragen, was das für eine Art von Zauber sei, und
über welche geheimen Kräfte er verfüge.

«Mein Zauber», antwortete jener, «besteht darin,
dass Himmel und Erde in mir ausgeglichen, Tod und
Leben für mich ein und dasselbe sind. Werden und

Vergehen, Sein und Nicht-Sein, prägen verwandelnd die zehntausend Gestaltungen der Natur – ich dagegen bleibe ewig unverändert.»

Bu-dschou meldete dies der Kaiserin, und sie fand es höchst wundersam. Eine Dienerin musste ihr aus der Schatzkammer tausend Goldstücke bringen. Sie gab das Gold Bu-dschou und sagte, er solle es zum Barbaren tragen, damit jener sie in seiner Kunst unterrichte. Bu-dschou tat dies und erzählte dem Barbaren, welche Absichten die Kaiserin habe. Da sagte jener: «Wer meine Kunst erlernen will, muss zuerst von Lüsternheit und Lüge abstehen.»

Als Bu-dschou der Kaiserin diesen Bescheid brachte, sagte sie verärgert: «Solches Barbarengeschwätz sollte man überhaupt nicht beachten.» Und sie liess ihre Absicht fallen.

Am nächsten Tag war Fan I der Kaiserin beim Baden behilflich, und da erzählte sie ihr, was der Barbar gesagt hatte. Fan I klatschte vergnügt in die Hände und sagte lachend: «Das erinnert mich an eine Begebenheit, die einst Tante Li erlebte, als sie noch in Djiang-du wohnte. Damals züchtete sie in einem Teich mehrere Dutzend Kampfenten, doch schon bald musste sie zu ihrem Leidwesen feststellen, dass Ottern sich über die Enten hermachten und sie auffrassen. Die alte Frau Ne aus dem Dorf Hsia-dschu besass eine auf Ottern dressierte Wildkatze. Sie schenkte der Tante das Tier und sagte, es könne ausgezeichnet Ottern fangen. Als dann aber die Tante wissen wollte, was die Wildkatze fresse, sagte Frau Ne, sie fresse nur Entenfleisch. Da wurde die Tante sehr zornig und liess die Wildkatze erdrosseln. Die Kunst des Barbaren scheint mir dasselbe zu sein, wie jene lächerliche Geschichte.»

Da lachte die Kaiserin, bis ihr die Tränen kamen, und sagte dann: «Wie wäre dieser stinkende Barbar es wert, dass ich mir, um ihn zu erdrosseln, die Hände beschmutze? – Genug, ich will nichts mehr davon hören! Mir kommt es einzig und allein darauf an, einen Sohn zu haben. Dieser hier» – und sie deutete auf den anwesenden Vogelschützen – «hat mich trotz wiederholten Versuchen nicht schwängern können. Wohin soll das nur führen?»

«Ich, Euer ergebener Diener», verteidigte sich der Vogelschütze, «besitze nur einen einzigen Körper. Ausserdem befürchte ich, dass meine Manneskraft ‹kalt› sein könnte und den Bauch der hochedlen Dame nicht zu füllen vermag. Ich habe einen Plan: Am besten wäre es, wenn ich die Erlaubnis bekäme, in die Stadt zu gehen. Dort könnte ich ein gutes Dutzend schmucke, junge Männer für Euch aussuchen, die alle schon Kinder gezeugt haben. Damit die Sache nicht auffällt, würde ich ihnen Frauenkleider anziehen und sie auf kleinen, ochsengezogenen Wagen in den Palast bringen. Falls sie sich auch nur ein bisschen Mühe geben, werden sie Euch sicherlich einen Sohn zeugen. Warum also sich Sorgen machen?»

«Ein vortrefflicher Plan!» jubelte die Kaiserin. «Es ist aber durchaus nicht notwendig, dass du gehst, denn dich brauche ich hier. Fan I soll die Sache für uns erledigen.»

«Ich werde mir die grösste Mühe geben, Niangniang», dienerte jene, «Euch diesen Wunsch zu erfüllen.»

218

«Aber das muss ganz unter uns bleiben, hörst du? Niemand darf auch nur ein Sterbenswörtchen davon erfahren.»

«Aber selbstverständlich, Niang-niang. Ihr könnt ganz unbesorgt sein. Ich habe Euch vollkommen verstanden.»

Sicherlich werdet ihr, geschätzte Leser, nun wissen wollen, warum gerade der Vogelschütze einen solchen Vorschlag gemacht hatte? Nun, lasst es euch erklären. Einerseits glaubte er, mit der Kaiserin allzu eng liiert zu sein, zum anderen befürchtete er, dass sein Verhältnis mit ihr eines Tages ruchbar werden könnte. In einem solchen Fall hätte er für sein Leben fürchten müssen, und genau das war es, was ihm Tag und Nacht grosses Unbehagen bereitete. Einzig aus diesem Grund hatte er der Kaiserin diesen Vorschlag gemacht. Erstens hoffte er, dass sie ihre schier unersättliche Wollust dann bei anderen Männern stillen würde, und zweitens sah er darin auch eine Möglichkeit, sich selbst unbeschadet aus der Affäre zu ziehen.

In jenen Tagen diente ein etwa fünfzehnjähriger Page mit Namen Tjing An-schi bei Hofe. Er sah wirklich gut aus und besass jene Art galanter ‹Wind-und-Wellen-Manier›, die auf viele Frauen so betörend wirkt. Ausserdem konnte er gut Laute spielen. Nach und nach fand die Kaiserin einen solchen Gefallen an ihm, dass sie den durchtriebenen Burschen gerne für immer an ihrer Seite gehabt hätte. Und weil das nicht ging, wurde ihr Herz nicht froh. Als sie eines Tages mit dem Kaiser zusammentraf, sagte sie in einem ganz beiläufigen Ton zu ihm: «…ach ja, und dann ist da noch dieser Tjing An-schi, ein wirklich kluger und

219

aufgeweckter Junge. Und wie gut er auf der Laute spielen kann. Ich wäre Euch wirklich sehr verbunden, wenn er die Erlaubnis bekäme, in meinem Palast aus und ein gehen zu dürfen. Das würde mir helfen, die oft tödliche Langeweile zu vertreiben.»

Seit jenem Vorfall auf dem Paradiesturm fürchtete der Kaiser sich insgeheim vor ihr. Darum wagte er es nicht, ihr diese Bitte abzuschlagen. «Nun ja», meinte er, «dieser Tjing An-schi ist noch sehr jung und unerfahren; welchen Schaden sollte er da wohl in den Frauengemächern anrichten können? Wenn du, meine Teure, ihm zugetan bist, werde ich ihm selbstverständlich eine Tafel mit goldenen Schriftzeichen ausstellen lassen, damit er ungehindert bei dir aus- und eingehen kann.»

Am nächsten Morgen liess die Kaiserin Tjing An-schi zu sich rufen und sagte zu ihm: «Ich habe gestern mit dem Kaiser gesprochen. Er bewilligt dir eine Tafel mit goldenen Schriftzeichen. Von nun an kannst du ungehindert bei mir aus- und eingehen. Hier ist die Tafel; nimm' sie gleich an dich. Von nun an, mein Schatz, können wir uns unbesorgt von früh bis spät vergnügen.»

Da Tjing An-schi nun ganz nach Belieben kommen und gehen konnte, wann er wollte, genoss er schon bald ihre besondere Gunst. Sie schenkte ihm ein Paar selbstgefertigte Schuhe aus leichter Seide, eine purpurseidene Jacke und einen Fächer. Fortan wohnte er in ihren Gemächern, und die beiden gaben sich ohne Unterlass Tag und Nacht den tollsten Ausschweifungen hin. Weil die Kaiserin sich aber vor den vielen Augen und Ohren in ihrer Nähe fürchtete, waren ihre

Vergnügungen trotzdem durch den Schatten der Sorge verdüstert, und eines Tages sagte sie zu ihm:

«Es ist wundervoll, mit dir die Wonnen der Liebe zu geniessen, mein Kleiner. Aber hier im Palast sind einfach zuviele Leute in der Nähe. Darum kann ich nicht, so wie ich gerne möchte. Lass' dir etwas einfallen und erzähle dem Kaiser, dass er mir in einem stillen Winkel des Parkes ein kleines Schlösschen bauen soll. Falls er einwilligt, können wir uns dort unbesorgt der Liebe hingeben. Wäre das nicht wunderschön?»

Tjing An-schi, der gerissene Bursche, liess sich etwas einfallen. Er ging zum Kaiser und erzählte ihm, dass es im Palast des umfassenden Gesetzes immer so laut hergehe und die Kaiserin sich darum nach einem stillen, abgelegenen Winkel sehne, wo sie den Göttern opfern und Kindersegen erflehen könne. Der Kaiser willigte ein und liess ihr im Park ein kleines Schlösschen bauen, über dessen Eingangstor der Name ‹Haus der Anbetung› in silbernen Schriftzeichen auf einer Tafel prangte. Das Schlösschen war ringsumher dicht mit Bäumen und Ziersträuchern umpflanzt, drinnen aber aufs beste eingerichtet. Alle bei Hofe wussten, welche Art von Anbetung die Kaiserin dort trieb, nur dem Kaiser blieb sie verborgen. Ausser Tjing An-schi und dem Vogelschützen wagte niemand, das Gebäude zu betreten.

Eines Tages, kurz nachdem sich Tjing An-schi völlig erschöpft von der Kaiserin verabschiedet hatte und zu seinen Eltern zurückgekehrt war, erschien Fan I mit fünfzehn Spätergeborenen. Diese, die sie heimlich unter dem Volk ausgesucht hatte, stellte sie nun der

Kaiserin vor. Die Kaiserin sah, dass alle ohne Ausnahme hübsch und kräftig waren und konnte die Augen nicht mehr von ihnen abwenden. Und schon brannte das Feuer der Wollust in ihrem Busen lichterloh. «Lass' Wein kommen!» rief sie Fan I zu. «Ein jeder soll als Willkommenstrunk drei grosse Humpen leeren.»

Fan I liess Wein herbeischaffen, und die jungen Männer leerten jeden Humpen auf einen Zug. Die Kaiserin trank nur drei oder vier kleine Becher. Als sie sah, dass die jungen Männer vom rasch genossenen Wein ein wenig beschwipst waren, stand sie auf und sagte zu ihnen: «Jetzt werde ich euch erst einmal auf die Probe stellen, und zwar einen nach dem anderen.»

«Wir fürchten», wurde ihr geantwortet, «dass die Niang-niang dieser Aufgabe nicht gewachsen sein wird.»

«Ha, das wäre noch schöner! Auch wenn ihr noch mehr wäret, mir würde das nichts ausmachen.»

Sie ging nun, gefolgt von den jungen Männern, in eines der Schlafzimmer und befahl ihnen, sich splitterfasernackt auszuziehen. Die liessen es sich natürlich nicht zweimal sagen. Sie rissen sich förmlich die Kleider vom Leib und kamen mit hochaufgereckten Speeren auf sie zugesprungen. Ein jeder wollte der erste sein.

«Immer hübsch der Reihe nach», befahl die Kaiserin, die bereits mit auseinandergespreizten Beinen auf dem Bett lag. «Dort sind Würfel. Ein jeder hat drei Würfe frei. Wer die höchste Punktzahl hat, darf mich nehmen.»

222

Die jungen Männer würfelten nun um die Wette. Der erste und der zweite, die die Kaiserin begatten durften, fanden das Vergnügen himmlisch. Sie stöhnten und winselten in einem fort. Nachdem die anderen ihnen eine Weile zugeschaut hatten, konnten sie ihre wilde Gier nicht länger zügeln. Sie kümmerten sich nicht mehr darum, wer als dritter und wer als letzter drankäme, sondern stürzten sich allesamt auf das Bett. Wer hätte da wohl zurückbleiben und den Schüchternen spielen wollen? Der Schnellste warf sich förmlich auf den Leib der Kaiserin und stiess voll wahnsinniger Gier solange zu, bis sein Hintermann ihn aus dem Sattel hob und das Spiel wiederholte. Vor dem Bett gab es ein fürchterliches Hin- und Hergestosse, ein wüstes Durcheinander von Armen und Beinen, Leibern und hochaufgereckten Mannesdingern. Die Kaiserin kreischte; ihr schien es, als hätten die jungen Männer sich in hungrige Dämonen verwandelt, die voll wilder Gier nach der Seele eines Sterbenden haschten. «Aufhören! Sofort aufhören!» schrie sie mit sich überschlagender Stimme. «Ihr kommt alle dran. Ein jeder darf dreihundert Stösse machen.»

«Ausgezeichnet!» tönte es im Chor zurück. Der erste versetzte ihr in seiner wilden Gier an die fünfhundert Stösse, bevor man ihn gewaltsam aus dem Sattel hob; beim zweiten wurde jeder Stoss gezählt. Es gab aber auch einige Weichlinge, die schon nach ein- oder zweihundert Stössen spritzten und dann nicht mehr konnten. Und manche waren derart geil, dass sie schon nach fünfzigmal Kung-fu ihren Samen verschütteten. Nur ein oder zwei von den jungen Männern waren so kräftig, dass ihre Jadestengel auch noch nach zwei oder drei Runden so hart waren wie am Anfang.

«Ha?» rief die Kaiserin im Sinnestaumel begeistert, als sie das noch immer eisenharte Mannesding in ihrem Unterleib verspürte, «das hier ist ein wahrer Held, ganz anders als eure müden Krieger. Kaum seid ihr mit ihnen in die Schlacht gezogen, da lassen sie schon die Köpfe hängen und verlieren allen Mut.»

Nachdem sie abermals zwei Runden lang gekämpft hatte, erschlaffte plötzlich ihr Körper, die wollüstigen Bewegungen hörten auf, und sie schien wie gelähmt. Kein Wort kam mehr über ihre Lippen, nur noch unartikuliert-röchelnde Laute entrangen sich ihrer Kehle. Bei jedem Stoss floss der Wollusttau glucksend aus ihrem Blütenkelch hervor, und schon bald war die ganze Matte unter ihrer Leibesmitte davon benetzt. Der junge Mann fühlte gleichfalls, wie seine Kraft dahinschwand. Er konnte dem übermächtigen Drang in seinen Lenden nicht länger widerstehen und spritzte gewaltig.

Nachdem die Kaiserin ihren Blütenkelch vom Tau der Lust gesäubert hatte, stand sie auf und zog sich an. Dann befahl sie, ein Bankett herzurichten. Während sie eifrig dem Wein zusprach und einen Becher nach dem anderen förmlich hinuntergoss, sagte sie zum Vogelschützen: «Von heute an, mein Schatz, will ich jeden Tag diese Liebeswonnen geniessen, und mich himmlisch vergnügen. Aber nur so, ohne alles Beiwerk, erscheint mir das nicht so schön. Darum wollen wir morgen auf die Hundert-Fuss-Terrasse steigen und eine Wollustorgie feiern. Was hältst du davon?»

«Eine wundervolle Idee!» pflichtete er ihr bei, obwohl er ganz anderer Meinung war.

Als die Nacht anbrach, waren alle betrunken und gingen auseinander. Die unersättliche Sinneslust der Kaiserin aber war zu neuem Leben erwacht, und sie befahl den Vogelschützen zu sich ins Bett.

Am nächsten Tag, nach einem opulenten Mahl, gab die Kaiserin ihren Palastdamen den Befehl, auf der Hundert-Fuss-Terrasse Wein bereitzustellen. Dann ging sie mit dem Vogelschützen an der Hand, gefolgt von sechzehn jungen Männern und zweiunddreissig Palastdamen, gleichfalls dorthin. «Wie wollen wir uns vergnügen?» fragte der Vogelschütze, als sie oben standen.

«Die sechzehn jungen Männer», erklärte die Kaiserin, «stellen sich in vier Abteilungen nach den vier Himmelsrichtungen rings im Kreise auf. Sie sollen nackt sein und sich kleine Trommeln an die Armbeugen binden. Du selbst kommst zu mir in die Mitte und agierst als der grosse Yang-König. Wir beide fechten einen grossen Kampf aus. Eine von den Palastdamen tritt als Heeresinspektorin auf. Sie soll nackt auf einem Pferd sitzen und einen Befehlswimpel mit dem Schriftzeichen ‹Sonne› in der Hand halten. Sobald du hörst, wie in den vier Abteilungen die Jadestengel gegen die Trommeln schlagen – das bedeutet ‹starkes Yang› –, stürmst du mit eingelegter Lanze auf mich zu. So soll es dreimal geschehen. Wenn dann die Trommeln schweigen, so bedeutet das ‹schwaches Yang›; dann wird den Waffen eine Ruhepause gewährt. Die Heeresinspektorin wird dir befehlen, wann du kämpfen musst.»

«Köstlich! köstlich!» rief der Vogelschütze. Dann befahl er den jungen Männern, sich in vier Abteilungen aufzustellen und kleine Trommeln an die Armbeugen zu binden. Inzwischen zog auch die Kaiserin sich aus. Sie legte sich in einen ‹Betrunkenen-alten-Herrn-Stuhl› und spreizte die Beine weit auseinander. Der Vogelschütze streifte gleichfalls ein Kleidungsstück nach dem anderen ab. Dann legte er sich über sie, packte seinen steifen, hochaufgerichteten Jadestengel und drückte ihn in ihren Blütenkelch hinein.

Nachdem er sie eine Weile nach allen Regeln der Kunst bearbeitet hatte, gerieten die jungen Männer in heftige Erregung, und von allen Seiten hörte man das dumpfe Rumadum, Rumadum des Trommelschlags. Die Kaiserin lachte, bis ihr die Tränen kamen. «Wundervoll! wundervoll!» rief sie ein um das andere Mal und drückte ihn fest an ihre Brust. Sie bot sich ihm in immer neuen Stellungen dar: im Knien, von hinten und mit emporgestreckten Beinen. Schliesslich konnte er nicht mehr. Er gab dem übermächtigen Drang nach und beträufelte sie mit seinem Samen.

«Da ist nichts mehr zu machen!» stellte die Kaiserin unmutig fest, als sie seinen traurigen Krieger in der Hand hielt und von allen Seiten betrachtete. «Fort mit dir! Erwarte deine Bestrafung vor dem Lagertor.»

Daraufhin winkte die Kaiserin die Heeresinspektorin zu sich und befahl ihr, den jungen Mann herzuführen, der bis dahin mit seinem Jadestengel die Trommel am kräftigsten geschlagen hatte. Die Heeresinspektorin ging zu ihm und sagte, er solle die Trommel abbinden. Dann führte sie ihn zur Kaiserin, der eine Palastdame gerade den Wollusttau abwischte.

226

Sie nahm den Jadestengel des jungen Mannes in die Hand und prüfte ihn eingehend. Das war in der Tat ein aussergewöhnlich starker und langer Wedel, der in seinem erregten Zustand mehr als acht Zoll mass. «Dieser tapfere Krieger», rief sie begeistert und hob ihn empor, so dass alle ihn sehen konnten, «ist ganz nach meinem Geschmack.»

Sie zog den jungen Mann an seinem Riesenwedel näher und steckte ihn sich zwischen die Beine. Dann packte sie ihn mit beiden Händen an der Wurzel und schob ihn gekonnt in ihren Blütenkelch hinein. Noch ein kurzer Druck ihres Unterleibs – und schon steckte er zur guten Hälfte drin. Sie hob ihre Leibesmitte an, der junge Mann stiess kraftvoll zu und brachte ihn mühelos bis zur Wurzel hinein.

Nachdem er ihr drei- oder vierhundert Stösse versetzt hatte, geriet sie in den Zustand der Verzückung. Ihre Gliedmassen krampften sich förmlich um den Leib des jungen Mannes zusammen; der aber war ein in solchen Dingen gewiefter Experte. Er packte sie an den Schultern und drehte sich mitsamt dem Stuhl im Kreis herum. Das war so ungewöhnlich, dass die Spätergeborenen bei diesem Anblick in helle Aufregung gerieten. Sie wurden wild vor Geilheit, und weil sie es nicht länger aushalten konnten, ergoss sich ganz von selbst der Same aus ihren ‹Pferdemäulern›.

«Diese nichtsnutzigen Kerle!» rief die Kaiserin, als die Trommeln plötzlich schwiegen. «Was fällt ihnen ein, schon jetzt aufzuhören? Ich will die Freuden der Liebe bis zur letzten Neige auskosten.»

Obwohl ihr augenblicklicher Partner nicht gerade ein Schwächling war, hatte er doch schon vorher beim

Kaiserin Fe-yän beim Liebesfest

mit fünfzehn kräftigen Trommlern

blossen Zuschauen drei oder vier Zehntel Wonne erlebt. Wie hätte er da der Kaiserin noch lange Widerstand leisten können, zumal sie ein zweites Mal in Erregung geriet, und ihr Blütenkelch sich bald zusam-
menzog, bald ausweitete? Er hatte kaum zweihundert
Stösse gemacht, da spritzte seine Manneskraft gewaltig in ihren Unterleib. Die Kaiserin, die sich gerade
dem Höhepunkt näherte, war davon keineswegs er-
baut, und sie sagte es auch.

«Lasst uns zuerst einmal etwas Wein trinken»,
mischte sich der Vogelschütze ein. «Wenn der Wein
uns in Stimmung gebracht hat, werden wir weitersehen.»

Die Kaiserin erklärte sich mit seinem Vorschlag
einverstanden. Sie und der Vogelschütze setzten sich
an die Schmalseite der gedeckten Tafel, während die
jungen Männer und die Palastdamen an den Längs-
seiten Platz nahmen. Es wurde tüchtig gebechert, und
als alle sich einen kleinen Schwips angetrunken hatten, sagte die Kaiserin zum Vogelschützen:

«Wir machen jetzt weiter. Wähle sechzehn Palastdamen aus und stelle sie in vier Abteilungen auf. Sie
sollen nackt sein und nur ein kleines Tuch aus Seidenflor darf ihre Scham verdecken. Dann wählst du einen
jungen Mann als Heeresinspektor aus. Er soll nackt
auf einem Pferd sitzen und einen Befehlswimpel mit
dem Schriftzeichen ‹Mond› in der Hand halten. Er
hat nachher die Palastdame festzustellen, bei der am
meisten Wollusttau geflossen ist. Sie wird zum weiblichen General erhoben. Wir beide vereinigen uns wieder. Und jetzt tu’, was ich dir gesagt habe.»

«O, das ist noch herrlicher!» rief der Vogelschütze.

«Ich aber bin» – und er wies seinen immer noch schlaffen Wedel vor – «nicht mehr imstande, abermals mit Euch zu kämpfen, Niang-niang. Ihr müsst schon einen von den jungen Männern auswählen, damit er meine Pflichten übernimmt.»

«Also drückst du dich wieder! Nun, ich will in deinem speziellen Fall noch einmal Gnade vor Recht ergehen lassen und dir verzeihen. Du aber wähle jetzt rasch einen jungen Mann aus und schicke ihn her.»

Dienstbeflissen sprang der Vogelschütze sofort auf. Er wählte einen jungen Mann aus, der ihm besonders kräftig erschien, und schickte ihn zur Kaiserin.

«Der ist wirklich wundervoll gebaut!» rief sie, als sie seinen muskulösen Körper und den hochaufgerichteten Speer sah. Der junge Mann musste sich auf ein Ruhebett legen, und sie setzte sich als kühne Reiterin auf seine Leibesmitte. Dann packte sie den hochaufgerichteten Speer und manipulierte ihn in ihren Blütenkelch hinein. Dann wandte sie die Taktik an «auf sieben Schritte neunmal angreifen». Als ihr Ritt immer wilder wurde, rief sie zwei Palastdamen herbei, die ihr unter die Achseln greifen und sie stützen mussten. Dies tat sie, weil sie merkte, wie ihr Blütenherz sich öffnete, und sie die Herrschaft über ihren Körper zu verlieren begann.

Der Vogelschütze, der das Amt des Heeresinspektors übernommen hatte, kroch unterdes mit dem Befehlswimpel in der Hand am Boden umher und inspizierte die Schamtüchlein der Palastdamen auf das genaueste. Schliesslich fand er eine, aus deren Schamtüchlein der Wollusttau nur so herabtropfte, und schickte sie zur Kaiserin.

Diese kämpfte noch drei oder vier Runden, dann waren auch ihre Gelüste gestillt und ihre Sinne befriedigt. Sie erlebte dabei grenzenlose Wonnen und hörte erst auf, als sie vollkommen erschöpft war.

Der junge Mann indes, auf dem sie die ganze Zeit geritten war, zeigte sich noch unbefriedigt. Daher befahl die Kaiserin der zum weiblichen General erhobenen Palastdame, sich auf ihn zu setzen und den Ritt fortzusetzen.

Inzwischen hatte der Vogelschütze auch die Palastdame festgestellt, deren rotes Schamtüchlein die ganze Zeit über trocken geblieben war. Sie wurde ‹starkes, liebloses Yin› genannt. Die ihr zudiktierte Strafe bestand darin, dass sie sich auf den Boden legen musste, und einer von den jungen Männern sie deckte. Sie musste solange liegen bleiben, bis sich auch bei ihr ein Wonneerleben eingestellt hatte.

Dann wurde der Gong geschlagen, und die Truppen zogen sich zurück. Wenig später brachen alle auf und kehrten in den Palast des umfassenden Gesetzes zurück. Dort liess die Kaiserin sofort ein opulentes Mahl auftischen, und nach dem Essen wurde gezecht, bis die Trommel vom Wachturm die zweite Nachtwache verkündete. Nach und nach ging man auseinander und legte sich schlafen. Die Kaiserin aber, deren Wollustfeuer erneut brannte, nahm einen von den jungen Männern mit sich ins Bett.

DREIZEHNTES KAPITEL

Ho-dö macht der Kaiserin ernsthafte Vorhaltungen, und
diese schickt die jungen Männer wieder fort. Der Kaiser
ruft seine Würdenträger zusammen, um mit ihnen in der
Halle des weissen Tigers Rat zu pflegen.

Kaum war die Kaiserin am nächsten Morgen aufgestanden, da fing sie erneut an, ihren Bettgenossen zu
reizen. Plötzlich stürzte eine Palastdame in das
Schlafzimmer und meldete aufgeregt: «Das Gefährt
des Heiligen ist soeben vorgefahren!»

Die Kaiserin durchfuhr ein tüchtiger Schreck.
Kopflos und wie von Sinnen stürzte sie so, wie sie war,
hinaus, um den Kaiser zu empfangen. Der junge
Mann aber, mit dem sie die Nacht verbracht hatte,
verbarg sich rasch hinter einer doppelten Wand. Die
Kaiserin begrüsste den Kaiser, der sie mit erstaunten
Blicken musterte. «Meine Teure», sagte er, «deine
Haare sind ja ganz zerzaust. Woher kommt denn
das?»

«Ich... ich bin in trüber Stimmung», stammelte sie
verlegen. «Vorhin... habe ich meine Frisur am Toilet-
tentisch ordnen lassen. Ich wollte gerade in den Park
gehen und ein wenig spazieren, da... da blieb ich mit
den Haaren an einem Zweig hängen.»

«Was ist das für ein Gerede, meine Teure? Was
schwätzest du da für sinnloses Zeug?»

«Ach, ich war traurig und verzweifelt, weil Ihr Euch
so lange von mir ferngehalten habt. Jetzt, so Ihr Euch
erneut herablasst, mich zu besuchen, bin ich ausser

mir vor Freude. Darum habe ich so sinnlos dahergeredet.»

Ihre Ausrede konnte den Kaiser nur zur Hälfte überzeugen. Während er sich mit ihr unterhielt, hörte er auf einmal, wie sich jemand hinter der doppelten Wand räusperte und es schien ihm, es sei ein Mann. Sofort war sein Misstrauen wieder geweckt, und in seinem Herzen stieg eine Zorneslohe empor. Er stand sofort auf und ging grusslos davon, während die Kaiserin mit schamübergossenem Gesicht zurückblieb.

Kochend vor Zorn fuhr der Kaiser in seinen Palast zurück. Zuerst trug er sich mit dem Gedanken, die Kaiserin ohne viel Umstände hinrichten zu lassen, dann aber sah er ein, dass er sich durch ein überstürztes Vorgehen nur selbst schaden würde, denn er kannte die Einzelheiten ihres Vergehens ja noch nicht. Und weil sie die Schwester seiner vielgeliebten Ho-dö war, verzichtete er schliesslich auf seine Rache.

Als er einige Tage später an einem abendlichen Bankett bei ihr zu Gast war, musste er wieder an das Vergehen der Kaiserin denken. Er hob die Arme hoch, so dass die weiten Ärmel seines goldfädendurchwirkten Gewandes zurückfielen, und die zu Fäusten verkrampften Hände sichtbar wurden. Mit grimmigen Blicken mass er Ho-dö, und sein Zorn loderte schier bis zum Himmel empor.

Sie wurde, als sie seine plötzliche Sinnesänderung bemerkte, sofort nervös und begann, an allen Gliedmassen zu zittern, obwohl sie durchaus nicht wusste, was den Zorn des Kaisers erregt hatte. Rasch stand sie auf, warf sich vor ihm nieder und sagte mit bebender Stimme:

«Ich, das Weib, bin nur von geringer Herkunft, und habe die Liebe und Wertschätzung Eurer Majestät in keiner Weise verdient. Seitdem ich in den Palast eingetreten bin, sind Eure Augen nur noch auf mich gerichtet, und Euer Herz empfindet nur noch für mich Zuneigung. Ihr habt mich über alle anderen Frauen der hinteren Paläste gestellt; dadurch aber zog ich mir den Neid der Vielen zu. Ach, ich habe ja keine Ahnung, ob ich etwas getan habe, das Euch missfällt. Verhält es sich so, dann bitte ich, mich streng zu bestrafen, damit Euer Zorn besänftigt werde.» Und während sie dies sagte, flossen die Tränen ihr unaufhörlich über das Gesicht.

Ihre klugen Worte verfehlten die Wirkung nicht. Der Zorn des Kaisers schmolz dahin wie Schnee an der Sonne, und die Traurigkeit schlich sich in sein Herz. «Bitte setz' dich wieder hin, meine Teure», sprach er gnädig gestimmt und half ihr aufzustehen. «Ich will dir sagen, was meinen Zorn erregt hat. Du selbst», fuhr er fort, als sie ihn erstaunt anblickte, «bist völlig unschuldig und hast mich in keiner Weise gekränkt. Aber deine ältere Schwester – diese Hure. Ich hätte nicht übel Lust, ihr den Kopf abzuschlagen, und ihre Gliedmassen in eine Abortgrube werfen zu lassen. Erst dann wäre mein Verlangen nach Rache gestillt.»

«Aber was hat sie denn getan, dass Ihr so zornig seid?»

Der Kaiser erzählte ihr nun, was er bei seinem letzten Besuch im Palast des umfassenden Gesetzes gesehen und gehört hatte. Da sank Ho-dö aufschluchzend in die Knie und bat für ihre ältere Schwester um Gnade. «Nur durch sie bin ich überhaupt hierher gekommen. Wie könnte ich auch nur einen einzigen Tag weiterleben, wenn sie tot ist? Und ausserdem erlaube ich mir, Folgendes zu bemerken: Falls Ihr sie, um reinen Tisch zu machen, ohne Angabe von Gründen hinrichten lasst, wird dies unweigerlich dazu führen, dass das gemeine Volk Euch und Eure Handlungen schärfstens kritisiert. Dann ist es schon besser, wenn Ihr mich tötet, damit ich ihre Schuld abbüsse.»

Sie schrie ganz erbarmungswürdig und warf sich der Länge nach vor ihm zu Boden. Der durch ihre Worte bereits unschlüssig gewordene Kaiser bekam einen tüchtigen Schreck. Er hob die am Boden Liegende auf und versuchte sie zu trösten. Dann schloss er sie in seine Arme und sagte: «Nur deinetwegen, meine Teure, will ich ihr kein Leid antun und auf meine Rechte verzichten. Geh' zu ihr hin und sage ihr, warum ich ihr die Strafe erliess. Und jetzt will ich mich nicht länger ärgern», meinte er versöhnlich und forderte sie auf, sich wieder zu setzen. Nachdem sie eine Weile schweigend getrunken hatten, fragte Ho-dö: «Haben Eure Majestät auch erfahren, wer der Mann hinter der doppelten Wand war?»

«Natürlich habe ich das. Er hiess Tschen Yüan und war der Sohn eines verdienten alten Offiziers der Palastgarde. Ich habe ihn hinrichten lassen, und seinen Vater zum gemeinen Mann degradiert.»

«Wenn er schon tot ist, dann brauchen Eure Majestät sich nicht länger zu ärgern. Gleich morgen früh besuche ich meine ältere Schwester. Der werde ich was erzählen!»

«Du hast recht», meinte der Kaiser und stürzte

236

mehrere Becher Wein hinunter. Mit einem Lächeln auf den Lippen fuhr er dann fort: «Liebling, du kannst doch gut Flöte spielen, nicht wahr? Dieser schöne Mondschein, der alles in sein silbernes Licht taucht, lässt mich den Ärger vergessen und erfüllt mein Herz mit reiner Freude. Hier ist eine Hirtenflöte aus grünem Jade. Spiel' ein Lied und sing' etwas, damit ich beim Trinken in Stimmung komme.»

«Mein kümmerliches Spiel würde nur die Ohren Eurer Majestät beleidigen und dadurch die Schuld, die ich bereits auf mich geladen habe, noch vergrössern», zierte sie sich zum Schein.

Der Kaiser liess nun die Tafel in den Hof verlegen und setzte sich so, dass er den von einem rötlichen Hof umgebenen Vollmond betrachten konnte. Ho-dö nahm die Hirtenflöte und fing an zu spielen. Ein reiner Ton, angenehm und gefällig, umschmeichelte sein Ohr. Dann sang sie das Lied ‹Die Orchidee lehnt sich an den Sandelbaum› in einem schrillen Falsetton, der schier die Wolken durchdrang und die Steine bersten liess. Das freute den Kaiser sehr. Als das Lied verklungen war, schloss er sie in die Arme und sagte: «Liebling, als du spieltest, vergass ich allen Ärger, und mein Geist lebte so richtig auf. Du – ich könnte dich vor Liebe auffressen!»

Er goss einen Pokal randvoll mit Wein und reichte ihn ihr. Nachdem Ho-dö ihn ausgetrunken hatte, tat sie dasselbe. Der Kaiser stürzte noch mehrere Becher hinab und war im Handumdrehen sternhagelvoll. Ho-dö half ihm auf die Beine und führte ihn in ihr Schlafzimmer, wo er sogleich einschlief.

Als der Kaiser am nächsten Morgen zur Frühaudienz gegangen war, begab sie sich alleine und ohne das sonst übliche Gefolge zur Kaiserin. Sie begrüssten einander, und dann erzählte Ho-dö ihr alles, was der Kaiser am Abend zuvor gesagt hatte. Die Kaiserin war vor Entsetzen sprachlos.

«Ältere Schwester», schloss Ho-dö ihre Rede, «denkst du noch zuweilen an die Zeit zurück, als wir daheim bittere Not litten und vor Hunger und Kälte nicht mehr wussten, wie wir unser elendes Leben fristen sollten? Wir flochten Strohschuhe und tauschten sie auf dem Markt gegen Reis und Brennholz ein. Als ich eines Abends vom Markt heimkam, blies ein bitterkalter Wind. Wir hatten keinen Span Brennholz mehr in unserer Hütte und konnten darum auch keinen Reis kochen. Erinnerst du dich noch, wie wir hungrig und frierend auf unsere elende Strohschütte krochen und uns eng aneinanderschmiegten? Wir fanden lange keinen Schlaf, und du erlaubtest mir, dass ich mich an deinen Rücken kuschelte und ausweinte. Ist es möglich, dass du dies alles vergessen hast? Heute sind wir beide reich und vornehm, wir stehen hoch in der Gunst des Kaisers, und keine Frau im ganzen Land kann sich mit uns vergleichen. Trotzdem brachtest du es fertig, dich selbst zu erniedrigen, indem du deinen kostbaren Leib, der doch Eigentum des Kaisers ist, von fremden Männern beschmutzen und entweihen liessest. Zu deinem Glück habe ich das Ärgste verhüten und den Kaiser durch gutes Zureden besänftigen können. Solltest du aber nochmals dasselbe Verbrechen begehen und den Heiligen erzürnen, dann dürfte es für dich keine Rettung mehr geben. Dein Kopf wird dem Henker verfallen, und dein

238

Name zum Gespött der Menschen werden. Diesmal habe ich dich, wie gesagt, vor dem Unheil bewahren können, aber Leben und Tod sind eine unsichere Sache. Sollte ich morgen ganz unverhofft aus dem Leben scheiden, wer würde dann wohl deine Fürsprecherin sein?» Und dabei wurde es ihr so weh ums Herz, dass sie sich abwandte und still vor sich hinweinte. Auch der Kaiserin liefen bald die Tränen über das Gesicht und sie schluchzte:

«Ach, ach, jüngere Schwester... dass ich dich habe, ist für mich ein grosses Glück. Du hast mir das Leben gerettet, und ich werde dir beweisen, dass ich nicht undankbar bin. Von heute ab werde ich mich vollkommen ändern und meine alten Fehler ablegen. Das verspreche ich dir.»

Ho-dö redete ihr noch eine Weile ins Gewissen, dann verabschiedete sie sich und verliess den Palast des umfassenden Gesetzes. Die Kaiserin aber wurde von einer solchen Furcht befallen, dass sie auf der Stelle beschloss, die jungen Männer, die sich noch im Palast aufhielten, wieder fortzuschicken. Sie liess sie heimlich zu sich rufen und sagte zu ihnen:

«Ich habe euch damals in den Palast holen lassen, weil ich hoffte, mit eurer Hilfe zu einem Kind zu kommen und dadurch den Bestand der Dynastie zu sichern. Aber diese Hoffnung trog. Wir haben uns zwar nur vorübergehend getroffen, trotzdem war unsere Begegnung durch gemeinsames Yüan, durch Schicksalsverknüpfungen aus früheren Existenzen, vorausbestimmt. Nun hat der Kaiser es erfahren und Tschen Yüan hinrichten lassen. Darum glaube ich, dass ihr hier im Palast eures Lebens nicht mehr sicher seid. Kehrt also wieder zurück zu euren Familien. Vielleicht ergibt sich später die Möglichkeit eines freudigen Wiedersehens.»

Ein jeder empfing von ihr persönlich hundert Batzen Gold, und sie trug Fan I auf, die jungen Männer wieder aus dem Vormitternachts-Palastbezirk zu bringen. Alle waren zu Tränen gerührt, und der Abschied fiel ihnen sichtlich schwer. Fan I befahl ihnen, Frauenkleider anzulegen, und dann brachte man sie auf kleinen, ochsengezogenen Wagen wieder in die Stadt.

Der Kaiser aber erschien seit jenem Vorfall nicht mehr in ihrem Palast, sondern wandte seine ganze Gunst Ho-dö zu, der er den Rang einer ‹Glänzend-Sittlichen›* verlieh. Jetzt war der Kaiserin nur noch der Vogelschütze geblieben. Weil sie sich nicht mehr Tag für Tag den Ausschweifungen hingeben konnte, von denen sie träumte, war sie von früh bis spät mürrisch und verdrossen, wie es in dem folgenden Gedicht heisst:

Weidenkätzchen bedecken den Pfad,
und klagend tönt der Krähen Schrei.
Sie ist enttäuscht, weil ihr Wunsch nicht in Erfüllung
    ging,
weil sie die schöne Zeit nicht länger erleben durfte.
Den ganzen Tag lehnt sie am Tor und starrt
    in die Ferne.
Wie oft hat sie nicht seit dem Abschied an ihn
    gedacht?
Gerunzelt sind ihre Augenbrauen ‹ferne Bergeslinien›,
die Seidendecke ist tropfnass von Tränen.

Sie überlässt sich ganz ihren Gefühlen
und trägt schwer an ihrer Bitterkeit.
Ihr ‹Duftherz› ist in die Ferne geflogen,
wohl bis ans Ende der Welt.

Zu jener Zeit, im ersten Jahr der Regierungsära ‹Verlängerung des Ursprungs› (12 v.Chr.) geschah es, dass Sonne und Mond sich verfinsterten, und Meteore wie Regentropfen vom Himmel fielen. Im ersten Frühlingsmonat waren weder Wolken am Himmel gewesen, noch hatte man den Donner hören können, und im Spätsommer erschien ein unheilverkündender Komet. Ausserdem tobte ein Aufstand, und in mehreren Präfekturen im Nordosten des Reiches herrschte nach wiederholten Überschwemmungskatastrophen und Dürren eine solche Hungersnot, dass die Menschen sich gegenseitig totschlugen und auffrassen, und auf den Märkten Menschenfleisch öffentlich feilgeboten wurde. Man sah auch zwei Monde am Himmel, was die Bewohner der Hauptstadt dazu veranlasste, das neunte Hexagramm aus dem Buch der Wandlungen zu zitieren: «Die Frau kommt durch Beharrlichkeit in Gefahr. Macht der Edle so fort, dann droht Unheil.» Damit wollten sie sagen, dass das Yin emporsteigt und zwei Monde am Himmel zu sehen sind, wenn der Mann schwach und die Frau stark ist.

Durch diese bösen Vorzeichen erschreckt, rief der Kaiser seine Würdenträger zusammmen, um mit ihnen in der ‹Halle des weissen Tigers› Rats zu pflegen. «Die Sonne hat sich verfinstert und Sterne sind vom Himmel gefallen», sprach er mit düsterumwölkter Stirne. «Offenbar zürnt Uns der Himmel. Unaufhörlich geschehen seltsame Dinge, und Wir sind sehr besorgt. Möge daher ein jeder seine Meinung ohne Vorbehalte äussern.»

Als erster trat der Minister Ku Yung vor. Er kniete auf dem Brokatkissen vor der untersten Thronstufe nieder und sprach die folgenden Worte:

«Wenn der Herrscher seine Tugenden pflegt, dann sind auch Himmel und Erde ihm willfährig. Die fünf atmosphärischen Einflüsse* stellen sich zur rechten Zeit ein, die ‹hundert Familien› des Volkes können ein langes Leben geniessen, und Vorzeichen von glückverheissender Bedeutung werden allerorts sichtbar. Den Herrschern aber, die das Dau verloren haben, die sich dem Willen des Himmels widersetzen und den lebenden Wesen Gewalt antun, erscheinen unheilverkündende Omina und übernatürliche Spukerscheinungen, während gleichzeitig Hungersnöte ihr Land heimsuchen. Das ist das unwandelbare Gesetz von Himmel und Erde, dem alle Herrscher unterworfen sind.

In den zwanzig Jahren unter der Herrschaft Eurer Majestät haben viele Naturkatastrophen gewütet, und sind viele seltsame Dinge geschehen, von der Art, die Meister Kung in den ‹Frühlings-und-Herbst-Annalen› beschreibt. Woher kommt solches? Es kommt daher, weil in Euren Palästen arrogante Diener und weibliche Zankteufel hausen, die sich jeden Tag am Wein betrinken und über Recht und Sitte hinwegsetzen.

Früher haben die Kaiserin Hsü und die Vollkommene Nebenfrau Ban die übergrosse Gunst Eurer Majestät genossen. Sie versetzten den ganzen Hof in

Unruhe, nahmen sich alle Freiheiten heraus und massten sich Rechte an, so dass man glaubte, dies sei bereits das Äusserste. Was dagegen heute geschieht, ist zehnmal schlimmer! Die für die hinteren Gemächer festgesetzten Ordnungen haben keine Geltung mehr; wer sich trotzdem nach ihnen richtet, dem wird das Gehalt beschnitten. Beamtinnen, die ein Verbrechen begangen haben, gehen straffrei aus; aber das Palastgefängnis ist mit Unschuldigen überfüllt, und Prügel und Auspeitschen treffen die Gefangenen härter, als einst die sogenannte ‹Strafe der heissen Säule›.* Dies ist das Werk zweier Unholdinnen: der Schwestern Dschau.

Was ich, Eurer Majestät treuer Diener, über sie gehört habe, bringt mir die Galle zum Platzen und lässt mir das Blut in den Adern erstarren. Immer wieder habe ich gewarnt, doch niemals wurde meinen Worten Gehör geschenkt. Die Keime des Unheils entstehen im Verborgenen, dann wachsen sie sich aus und gewinnen die Oberhand. Unglück entsteht immer aus geringen Ursachen, sittliche Verwilderung aus dem, was man leicht nimmt. O wie sehr wünsche ich, dass Eure Majestät die gestörten Beziehungen zwischen Fürst und Untertan richtigstellen und sich nicht mehr mit kleinen Leuten bei Festgelagen vertraulich einlassen! Vor allem aber verlange ich, dass der Lotterwirtschaft in den hinteren Palästen ein für allemal ein Ende gemacht wird! Eure Majestät sollten die zanksüchtigen und herumbuhlenden Favoritinnen von sich weisen und fortan einen Lebenswandel führen, der dem Kaiser geziemt. Um dies zu bewirken, müssten Eure Majestät zuerst die drei Untugenden, heimliche Spazierfahrten in Verkleidung, übermässiges Trinken und die allzu grosse Hinneigung zum schönen Geschlecht ablegen. Dann wären die Quellen der inneren Unordnung beseitigt.

Die Ursachen des gegenwärtigen Aufstandes liegen auf der Hand: Das Volk leidet Hunger, doch die Beamten kennen kein Erbarmen; in den ‹hundert Familien› herrscht grosse Not, trotzdem werden hohe Steuern eingetrieben. In diesem Jahr haben viele Präfekturen durch Überschwemmungen schwere Schäden erlitten, so dass die Ernte nicht eingebracht werden konnte. Darum ist es hoch an der Zeit, die laufenden Steuern herabzusetzen. Wenn dagegen gewissenlose Beamte für eine nochmalige Steuererhöhung plädieren, so ist das angesichts der bedrohlichen Lage im Reiche vollkommen irrig. Ich verlange daher, dass keiner Eingabe stattgegeben wird, in der von Steuererhöhung die Rede ist. Vielmehr sollten alle Ausgaben, die einzig dem Luxus und der Extravaganz dienen, aufs äusserste eingeschränkt werden, damit sich die Gnade Eurer Majestät in breitem Strom ergiessen und denen geholfen werden kann, die sich in Not befinden. Auch wäre es empfehlenswert, wenn Landwirtschaft und Maulbeerbaumzucht durch kaiserliche Erlasse zu höherer Produktion angespornt würden, um die Herzen der Menschen zu beruhigen und zu trösten.»

Nach ihm ergriff der Gelehrte Liu Hsiang das Wort. Er wies darauf hin, dass es in den zweihundertundzweiundvierzig Jahren der Frühling- und Herbst-Epoche sechsunddreissig Sonnenfinsternisse gegeben habe, während dasselbe Phänomen in den letzten zwanzig Jahren nicht weniger als achtmal zu beobachten gewesen sei. Dergleichen habe es weder im Altertum, noch in neuerer Zeit gegeben. «Dennoch hoffe ich», schloss seine Rede, «dass Eure Majestät die Tugenden leuchten lassen werde, um den Spuk übernatürlicher Erscheinungen zu bannen und dem Herrscherhaus der Liu neuen Glanz zu verleihen.»

Der Kaiser billigte die Reden seiner Würdenträger und versprach in seiner augenblicklichen Zerknirschung, sich bessern zu wollen. Es geschah aber nichts und er setzte sein altes Lotterleben fort.

VIERZEHNTES KAPITEL

Wie Rotphönix der Kaiserin Tee bringt, nötigt sie ihn zum Wolke-Regen-Spiel. Vergebens versucht sie durch Zurschaustellung ihres nackten Körpers, erloschene Liebesglut neu zu entfachen.

An einem dieser Tage sass die Kaiserin alleine in trüber Stimmung im Park und vertrieb sich die Zeit mit dem Betrachten der Blumen. Da entdeckte ihr schweifender Blick einen Kater und eine Katze, die sich auf einem der künstlichen Hügelchen ‹zusammengenäht› hatten. Während sie den Tierchen versonnen beim Liebesspiel zuschaute, erschien der Lakai Yän Rotphönix und brachte ihr eine Tasse jasmingewürzten ‹Spatzenzungen-Tee›. Dieser Rotphönix war ein windiger und aalglatter Bursche. Er besass ein angenehmes Äusseres, war bärenstark und konnte wie ein ‹Mauertiger› die höchsten Gebäude erklimmen. Schon seit langem hatte die Kaiserin ein Auge auf ihn geworfen; darum kam ihr auch diese Gelegenheit wie gerufen. Sie nahm die Schale, die er ihr ehrerbietig darbot, in die eine Hand, deutete mit der anderen auf das Katzenpärchen und seufzte tief. «Diese Wesen besitzen Liebesgefühle wie wir Menschen. Schau' nur, wie erregt sie sind!»

«Natürlich», meinte Rotphönix, «wenn so ein Kater und eine Katze zusammenkommen, dann regen sich in ihnen die Triebe. Wenn ich ihnen so zuschaue, dann wird's mir auch ganz anders zumute.»

Die Kaiserin trat vor ihn hin und schmachtete ihn

an. «Du, schon lange habe ich dich in mein Herz geschlossen. Leider ist mein Palast immer so voller Leute, dass ich nie die richtige Gelegenheit fand, mich dir zu nähern. Jetzt sind die jungen Männer alle fort. – Wie schwer ist es doch, die Einsamkeit zu ertragen. Lass' mich einmal in deinen Armen glücklich sein.»

Rotphönix erbleichte. «Erstens: ich wage es nicht, und zweitens: was soll ich tun, wenn die Vollkommene Nebenfrau, Eure jüngere Schwester, es erfährt?»

«Das soll uns jetzt nicht kümmern. Später wird sich schon Rat finden. Ich habe hier im Park ein verschwiegenes Schlösschen, zu dem niemand sonst Zutritt hat. Komm', du darfst mir diesen Wunsch einfach nicht abschlagen!»

Und ohne seine Antwort abzuwarten, zog sie den Zögernden in Richtung Schlösschen fort, wo beide sich dann ohne viele Worte den Freuden des ‹Wolke-Regen-Spiels› hingaben. Dieser Rotphönix war nicht nur ein kräftiger Bursche, er besass auch ein langes und dickes Mannesding und war durchaus imstande, eine Frau zwei Stunden lang ohne Ermüdung zu beglücken.

Wer hätte gedacht, dass zu dieser Stunde ausgerechnet Ho-dö erscheinen werde? Sie hatte den Kaiser schlafend zurückgelassen und sich ohne ihr übliches Gefolge auf den Weg gemacht, um ihre Schwester zu besuchen. Als sie sie nicht im Palast des umfassenden Gesetzes antraf, fragte sie eine der aufwartenden Palastdamen, und diese, die schon seit geraumer Zeit einen heimlichen Groll gegen die Kaiserin hegte, sagte zu ihr, sie halte sich in ihrem Parkschlösschen auf.

Rotphönix bringt der

Kaiserin Spatzenzungen-Tee

Als Ho-dö sich dem Gebäude näherte, vernahm ihr scharfes Ohr von drinnen bekannte Geräusche. Neugierig schlich sie an eines der Fenster und schaute hinein. Da erblickte sie Rotphönix und ihre ältere Schwester in enger Verstrickung beim Liebeswettkampf, und der blosse Anblick erregte sie derart, dass das Feuer der Lust in ihr gewaltig emporloderte. Sie presste die Schenkel zusammen, doch der Wollusttau perlte ohne Unterlass aus ihrem Blütenkelch hervor und floss in zwei kleinen Rinnsalen an den Innenseiten der Schenkel hinab. Um nicht laut aufzustöhnen, steckte sie einen Finger in den Mund und biss darauf. Nein, was hat der nur für ein mächtig-grosses Ding! dachte sie. O, wenn er mich doch auch damit beglücken würde, nur ein einziges Mal. Als sie sah, wie der Kampf zwischen den beiden immer stärker tobte und beide stöhnend und winselnd in Verzückung gerieten, da rief sie plötzlich, ohne es eigentlich zu wollen: «Ältere Schwester, wie gut hast du's!»

Sowie Rotphönix ihre bekannte Stimme hörte, sprang er von Entsetzen gepackt auf. Blitzschnell fuhr er in seine Hosen und rannte Hals über Kopf davon. Die Kaiserin war gleichfalls aus dem Bett gesprungen und zog sich in fliegender Eile an. Das Gesicht von Schamröte übergossen, trat sie völlig verwirrt hinaus und begrüsste ihre jüngere Schwester mit einigen gestammelten Worten. Dann begaben beide sich in den Palast des umfassenden Gesetzes. Als sie sich unter vier Augen gegenübersassen, tadelte Ho-dö sie streng: «Ältere Schwester, wie ich leider sehen muss, bist du nicht in dich gegangen und hast dein Tun nicht bereut. Du hast alle meine guten Absichten durchkreuzt.»

Die Kaiserin war derart verlegen, dass sie stumm dasass und nichts antwortete. Ho-dö sprach noch eine Weile auf sie ein und ermahnte sie ernsthaft zum Guten. Dann erschien eine Palastdame und meldete, der Kaiser sei aufgewacht und wünsche sie zu sprechen. Da verabschiedete sie sich rasch und kehrte in den Dschau-yang-Palast zurück.

Die Kaiserin musste sich eingestehen, dass sie durch ihr unüberlegtes Handeln in der Tat in eine schwierige Lage geraten war. Was sollte sie tun? Sie überlegte hin und her, und schliesslich kam ihr der rettende Gedanke. Die werde ich schon herumkriegen, dachte sie. Ich schicke ihr einfach diesen Rotphönix auf den Hals, der wird ihr den Mund schon stopfen. Sie liess ihn zu sich kommen und sagte dann: «Nun hat die Vollkommene Nebenfrau uns beide doch auf frischer Tat ertappt. Sollte es später herauskommen, dann ist dir Tschen Yüans Schicksal gewiss. Also musst du hingehen und versuchen, sie zu verführen. Nur so bleibt uns ein Skandal erspart.»

«Weh mir», winselte er, «ich weiss in der Tat nicht, ob ich mit dem Leben davonkomme. Wie kann ich die Sache nur zu Eurer Zufriedenheit und meiner Sicherheit ausführen?»

«Ich weiss, wie es gemacht werden muss. Du gehst heute noch zu ihr hin und bringst ihr mein Acht-Kostbarkeiten-Haarnadelpaar. Dann sagst du zu ihr, ich, die Kaiserin, sei mir meiner Schuld bewusst und schicke ihr dies als Busse für mein Vergehen. Ich hoffe inständig, dass ihre Fähigkeit zu verzeihen so gross sei wie das Meer. Sollte sie sich herablassen, mir zu vergeben, dann werde ich ihrer grossen Tugenden gedenken, und wenn darüber die Welt untergeht. Dann musst du den richtigen Augenblick abpassen. Wenn du siehst, dass sie deinen Annäherungen nicht abgeneigt ist, dann nutze deine Chance.»

«Richtig! So muss es gemacht werden! Ich werde zu ihr hingehen, und wenn es mich das Leben kostet.»

Die Kaiserin gab ihm das Haarnadel-Paar. Rotphönix wartete, bis der Kaiser sich am nächsten Morgen zur Frühaudienz begeben hatte, dann schlich er heimlich in den Dschau-yang-Palast. Ho-dö war gerade aufgestanden und dachte über das gestrige Erlebnis nach. Plötzlich ging die Türe auf, Rotphönix kam herein und warf sich vor ihr nieder.

«Was hast du mir zu melden?» fragte sie.

«Ach, ach», seufzte er, «ich, Euer Diener, verdiene zehntausend Tode zu sterben. Die Kaiserin hat mir befohlen, der Niang-niang dieses Haarnadel-Paar zu bringen. Damit möchte sie sich von ihrer Schuld loskaufen.»

«Soso. Die Kaiserin hat also Gewissensbisse bekommen und dich hergeschickt, um mir dies zu sagen, nicht wahr? Nun, die Angelegenheit ist für mich erledigt. Steh' einmal auf, ich möchte dich etwas fragen.»

Gehorsam erhob er sich und folgte ihr in eines der inneren Gemächer. Dort fragte sie ihn dann unter vier Augen: «Was hat die Kaiserin dazu veranlasst, mit dir zu verkehren?»

«Ach, ach», winselte er und machte erneut Anstalten, sich niederzuwerfen, «ich wage es in der Tat nicht, die Niang-niang zu belügen! Gestern Nachmittag sass die Kaiserin im hinteren Park und betrachtete Blumen. Da bemerkte sie in der Nähe einen Kater,

252

der sich mit einer Katze ‹zusammengenäht› hatte. Der Zufall wollte es, dass ich Ahnungsloser ihr eine Tasse Tee zu bringen hatte. Sie deutete auf das vergnügte Katzenpaar und verwickelte mich in ein anzügliches Gespräch. O wäre ich doch nur auf der Stelle davongelaufen! Sie sah wohl auch, dass mein Mannesding in der Hose dick angeschwollen war. Das kam ihr sehr gelegen, und sie verlangte von mir, ich sollte mit ihr ins Schlösschen gehen und ihre Lust befriedigen. Ich war entschlossen, mich ihr nicht zu fügen, doch als ich mich weigerte, wurde sie ernsthaft böse und fuhr mich an. Was blieb mir da anderes übrig, als eine Ausnahme zu machen und nachzugeben? Ja, und dann habt Ihr uns ganz unerwartet dabei überrascht, Niang-niang. Welch ein Sakrileg habe ich begangen! Ich bin bereit, für mein Vergehen zu büssen, und wenn ich tausend Tode dafür sterben müsste. Trotzdem hoffe ich, hier vor Euch auf den Knien liegend, dass Ihr mir die Gnade, am Leben zu bleiben, gewähren werdet. Wohl weiss ich, dass ich niemals fähig sein werde, Euch das zu vergelten. Bis über den Tod hinaus wäre ich Euch dafür dankbar.»

«Die Kaiserin und ich sind Zwillingsschwestern», antwortete Ho-dö sanft. «Wie sollte ich mich mit der Absicht tragen, ihr ein Leid antun zu wollen? Doch jetzt zu dir. Du bist ein Mann, der es wohl versteht, eine Frau glücklich zu machen. Das festzustellen, hatte ich gestern ausgiebig Gelegenheit. Dein Wedel ist so herrlich lang, dass ich mich richtig in ihn verliebt habe. Eben darum war ich auf meine ältere Schwester eifersüchtig. Und jetzt verlange ich, dass du ihn gleich einmal an mir ausprobierst.»

«Nein, nein, nur das nicht!» heulte er los. «Schon einmal habe ich mich gegen Himmel und Erde versündigt und grosse Schuld auf mich geladen. Wie darf ich diese ruchlose Tat wiederholen? Ich will lieber auf der Stelle sterben, als Eurem Befehl gehorchen.»

«Ha, du willst also nicht?» fuhr sie ihn an und tat, als ob sie zornig wäre. «Gut, dann lasse ich dich in Fesseln legen, und morgen früh wirst du dem Kaiser vorgeführt. Soll er entscheiden, welche Strafe du verdienst.»

«O Niang-niang, habt Erbarmen mit mir, Eurem Sklaven! Es ist durchaus nicht so, dass ich Euch nicht zu willen sein möchte. Ich habe lediglich Angst, dass ich Euch als Widerpart nicht genügen könnte.»

«Flausen! Meine ältere Schwester und ich sind von der gleichen Art. Zwischen uns beiden gibt es keinen Unterschied. Schnell, lass' uns die Sache zuende bringen, bevor der Kaiser zurückkommt! Du darfst einfach nicht ablehnen!»

Rasch streifte sie die Hosen ab und nestelte dann an seiner Schärpe. Ein Ruck – und schon stand er mit entblösstem Unterleib vor ihr. Sie packte sein hochaufgerichtetes Mannesding und stöhnte: «Wie sollte meine ältere Schwester den nicht genossen haben?»

Sie liess sich rücklings auf das Ruhelager fallen und spreizte die Beine auseinander; er bestieg sie und ging sofort zum Angriff vor. Nach einer guten Weile, und zwar genau in dem Augenblick, als die Wolken zu bersten drohten, hörten sie plötzlich, wie draussen eine Palastbeamtin rief: «Das kaiserliche Gefährt ist zurückgekommen!»

Einen Augenblick lang war Rotphönix starr vor

Entsetzen, dann riss er sich von Ho-dö los, sprang auf und fuhr blitzschnell in seine Hosen. Er griff nach der Schärpe und rannte Hals über Kopf davon. Auch Ho-dö zog sich rasch an und brachte vor dem Bronzespiegel ihre hochtoupierte ‹Wolkenfrisur› in Ordnung. Dann hastete sie davon, um den Kaiser zu begrüssen.

Inzwischen war Rotphönix zur Kaiserin gelaufen und hatte ihr alles brühwarm erzählt.

«Die wird von jetzt an den Mund halten», sagte sie befriedigt. «Wir brauchen vor ihr keine Angst mehr zu haben.» Dann zogen sie sich aus und begannen das ‹Wolke-Regen-Spiel›.

Zum Winteranfang, am fünfzehnten Tag des zehnten Monats, war es im Palast Brauch, dass man zum ‹Tempel des Geisterfriedens› emporstieg. Die Kaiserin, Ho-dö, Fan I und alle Palastdamen gingen gemeinsam hin. Unterwegs bemerkte die Kaiserin, wie Rotphönix sich aus dem ‹Klein-Gattinnen-Heim› herausschlich. Sie hatte ihn sofort im Verdacht, dass er bei Ho-dö gewesen sein könnte, doch sprach sie mit ihrer Schwester kein Wort darüber.

Als sie zum Tempel gekommen waren, bliesen sie auf der Okarina, schlugen die grosse Pauke und sangen dazu. Schulter an Schulter stehend stampften sie mit den Füssen auf den Boden. Da erschien Rotphönix und wollte sich auch am Gesang beteiligen.

«Für wen ist Rotphönix eigentlich gekommen?» fragte die Kaiserin spitz.

«Selbstverständlich für dich, ältere Schwester», antwortete Ho-dö. «Für wen sonst?»

Da griff die Kaiserin kochend vor Wut nach einem Becher und schüttete seinen Inhalt über Ho-dös Rock. «Kann eine solche Ratte denn überhaupt einen Menschen beissen?» zischte sie.

«O, der Ratte genügt es, wenn sie sein Gewand durchnagen und sich an seinen Intimitäten ergötzen kann», antwortete Ho-dö höhnisch. «Warum sollte sie ihn auch beissen wollen?»

Die stets an Ho-dös Willfährigkeit gewöhnte Kaiserin war über diese Antwort derart verblüfft, dass sie ihre jüngere Schwester nur mit einem durchdringenden Blick bedachte, aber kein Wort der Erwiderung fand. Als Fan I bemerkte, dass die beiden ernsthaft miteinander stritten, zog sie eine Haarnadel aus ihrer Frisur, stellte sie auf den Boden und machte einen Stirnaufschlag nach dem anderen, bis ihr das Blut von der Stirne tropfte. Dann drang sie in Ho-dö, sich bei der Kaiserin zu entschuldigen. Diese kam zur Einsicht, bat schliesslich um Verzeihung und sagte leise weinend:

«Ältere Schwester, wie konnte ich nur die langen Nächte vergessen, als wir zusammen unter einer Dekke lagen? Vor Kälte zitternd fanden wir keinen Schlaf, und du erlaubtest mir, dass ich mich an deinen warmen Rücken kuschelte. Heute sind wir beide reich und vornehm, wir stehen hoch über allen anderen Frauen des Reiches, so dass uns kein Fremder etwas anhaben kann. Wie können wir Schwestern es da über uns bringen, uns innerhalb der Familie wie Rivalinnen aufzuführen?»

Die Kaiserin begann gleichfalls zu weinen. Sie ergriff Ho-dös Hände, nahm eine purpurrote Jadespange mit neun eingeschnittenen kleinen Vögeln und steckte sie in das Haar ihrer Schwester.

«Nur durch einen dummen Zufall bin ich zornig geworden», sagte sie. «Bitte, denk' nicht mehr daran, jüngere Schwester.»

So begruben sie ihren Streit und kehrten anschliessend wieder in ihre Paläste zurück. Der Kaiser aber hörte vertraulich von dem Vorfall. Weil er aber der Kaiserin aus dem Wege ging, wagte er es nicht, sie nach der Ursache zu fragen, sondern erkundigte sich bei Ho-dö.

«Ach», antwortete sie geistesgegenwärtig, «die Kaiserin war Euretwegen auf mich ein wenig eifersüchtig. Weil unsere Dynastie, das Haus der Han, mithilfe des Elementes Feuer regiert, sprach sie von Euch als von einem roten Phönix oder Drachen.»

Der Kaiser glaubte ihren Worten und freute sich.

Als die Sonne im zweiten Wintermonat im Sternbild des Schützen stand, und Himmel und Erde vom weiblichen Yin-Prinzip regiert wurden, als Schnee herabfiel und rauhe Nordwinde grosse Kälte mit sich brachten, beschloss der Kaiser, im Jagdpark eine Jagd zu veranstalten und gab dem Aufseher der Seen und Marschen die entsprechenden Befehle.

Gleich am nächsten Morgen stellten Diener in allen Absteigequartieren Proviant bereit, und auf beiden Seiten der grossen Durchfahrtsstrasse zogen Leibgardisten auf. Inmitten einer sich meilenweit erstreckenden Ebene steckten Soldaten die Jagdgründe ab. Sie brannten Gras und Dorngestrüpp nieder, ebneten den Boden und rodeten Bäume. Derweil errichteten Zimmerleute aus rohen, unbehauenen Baumstämmen eine mächtige Tribüne.

Nachdem alle Vorbereitungen getroffen waren, stellten die Soldaten sich östlich vom Kun-ming-See und südlich vom Bo-yang-Turm auf. Hunderte von Zelten säumten alle Wege. Auf ihren schnellen, leichten Streitwagen preschten die Palastjunker über die Hügel und längs der Abhänge hin. Mit besonderen Aufträgen betraute Reiter sprengten nach allen Himmelsrichtungen davon, während Fusssoldaten an langen, rotbemalten Fahnenstangen Banner mit den eingestickten Bildern von Sonne und Mond trugen oder riesige Netze herbeischleppten, um sie in der Wildnis aufzuspannen.

Schliesslich war eine grosse Menge Wild eingekreist, und an einem düsteren, eiskalten Morgen verliess der Kaiser den Vormitternachts-Palast. Bei seiner Abfahrt wurde die dreihunderttausend Pfund schwere Glocke gehämmert, und die Drachenfahne gehisst. Acht Schimmel, ‹blutschwitzende› Rosse aus dem Ferghana-Tal, die in ihrem Aussehen weissen Tigern glichen, zogen die herrlich bemalte kaiserliche Karosse mit den Elfenbeinschnitzereien an den Deichselenden. Das Wagendach war mit tiefblauen Königsfischerfedern verziert, die Seitenwände waren vergoldet, und das Geschirr der Pferde strotzte von Perlen und Edelsteinen.

Tausend Kavalleristen sprengten auf feurigen Rennern als Vortrab voraus, während die Federwald-Garde auf beiden Seiten des kaiserlichen Wagenzuges neben den Rädern einhermarschierte. Regenbogenfahnen, Banner und Standarten wurden samt dem

Hyadennetz vorangetragen. Den Schluss bildeten die Beiwagen. Auf den einen sassen die Falkeniere mit dunkelgrünbeinigen Jagdfalken auf den Lederärmeln, auf den anderen die Jäger, die Meuten von Hetzhunden mit kurzer und mit langer Schnauze an den Leinen hielten.

Als der lange Wagenzug geräuschvoll durch die abgesperrten, menschenleeren Strassen fuhr, folgten die Garden einander gleich den Fischschuppen. Dröhnenden Schrittes betraten die nashornledergepanzerten Krieger den Westpark und näherten sich dem Schlosse ‹Wunderglanz›; sie zogen durch den Bambushain und marschierten rücksichtslos quer durch den ‹Garten der duftenden Kräuter›. Schliesslich war man ausserhalb der eigentlichen Jagdgründe am Ziel angelangt. Da zeigten die Wagenlenker ihre Geschicklichkeit, als die nahezu tausend Wagen dicht neben- und hintereinander auffuhren; die Donnerpauke erdröhnte, und zahllose Fackeln wurden angezündet, deren Licht den düster-schneeverhangenen Wintermorgen erhellte.

Dann gab der Kaiser ein Zeichen; ein schmetterndes Trompetensignal ertönte, und die lanzen- und fakkelbewehrten Treiber setzten sich in Bewegung. Während sie immer tiefer in das weglose Dickicht eindrangen, sicherte eine Abteilung Gardesoldaten in Erwartung der kaiserlichen Karossen den Weg zur Tribüne. Krieger voll wilder Kampfeslust, in gelbroten Wämsern und mit scharlachroten Knieschienen, eilten truppweise hierhin und dorthin. Jagdwagen mit ausgespannten Netzen rasselten vorüber, und Reiter mit Pfeil und Bogen sprengten neben ihnen her.

Immer enger wurden nun die Tiere eingekreist und langsam in Richtung auf die Tribüne zugetrieben. Nach einer guten Doppelstunde lösten die Soldaten die Treiber ab. Je näher sie kamen, desto mehr rückten sie zusammen; trotzdem herrschte unter ihnen eine solche Disziplin, dass jede Abteilung für sich blieb. Mit ihren Waffen drangen sie auf das Wild ein und töteten, was ihnen begegnete. Züngelnde Flammen erleuchteten derweil den grauen Winterhimmel und das furchtbare, weithinhallende Getöse schreckte die Tiere in ihren Nestern und Schlupfwinkeln auf. Nach allen Seiten flohen sie überstürzt davon und rannten von selbst in ihr Verderben. Hier drückten fliegende Netze sie unvermutet nieder, dort erreichten zahllose schwirrende Pfeile und geschleuderte Speere ihr Ziel. Hinter den Soldaten aber rückten die Treiber an, die bei jedem erlegten Tier ein Fähnchen in den Boden steckten.

Die grossen Raubtiere hatten zuvor alle, eine jede Tierart für sich, in ihren eigenen Gehegen gelebt. Als das zahllose Getier nun auf einen immer enger werdenden Raum zusammengedrängt wurde, sprangen sie mit wildblitzenden Augen grässlich brüllend umher. Mordlüstern stürzten sie sich auf das kleinere Wild, Wölfe, Wildschweine, Rehe und Hirsche, zerfleischten sie mit ihren Pranken und bohrten ihnen die Zähne tief in Bäuche und Nackenwirbel.

Dies war die Stunde, in der die Offiziere und Palastjunker vor den Augen des Kaisers mit ihrer Kühnheit zu glänzen versuchten. Die einen fingen gefleckte Leoparden und schwarze Panther in ihren Netzen, zerrten struppige Keiler am Wurfseil hinter sich her oder packten kreischende Affen mit den blossen Händen. Andere neckten gereizte Bären mit ihren Schwertern, gingen, nur mit langen Messern bewaffnet, auf rasende Tiger los oder erlegten daherstürmende Nashörner mit ihren Lanzen.

Immer öfter stürzten sich nun die Raubtiere auf den waffenstarrenden Kordon und wurden eines nach dem anderen erlegt. Plötzlich ging ein wild trompetender und aus vielen Wunden blutender Elefant auf seine Bedränger los, und um nicht niedergetrampelt zu werden, wichen jene nach den Seiten aus. Sie schossen ihre Pfeile ab und schleuderten ihre Speere. Binnen kurzem hatten sie das Riesentier zur Strecke gebracht, doch bevor der Kordon wieder geschlossen werden konnte, rannte ein von panischem Schrecken erfasster Bär an ihnen vorbei, schnurstracks auf die kaiserliche Tribüne zu. Davor stand zwar ein übermannshoher Palisadenzaun aus festgefügten Baumstämmen, doch dem Bären bot er kein Hindernis.

Sowie die Palastdamen seinen zottigen Schädel sahen, wurden sie von Furcht und Zittern befallen. Die einen fielen lautlos in Ohnmacht, während andere von Entsetzen gepackt aus vollem Halse kreischend davonrannten, ohne sich um den Kaiser zu kümmern. Eine Me-jen, die bis dahin zu seiner persönlichen Aufwartung hinter ihm gestanden war, zerrte – denn der Schreck hatte ihr die Sprache verschlagen – an dem weiten Ärmel seines golddrachenbestickten Gewandes. Damit wollte sie ihm zu verstehen geben, dass er gleichfalls fliehen solle. Dann lief sie so schnell davon, dass das eisvogelfederblaue Gewand hinter ihr

261

herflatterte, und ihre hochtoupierte ‹Wolkenfrisur›
sich in einzelne Strähnen auflöste, die dem auf dem
Fluss treibenden Entenkraut glichen. Nur Ho-dö zeigte nicht die geringste Furcht. Ruhig und beherrscht
trat sie vor den Kaiser hin, so dass der Bär, der die Pa-
lisaden inzwischen erklettert hatte und sich gerade
zum Angriff aufrichtete, sie zuerst hätte anfallen müssen. Der Kaiser erschrak gewaltig und wurde ganz
bleich, doch da kamen auch schon die Soldaten seiner
Leibwache angestürmt. Sie hieben und stachen solange auf den Bären ein, bis er tot war und sich nicht
mehr rührte. Als der Kaiser Ho-dö danach anblickte,
gewahrte er nicht die geringste Gemütsbewegung auf
ihrem Blumengesicht. Nachdem sie wieder an seine
Seite getreten war, bedachte er sie mit einem Blick,
der grenzenloses Erstaunen und Bewunderung aus-
drückte und ergriff ihre zarten Bambussprossen.

«Mein tapferer Liebling», stammelte er heiser, und
sie merkte, wie seine Stimme zitterte, «weshalb bist du
nicht mit den anderen geflohen, sondern hast dich vor
mich gestellt?»

«Ich habe gehört», antwortete sie, «dass wilde Tiere
sich vor den Menschen fürchten und ihnen aus dem
Wege gehen. Dennoch war ich besorgt, dass der Bär
sich auf Eure Majestät hätte stürzen können. Würde er
mich, das geringe Weib, getötet haben – nun, das wäre
weit weniger schlimm gewesen, als wenn er Euren heiligen Leib verletzt hätte.»

Der Kaiser seufzte vor Rührung laut auf, und Tränen standen in seinen Augen.

Inzwischen hatte die Jagd ihr Ende gefunden. In
weitem Umkreis war das Kleingetier zertreten oder

von den Rädern der Jagdwagen zermalmt worden. Dort lagen zahllose, gefällte Vögel, und ausgerissene Federn schwebten wolkengleich in der Luft umher, hier lag das erlegte Wild gleich den Körnern eines Sandhaufens zuhauf. Fangschlingen hatten sie erwürgt und Netze gefangen, andere waren von Knütteln, Speeren und Schwertern erschlagen oder durchbohrt worden. Kurzum, von zehn Tieren in den kaiserlichen Jagdgründen hatte man sieben oder acht zur Strecke gebracht.

Danach liess der Kaiser die Treiber und Jäger ausruhen; die Jagdwagen wurden ausgespannt und die Pferde abgezäumt. Soldaten sammelten die tote und lebende Jagdbeute ein; sie wurde gezählt, und ein Teil davon sogleich an die Jäger verschenkt. Das restliche Wildbret aber hängte man auf schnell errichtete Holzgerüste. Dann hielten alle, das frischgebratene Fleisch mit ihren Jagdmessern zerschneidend, auf offenem Felde Mahlzeit. Der Kaiser gab den Ermüdeten ein Fest, und jene, die sich bei der Jagd besonders ausgezeichnet hatten, erhielten eine Belohnung. Er selbst und sein Gefolge speisten in einem grossen Zelt von den rasch zubereiteten sechs Wildbretarten. Den Soldaten wurde der Wein auf zweiräderigen Karren zugeführt, und das Essen auf Lasttieren gebracht. Signalfeuer loderten zum Himmel empor, um auch denen, die sich in der Ferne aufhielten, den Beginn des Schmauses anzuzeigen. Küchenmeister sprengten umher, um zu erfahren, wer doppelte Portionen erhalten wollte, und wer noch nichts bekommen habe. Frisches, gebratenes Fleisch war in Mengen vorhanden, und der Wein floss in Strömen.

Kurz vor Einbruch der frühen Dämmerung kündete ein grosser Gong das Ende des Gelages an, und die Beamten des Wagenparkes befahlen den Kutschern, die Pferde wieder einzuspannen. Mit dem zur Rechten aufgesteckten Heimkehrwimpel kehrte der kaiserliche Wagenzug dann in die Hauptstadt zurück.

Unglücklicherweise war der Kaiser bei der Jagd in ein Schneegestöber geraten und hatte sich dabei eine heikle Krankheit zugezogen. Seine Manneskraft war derart erschöpft, dass er manchmal geradezu impotent erschien. Nur wenn er bei Ho-dö im Bett lag und ihre Beine berührte, kehrte seine Manneskraft wieder mit aller Macht zurück. Ho-dö aber drehte sich immer rasch auf die Seite, so dass er ihre Beine nie für längere Zeit berühren konnte. Fan I, die das mit Verwunderung beobachtete, sagte darum zu ihr:

«Seine Majestät hat nun schon die besten Wunderheilmittel von allen möglichen Ärzten eingenommen, um seine volle Stärke wiederzuerlangen, ohne dass es etwas genützt hätte. Und jetzt braucht man ihm nur die Möglichkeit zu geben, Eure Beine zu berühren, und schon regt seine Männlichkeit sich wieder. Das bedeutet doch, dass der Himmel Euch, erlauchte Frau, mit einem grossen Reichtum bedacht hat. Wie könnt Ihr Euch da ständig auf die Seite wenden, anstatt ihm Erfüllung zu schenken?»

«Es ist», antwortete Ho-dö, «gewiss mein Verdienst, dass ich mich auf die Seite drehe und ihn nicht an mich heranlasse. Denn nur auf diese Weise kann ich sein Begehren überhaupt noch am Leben erhalten. Wenn ich ihn dagegen, wie meine ältere Schwester,

264

zur Berührung auffordern würde, dann hätte er mich bald satt. Wie könnte ich ihn dann noch anregen?»

Ho-dö pflegte jeden Abend in ihre Orchideen-Baderäume zu gehen und dort ein Bad zu nehmen. An einem dieser Tage kam der Kaiser ganz zufällig vorbei und versteckte sich aus Neugier hinter den Vorhängen. Als er durch einen Spalt spähte, sah er, wie sie ihre Kleider ablegte und den Unterrock aus durchsichtiger Rohseide herabgleiten liess. Dann stieg sie ins Bad. Als sie drinnen sass, strahlte ihr nassglänzender Körper heller als das Licht der Lampen. Doch just in dem Augenblick, als er sie genauer betrachten wollte, kam eine Dienerin von draussen herein und meldete Ho-dö die Gegenwart des Kaisers. Sie stieg sofort aus dem Bad, nahm rasch ein Handtuch und bedeckte damit ihre Blössen. Dann befahl sie den aufwartenden Dienerinnen, die Lampen fortzutragen, und verschwand rasch wie ein Rauchwölkchen in ihrem Palast. Dem Kaiser aber war es zumute, als habe man ihn um das Glück betrogen. Von Stund an war er förmlich von dem Gedanken besessen, ihr in aller Ruhe beim Baden zuzuschauen.

Am nächsten Tag besprach er sich mit den aufwartenden Dienerinnen und gab ihnen Gold, damit sie ihn nicht verrieten. Doch als er am Abend wieder an der gleichen Stelle stand, begegnete ihm zufällig eine Kammerzofe, die von der Vereinbarung nichts wusste. Sie erblickte ihn, als sie durch den Türvorhang hinausgehen wollte, hinter dem er sich verborgen hielt. Da eilte sie zurück und sagte Ho-dö Bescheid, die sich, so rasch sie konnte, hinter einem Wandschirm verbarg.

Der Kaiser geniesst die heimliche

Beobachtung Ho-dö's beim Bade

Von da an trug der Kaiser, wenn er hinter dem Türvorhang stand und Ho-dö beim Baden beobachtete, stets eine ganze Menge Goldstücke in seiner Ärmeltasche. Und jedesmal, wenn ihm eine Dienerin oder Zofe begegnete, hielt er sie rasch fest, steckte ihr ein Goldstück zu und gab ihr durch einen Wink zu verstehen, dass sie schweigen solle. Die Dienerinnen und Zofen gewannen alsbald an diesem Goldsegen Geschmack, und darum herrschte in den Baderäumen mit einem Male ein ständiges Kommen und Gehen, so dass der Kaiser an einem einzigen Abend hundert Goldstücke opfern musste, um sich an dem Anblick ergötzen zu können, den Ho-dö im Bade bot.

Das duftgeschwängerte Becken war dreiviertelvoll mit warmem Wasser gefüllt, und die darin Sitzende erschien ihm wie ein Stück durchsichtig-klarer Jade, eingetaucht in eine drei Fuss tiefe, kalte Quelle. Während er dies Bild genussvoll betrachtete, fühlte er sich auf einmal von einer übermächtigen, prickelnden Erregung gepackt und zu dem ihn begleitenden Leibeunuchen sagte er seufzend: «Welch herrliches Weib! Ach, dass von den Kaisern, die das Mittelreich vom Altertum bis heute regiert haben, keiner zwei Hauptfrauen hatte! Gäbe es einen solchen Präzedenzfall, dann würde ich die Glänzend-Sittliche sofort zur zweiten Kaiserin machen.»

Einige Abende später, als Ho-dö mit dem Bad fertig war und sich gerade ankleidete, ging er zu ihr hinein. Er nahm ihr Gesicht in seine Hände, blickte ihr zärtlich in die Augen und sagte: «Du mein süsses Schlaumäulchen! Jetzt habe ich dich endlich genug angeschaut. Warum bist du immer davongelaufen?»

268

«Es ist durchaus nicht so, dass ich vor Euch davon-gelaufen wäre», antwortete Ho-dö, «Ich befürchtete nur, dass der Anblick meines vulgären Körpers Euer Schönheitsgefühl hätte verletzen können. Einzig darum habe ich es nicht gewagt, mich vor Euch nackt zu zeigen. Doch warum haben die Dienerinnen es mir nicht gemeldet?»

«Wenn eine wirklich diese Kühnheit besessen hätte», brüstete er sich, «dann hätte ich sie auf der Stelle hinrichten lassen. Wer hätte es wohl gewagt, mir, dem Kaiser, zu trotzen?» Dann legte er den Arm um ihren Hals, und beide begaben sich in das Klein-Gattinnen-Heim.

«Ihr erweist mir», sagte Ho-dö, «eine allzu grosse Gunst. Wie kann ich Euch das nur jemals vergelten?»

Der Kaiser antwortete scherzend, dass das nicht schwierig sei und bat sie, ihm jenes gewisse Vergnü-gen zu gewähren, das man Zaubervogel-Phönix-Spiel nennt. Nach anfänglichem Sträuben willigte sie ein, und sie bestiegen gemeinsam das Bett. Splitternackt, Leib eng an Leib gepresst, kosteten sie alle Arten sinn-licher Genüsse aus. Sie schwelgten förmlich in ihrer Leidenschaft und waren tief beglückt und beseligt von den sie durchpulsenden Gefühlen der Liebe. Wie aber hätte der Kaiser mit Ho-dö Schritt halten kön-nen, als ihr lang gezügeltes Lustverlangen gleich einem Wirbelsturm losbrach? Schon bald befand er sich in einer ähnlichen Lage, wie der Barsch in einer trockenen Wagenspur. Obwohl er sich alle erdenkli-che Mühe gab, blieben seine Bewegungen doch lasch und lahm. Ho-dö bedachte ihn mit allen möglichen Liebkosungen und flüsterte ‹Wellenworte› in sein

Ohr. Da konnte er nicht mehr länger an sich halten und spritzte schon nach kurzer Zeit. Ho-dö aber, die noch längst nicht befriedigt war, sagte unwirsch: «Schon wieder bin ich nicht ans Ziel gekommen.»

«Das liegt nicht an mir», meinte er halb belustigt und halb verärgert. «Dieses Ding da hat keinen Kampfgeist mehr. Na warte, du störrisches Biest! Morgen früh nehme ich dich ins Kreuzverhör und bestrafe dich mit hundert Stockschlägen.»

Hastig griff Ho-dö mit beiden Händen nach dem traurigen Krieger und herzte ihn. «Wenn Eure Majestät ihn schlagen wollen», sagte sie gleichfalls in scherzendem Ton, «dann will ich, das unwürdige Weib, die ihm zugedachte Strafe auf mich nehmen.» Sie schob die Vorhaut zurück und blickte mit strenger Miene in das ‹Pferdemaul›. «Hast du's gehört, Kleiner? Wenn du dich wieder so aufführst, werde ich für dich nicht mehr um Verzeihung bitten.»

Sie scherzten und lachten noch eine Weile miteinander, dann schliefen sie ein.

Am nächsten Morgen erzählte Fan I der Kaiserin die Geschichte von Ho-dös Bad und riet ihr, es ihr nachzumachen.

«Das werde ich», antwortete sie, «und zwar an einem der nächsten Tag Du gehst vorher zum Kaiser und ladest ihn zum Zuschauen ein. Was meinen Körper betrifft, so kann ich mich durchaus mit ihr messen. Gewiss wird der Kaiser auch an mir seine Freude haben.»

Einige Tage später liess sie ihre Orchideen-Baderäume herrichten und ging dann hin, während Fan I zum Kaiser eilte. Er sass ganz allein in der Mandarinenentenpärchen-Halle und las in einem Buch. Nachdem sie ihn geziemend begrüsst hatte, sagte sie: «Als die Glänzend-Sittliche badete, haben Eure Majestät daran grosses Vergnügen gehabt. Ich möchte nun vertraulich melden, dass heute zu dieser Stunde die Kaiserin ein Bad nimmt. Wollen Eure Majestät nicht hingehen und ihr auch zuschauen? Ihr Körper ist noch graziler gewachsen als der ihrer jüngeren Schwester. Wozu haben Eure Majestät denn zwei solcher Schönheiten?»

Der Kaiser liess sich beschwatzen und ging mit. Als er das Badehaus betrat, legte die Kaiserin gerade ihre Kleider ab. Ihr schneeweiss-glänzender Körper wurde sichtbar und ihr weiches Lustschlösschen. Sie setzte sich auf den Beckenrand und spritzte mit Absicht ein wenig Wasser auf ihre Haut, damit sie im Licht der Lampen um so mehr glänze. Doch je mehr sie ihn von ihren Reizen sehen liess und je mehr sie sich zierte und wand, um sein Herz zu bewegen, um so mürrischer schaute er drein. Ihre Schönheit liess ihn nicht ungerührt, doch er musste an jenen hässlichen Vorfall von damals denken. Dass ein so herrliches Weib sich fremden Männern hingibt, ging es ihm durch den Sinn, und dieser Gedanke betrübte ihn derart, dass er laut aufseufzen musste. Er wartete gar nicht erst, bis sie mit dem Bad fertig war, sondern kehrte sofort in seinen Palast zurück. Fan I ging zur Kaiserin und meldete ihr das. Da bekam sie einen Weinkrampf und schrie:

«Wie grausam, dass er nur die Eine liebt! Ich aber... ich weiss nicht mehr, was ich tun soll, um in sein Herz einzudringen. Wenn er auch meine Liebe verschmäht, was gibt ihm das Recht, mich so herzlos beiseitezuschieben?»

Sie war derart erregt, dass sie laut nach dem Vogelschützen schrie und verlangte, er solle sie glücklich machen. Eine von den Palastdamen stürzte davon, um ihn zu holen. Er kam sofort angelaufen. Da sagte sie zu ihm: «Ich habe die Gefühle des Kaisers auch im Bad durchaus nicht rühren können. Komm', sobald das Wasser wieder heiss ist, steigen wir hinein. Du nimmst die Stelle des Kaisers ein und versetzest mich in Verzückung.»

Zu dieser Zeit wehte draussen ein tüchtiger Wind, und ein kühler Luftzug strich durch das Gitterwerk der Fenster. Die Kaiserin befahl den anwesenden Dienerinnen, sich rings um das Becken aufzustellen, um den Luftzug abzuhalten. Das nannte sie ›en Windschirm des Fleisches». Rasch streifte der Vogelschütze seine Kleider ab und stieg mit ihr in das Bad. Sie umhalsten und liebkosten sich eine ganze Weile. Dann spreizte sie ihre Beine auseinander, legte sie auf den Beckenrand und liess sich von ihm bearbeiten. Das Wasser und ein wenig Tau der Lust hatten ihren Blütenkelch schlüpfrig gemacht, so dass er seinen Jadestengel hurtig hin und her sausen lassen konnte. Es gab keine unter den anwesenden Palastdamen und Dienerinnen, die bei diesem Anblick nicht von Wollust übermannt worden wäre.

«Das ist aber recht unbequem», ächzte die Kaiserin nach einer Weile. «Lass' uns in den Palast zurückkehren. Dort will ich mich mit dir bis zur Erschöpfung vergnügen.»

Der Vogelschütze liess sogleich von ihr ab, stieg aus

dem Bad und rieb sich trocken. Eine Dienerin musste die Kaiserin waschen, dann verliess auch sie das Bad, liess sich abtrocknen und ankleiden. Anschliessend kehrten beide in den Palast des umfassenden Gesetzes zurück. Dort vergnügten sie sich zwei Stunden lang und hörten erst auf, als ihr Lustverlangen gestillt war.

FÜNFZEHNTES KAPITEL

Bei der Geburtstagsfeier gelingt es der Kaiserin, das Herz
des Kaisers zu rühren. Während der Kaiser Audienz hält,
geben Ho-dö und der Vogelschütze sich der Wollust hin.

Am neunundzwanzigsten Tag des zweiten Frühlingsmonats feierten die Kaiserin und Ho-dö ihren fünf-
undzwanzigsten Geburtstag. Ho-dö hatte bereits eine
ganze Anzahl passender Geschenke für Fe-yän besorgt. Als der Kaiser von der Frühaudienz zurückkam,
sagte sie zu ihm: «Heute hat meine ältere Schwester
Geburtstag. Ich habe bereits einige passende Geschenke besorgt. Wollt Ihr nicht mit mir gehen und
ihr gratulieren?»

«Ich bin», antwortete der Kaiser, «schon lange
nicht mehr bei ihr gewesen, und habe deshalb Gewissensbisse gehabt. Da sie heute Geburtstag hat, schlies-
se ich mich dir natürlich an, mein Schatz.»

Ho-dö befahl den Dienerinnen, die Geschenke fortzutragen. Dann bestiegen sie und der Kaiser den
handgezogenen Wagen und liessen sich zum Palast
des umfassenden Gesetzes fahren. Als eine Palastdame der Kaiserin atemlos den hohen Besuch meldete,
eilte sie hinaus, nahm die Gäste am Wagenschlag in
Empfang und geleitete sie in die Halle. Dort begrüssten sie einander mit vielen Verbeugungen. Daraufhin sagte die Kaiserin: «Ich bin beschämt ob der dik-
ken Gnade Eurer Majestät, weil ich sie nicht zu erwidern weiss. Und dann die vielen Geschenke! Wie bin

ich ihrer würdig?» Und sie bedankte sich mit einem Stirnaufschlag.

Nachdem sie einander zum Geburtstag gratuliert hatten, plauderten sie eine Weile. Die Kaiserin befahl ihren Palastdamen, sofort für ein Festmahl zu sorgen, doch der Kaiser winkte ab; er hatte sich als Geburtstagsgeschenk eine besondere Überraschung ausgedacht. Ohne ihr etwas zu erklären, bat er sie, den handgezogenen Wagen zu besteigen. Sie fuhren zur grossen Halle des Vormitternacht-Palastes und nahmen auf der Zinnoberestrade Platz. Der Kaiser klatschte dreimal in die Hände, und schon begann eine wundersame Vorstellung: Zuerst erschien ein halbes Dutzend muskelbepackter Schwerathleten. Sie stemmten schwere, bronzene Dreifüsse hoch und jonglierten damit in der Luft herum, wie wenn es Teeschalen wären. Akrobaten, die rote Tücher um die Köpfe gewunden hatten und nur mit Lendenschurzen bekleidet waren, kletterten mit affenartiger Geschwindigkeit an hohen, glatten Stangen empor. Dann liessen sie sich herunterfallen, schlugen gleich badenden Schwalben in der Luft Purzelbäume und stürzten durch die Öffnung inmitten eines Kreises scharfer Messer, bevor sie unversehrt im Netz landeten. Junge Männer verrichteten auf hohen Masten allerlei Kunststückchen; plötzlich liessen sie sich fallen, blieben aber mit einem Bein am Seil hängen. Dann traten Zauberkünstler auf. Sie schluckten Messer und spieen Feuer aus, auch liessen sie Nebel und finsteres Gewölk entstehen, das ringsherum alles in Dunkel hüllte. Clowns, die als Panther und Bären verkleidet waren, erschienen und machten ihre Spässe. Ein weisser Tiger zupfte dazu die Laute, und ein grüner Drache spielte auf der Hirtenflöte.

Kaum waren die Musik verklungen und die Clowns verschwunden, da stiegen plötzlich Wolken auf, und Schneefall setzte ein. Zuerst sah man nur einzelne Flocken in der Luft schweben, dann fiel es dichtgeballt in grossen Mengen herab. Zur gleichen Zeit wurden auf den übereinanderliegenden Galerien grosse Steine gewälzt, um den Donner zu imitieren. Der Lärm war gewaltig und schwoll immer mehr an, so dass ein furchtbares Dröhnen wirklich an die Äusserungen des göttlichen Zornes erinnerte.

Die Kaiserin und alle Palastdamen stiessen Schreckenslaute aus, als die Drachenschlange Man-yän, das fünfzig Klafter lange Riesentier erschien und sich in trägen Bewegungen durch die Halle wand. Plötzlich war hinter dem Ungeheuer ein Geisterberg von gewaltigen Ausmassen zu sehen. Bären und Tiger bestiegen ihn und kämpften miteinander, Affen kletterten kreischend auf hohe Bäume, seltsame Vierfüssler erschienen, Riesenvögel stolzierten umher, und eine Schar weisser Elefanten-Kühe säugte ihre Jungen, wobei sie die Rüssel schlangenartig auf und ab bewegten. Plötzlich war alles verschwunden und nichts mehr zu sehen.

Die Zuschauer klatschten begeistert Beifall, und die Kaiserin, der die Vorstellung mehrmals Ausrufe der Bewunderung und Schreckenslaute entlockt hatte, bedankte sich beim Kaiser für dieses ungewöhnliche Geburtstagsgeschenk. Dann bestiegen sie wieder den handgezogenen Wagen und fuhren zurück zum Palast des umfassenden Gesetzes. Dort hatte man inzwischen ein Festmahl aufgetragen, und die Kaiserin geleitete ihre Gäste zur Tafel. Nach dem Essen tranken sie mehrere Runden, und der Kaiser, der wie üblich einen Becher nach dem anderen hinunterstürzte, merkte schon bald, dass er angetrunken war. Diesen Augenblick nahm die Kaiserin wahr, um durch einen letzten Versuch sein Herz zu rühren, denn sie konnte und wollte nicht glauben, dass er sich endgültig von ihr abgewandt hatte. Während die anderen laut und ausgelassen lachten und durcheinanderredeten, fing sie plötzlich an zu weinen, und ihre Tränen fielen wie der Regen herab. Der Kaiser sah sie erstaunt an und fragte, was ihr Herz bedrücke: «Aber Schatz, heute ist doch dein Glückstag. Wenn andere ihren Geburtstag feiern, sind sie fröhlich und ausgelassen. Du hingegen bist traurig. Gibt es etwas, womit du unzufrieden bist?»

«Erinnert Ihr Euch noch an die Zeit, als ich im Haus meines Pflegevaters Dschau Lin lebte? Als Ihr zu Besuch erschient, erfreute ich Euch mit Tanzdarbietungen. Ihr saht mich an und konntet die Augen nicht mehr von mir abwenden. Unter irgendeinem Vorwand seid Ihr zu meinem Pflegevater gegangen und habt mit ihm gesprochen. Mich aber, die ich hinter seinem Rücken stand, habt Ihr die ganze Zeit angestarrt. Er erriet Eure Absicht, denn noch zur gleichen Stunde befahl er mir, Euch persönlich aufzuwarten, als Ihr auf den Abort gingt. Da geschah es, dass Ihr den Saum Eures Gewandes beschmutztet. Ich wollte das Gewand für Euch säubern, doch Ihr liesst es nicht zu und sagtet, Ihr wolltet es als ein Andenken für später aufheben. So erlangte ich Eure Gunst, schneller noch, als ich gehofft hatte, und Ihr erhobt mich später zur Kaiserin. Die Narben, die Eure Zähne beim ersten, seligen Liebestaumel auf meinem Nakken hinterliessen, sind heute noch zu sehen, doch Euer Herz hat sich von mir abgewandt. Darum überkommt mich jedesmal, wenn ich an die glückliche Zeit zurückdenke, ein Gefühl unsagbarer Wehmut, und ich muss vor Sehnsucht weinen.»

Als der Kaiser dieses hörte, regte sich in ihm das Mitleid, und Traurigkeit schlich sich in sein Herz, als er an die Zeit der grossen Liebe zurückdachte. Er bedauerte es, dass sie sich so auseinandergelebt hatten, und es dünkte ihn unschicklich, ihr zu dieser Stunde ihre Schuld vorzuhalten. Er schaute ihr nur tief in die Augen und seufzte laut vor Rührung.

Ho-dö bemerkte natürlich sofort, was im Herzen des Kaisers vor sich ging. Sie wollte der Aussöhnung nicht im Wege stehen und beschloss, sich alsbald zurückzuziehen.

«Eigentlich», sagte sie und gab sich alle Mühe, gequält zu lächeln, «sollte ich Euch Gesellschaft leisten, bis die Tafel aufgehoben wird, doch seit kurzem habe ich Magenschmerzen. Darum bitte ich, mich einstweilen zurückziehen zu dürfen.»

«Das wird wohl am besten sein», meinte der Kaiser. «Kehr' nur gleich in deinen Palast zurück und lass' dich gut kurieren. Wenn die Schmerzen aufgehört haben und es nicht zu spät geworden ist, magst du wieder herkommen.» Und er befahl einigen Dienerinnen, sie zu begleiten.

Nachdem Ho-dö fortgegangen war, hatte der reichlich genossene Wein bei den Zurückgebliebenen seine

Wirkung getan. Der Kaiser und die Kaiserin waren heiter gestimmt, sie tranken sich wohlgelaunt zu, bis es Abend geworden war. Durch einschmeichelnde Worte und glutvolle Blicke gab sie sich alle erdenkliche Mühe, in ihm das Verlangen nach Liebe zu erwekken. Schliesslich befand sich der Kaiser tatsächlich in einem Zustand, der gebieterisch nach Entladung verlangte. Sie erhoben sich und gingen ins Schlafzimmer. Dort zogen sie sich aus und bestiegen das Bett mit den rosaroten Vorhängen, die fünffach mit Goldfäden durchwirkt waren. Langsam und ohne Hast, fast lässig, begann er das Zaubervogel-Phönix-Spiel. Da bemerkte er die unter dem Betthimmel hängende Zehntausend-Jahr-Muschel. Ihr milder, vollmondähnlicher Schein umkoste den zarten Leib der Kaiserin. Und wie sie so dalag, bot sie einen Anblick, der jeden Mann toll gemacht hätte. Das machte auch den Kaiser halbverrückt vor Geilheit. Er verschlang sie förmlich mit seinen Augen und blickte bald hierhin, bald dorthin, während er zwischen ihren auseinandergespreizten Beinen kniend hastig zustiess. Kein Wort kam über seine Lippen, nur ein immer heftigeres Keuchen war zu hören.

Wie hätte sie auch nur einen Augenblick lang daran gedacht, sich zu sperren, als er in sie eindrang. Eine solche Leidenschaft, einen solchen Sturm der Gefühle, hatte auch sie schon lange nicht mehr erlebt. Es war darum nur natürlich, dass der Tau der Wollust reichlich aus ihrem Blütenkelch herausfloss. Nachdem er aber eine Weile in ihrem Unterleib herumgebohrt hatte, schrumpfte sein anfangs eisenharter Untertan wieder in sich zusammen, und er konnte nicht mehr. Einander umhalsend schliefen sie dann bis in den frühen Morgen. Als es Tag geworden war, erschien Ho-dö.

«Was hat denn dich so früh hergeführt?» fragte der Kaiser erstaunt. «Haben deine Magenschmerzen aufgehört?»

«Ach, ich war besorgt, weil ich wusste, dass Ihr in dieser Nacht gewiss die in einem Monat angesammelte Manneskraft erschöpft habt. Ich bin so früh erschienen, weil ich nicht wusste, wie Euer Wohlbefinden ist.»

«Wie rührend von dir, mein Liebling, dass du dir meinetwegen Sorgen gemacht hast!» antwortete der Kaiser und befahl, das Frühstück aufzutragen. Sie setzten sich gemeinsam an den Tisch. Als sie gegessen hatten, bestieg der Kaiser den handgezogenen Wagen und begab sich zur Audienz.

«Nun», erkundigte sich Ho-dö neugierig, «wie war das Vergnügen heute Nacht?»

«Ach, nur eben so», antwortete die Kaiserin gespielt-gleichgültig. «Ich habe keine rechte Freude daran gehabt.»

«Ach was, ihr beide müsst euch erst wieder aneinander gewöhnen. Und wenn ihr ein paarmal miteinander geschlafen habt, dann, so hoffe ich, werdet ihr auch vergessen haben, was zwischen euch gewesen ist, und es wird wieder wundervoll sein. Wenn du heute Nacht nicht auf deine Kosten gekommen bist, ältere Schwester», fügte sie schnippisch hinzu, «warum lässt du dann nicht den Vogelschützen rufen, damit er dort weitermacht, wo der Kaiser aufgehört hat?»

«Darüber wollte ich schon seit längerer Zeit mit dir

sprechen, jüngere Schwester, doch kannte ich deine Gesinnung nicht. Da du mir nun zu verstehen gibst, dass du mein Geheimnis kennst, wage ich es nicht, dich länger zu täuschen. Komm', wir wollen drinnen ausführlich darüber sprechen.» Ho-dö nickte und folgte ihr in die ‹Pfeffergemächer›.

Als der Vogelschütze erfuhr, dass der Kaiser fortgefahren war, kam er mit der Schnelligkeit fliessenden Wassers herbeigerannt. Er ahnte nicht, dass Ho-dö bei der Kaiserin war. Und weil er nicht auf der Hut war und gleich ins Zimmer hineinstürmte, kam seine Reue zu spät, denn Ho-dö hatte ihn längst erkannt. Da kniete er hastig vor ihr nieder und stammelte: «Tausend Jahre der Niang-niang! Euer Diener verdient zehntausend Tode zu sterben!»

«Nur keine Aufregung», antwortete sie. «Wir beide kennen uns ja von früher her. Warum also dieses Getue?»

«Die Niang-niang weiss bereits alles», mischte sich die Kaiserin ein. «Sie ist eigens hergekommen, um mit dir zu sprechen.»

Dem Vogelschützen war es zumute, als sei ein schwerer Stein von seiner Brust gewälzt worden. «Hier ist Wein», fuhr die Kaiserin fort. «Wie wär's mit einem Becher?»

«Wenn man sich seit langem kennt und vertraulich miteinander sprechen kann», meinte Ho-dö, «so ist das schon ein Vergnügen. Wozu bedarf es da noch einer üppigen Tafel?»

Die Kaiserin klatschte in die Hände. Gleich darauf erschien ihre Leibzofe und servierte den Wein. Die drei tranken jeder mehrere Becher, sie plauderten von

Die Vollkommene Nebenfrau Ho-dö fühlt erneut

ihre stürmische Liebe für den Vogelschützen

alten Zeiten und führten galante Reden. Ho-dö begann schliesslich das Herz zu jucken und sie sagte zur Kaiserin:

«Ach ältere Schwester, gerne würde ich die alte Liebe erneuern. Doch ich weiss nicht, ob du es erlaubst.»

«Herrlich!» rief die Kaiserin begeistert. «Ich werde draussen Tee aufbrühen. Ihr beide könnt inzwischen hier euer Glück suchen.»

Sie ging hinaus und sperrte die Türe von aussen zu. Kaum war sie gegangen, da riss sich Ho-dö, die in letzter Zeit viel Enthaltsamkeit hatte üben müssen, förmlich die Kleider vom Leib; stürmisch umarmte sie den Vogelschützen und bedeckte sein Gesicht mit Küssen; dann liess sie sich einfach hintenüber auf das Ruhebett fallen. Er steckte ihr zwar sein Mannesding in die Lustgrotte, doch blieb er liegen und rührte sich nicht. Ho-dö hatte das Gefühl, als würde ein Tausendfüssler in ihrer Lustgrotte herumkrabbeln. Das Jukken war schier unerträglich. «Warum hast du das Ding überhaupt hineingesteckt, wenn du es doch nicht bewegst?» fragte sie verwundert.

«O, ich litt kürzlich an einer seltsamen Krankheit. Wenn ich jetzt auch nur ein bisschen Kung-fu mache, dann kann ich überhaupt nicht mehr damit aufhören.»

«Das macht mir gar nichts aus. Meinetwegen kannst du mich bis morgen früh reiten. Rasch, stoss' ein bisschen zu! Ich vergehe fast vor Lust.»

Auch er konnte nicht mehr länger an sich halten, als er erkannte, in welch hochgradiger Erregung sie sich befand. Ganz von selbst begann sein Hintern sich auf und ab zu bewegen. Nachdem er sie aber in einem

Zug mit tausend Stössen beglückt hatte, hielt er plötzlich inne.

«Was soll das wieder?» fragte Ho-dö unwirsch.
«Warum hörst du schon auf? Vorhin hast du doch gesagt...»

«Ach, das hab' ich nur so gesagt. Wo gibt es einen
Mann, der eine Frau immerfort beglücken könnte?»

Zuerst ärgerte sich Ho-dö, weil er sie angeführt hatte, dann aber überkam sie die Wollust wie eine
Feuersbrunst. Sie bäumte sich unter ihm auf und fing
an, sich von unten her zu bewegen. Als sie keuchend
innehielt, beglückte er sie abermals mit tausend Stössen in einem Zug, dann aber merkte er, wie seine
Kraft nachliess. Sowie er aufhörte, begann Ho-dö
abermals mit ihren Bewegungen. Er wollte sich nicht
geschlagen geben, weil das seiner Mannesehre Ab-
bruch getan hätte. Also riss er sich zusammen und
versuchte, weiterzumachen. Doch schon nach wenigen Stössen war es aus und vorbei, und erschöpft
musste er sich geschlagen geben.

«Wir haben uns lange nicht gesehen», sagte Ho-dö,
deren Verlangen noch immer nicht gestillt war. «Nun,
da lässt sich nichts mehr machen. Ich finde es gut,
dass meine ältere Schwester dich hat.»

«Warte nur», versuchte er sich zu brüsten, «bis ich
meine Waffe einige Zeit gepflegt habe. Dann liefere
ich dir einen Kampf auf Biegen und Brechen, und ich
werde nicht aufhören, bevor du mich nicht um Gnade
angefleht hast.»

«Ach du, prahl' doch nicht so.»

Dann zog sie sich an, nahm von ihm Abschied und
verliess das Zimmer. Draussen trank sie noch eine

Schale Tee, dann verabschiedete sie sich von der Kaiserin und kehrte in den Dschau-Yang-Palast zurück.

Inzwischen war auch die Audienz beendet. Der Kaiser begab sich wie üblich zu Ho-dö und sass dort eine Weile müssig herum.

«Seid Ihr gestern Nacht auf Eure Kosten gekommen?» fragte sie.

«O, es war mässig. Aber unter dem Betthimmel der Kaiserin hing die Zehntausend-Jahr-Muschel, und ihr milder Schein verklärte alles viel schöner als das Licht der Sonne. Als es Tag geworden war und ich aufwachte, kam mir alles ganz anders, ganz banal vor, und ich hatte das Gefühl, als würde mir etwas fehlen.»

Später holte Ho-dö die Nicht-Nacht-Perle, die der Kaiser ihr einst geschenkt hatte, aus der Schmuckschatulle hervor, um sie zusammen mit anderen Dingen der Kaiserin zu schenken. Selbstverständlich verschwieg sie dem Kaiser den Grund ihrer Freude. Sie setzte sich also an den Tisch und schrieb ihrer älteren Schwester den folgenden Brief:

Himmel und Erde erfreuen sich gegenseitig. Dir, hochedle Dame und ältere Schwester, ward grosses Glück zuteil; glanzvoll wurdest du auf den Ehrensitz der Kaiserin erhoben. Dies beruht auf den Segnungen der Ahnen. Mit den besten Glückwünschen schicke ich dir in respektvoller Ergebenheit die folgenden Geschenke:

Ein Kissen, dessen Troddeln mit Blattgold verziert
   sind,

eine lotosherzförmige Schale mit Tauchwasser-
   Aroma,
eine Länge mandarinenentenpärchenbestickten
   Goldbrokats,
einen Windschirm aus grünem Glasfluss,
eine Nicht-Nacht-Perle,
eine duftgetränkte Matte aus grüngefärbtem
   Fuchsfell
einen Sitz aus Sandelholz und Elfenbein, bedeckt mit
   einem wohlriechenden Tigerfell,
vier Bogenschützenringe aus Feingold,
drei kleine Handkissen mit Aprikosenmuster-Bezug,
drei rotgoldene Duftöfchen für Kissen und Matte,
zwei Paar Essstäbchen aus gestreifter
   Rhinozeroshaut, die Gift anzeigen,
eine Sieben-Kostbarkeiten-Haarnadel,
ein Ringepaar aus buntgeädertem Jade,
eine Kopfstütze aus Bernstein,
einen glimmerverzierten Fächer,
einen Fächer aus Pfauenfedern,
einen Fächer aus Eisvogelfedern,
einen glimmerverzierten Wandschirm,
ein Paar fünffach mit Gold beschichtete
   Bo-schan-Duftöfchen,
eine weidenblattförmige Matte,
ein Paar Duftmuschelbecher,
ein Töpfchen mit Haarpomade,
einen mit Goldfäden durchwirkten Umhang,
ein nahtlos-durchgewebtes Jäckchen,
einen nahtlos-durchgewebten Rock,
eine mit Mandarinenentenpärchen bestickte
   Bettdecke,

eine mit Mandarinenentenpärchen bestickte Matte,
ein Paar buntbestickte Sieben-Kostbarkeiten-Schuhe,
ein Kissen mit Schildkrötenmuster,
ein mit Goldblumen besticktes, purpurseidenes
   Gewand,
einen mit Korallen besetzten Jadering,
einen siebenarmigen Leuchter.

Nachdem Ho-dö die Geschenke sorgfältig geordnet
hatte, übergab sie sie, nebst dem Brief, der Palastdame Kuo und sagte zu ihr: «Grüsse die Kaiserin vielmals von mir.»

Jene liess die Geschenke auf einen Wagen packen
und ging dann, begleitet von einer Dienerinnenschar,
zum Palast des umfassenden Gesetzes. Sie reichte der
Kaiserin den Brief und diese erbrach das Siegel.
Nachdem sie ihn gelesen hatte, freute sie sich über die
Massen. Dieser Schlaukopf, dachte sie. Sie hat vom
Geschmack des Vogelschützen gekostet, und jetzt versucht sie, mich zu bestechen.

Nachdem sie die Geschenke besichtigt hatte, begab
sie sich in die ‹Pfeffergemächer› und holte aus einer
der reichgeschnitzten Truhen einen Vorhang aus
buntem ‹Wolkenbrokat›. Sie reichte ihn der Palastdame Kuo, nebst einem mit Tauchwasser-Aroma gefüllten Jadekrug, und sagte zu ihr: «Hier sind zwei ärmliche Geschenke. Bitte, gib sie der Niang-niang.»

Sie gab der Palastdame Kuo die Palastdame Han
als Begleiterin mit. Beide begaben sich in den Dschauyang-Palast. Nachdem Ho-dö die beiden Geschenke
besichtigt hatte, sagte sie zur Palastdame Han: «Wie
ärmlich nehmen sich daneben meine Gaben aus! Ich

288

bin beschämt, weil ich der Kaiserin meine respektvolle Ergebenheit nicht hinreichend zeigen konnte. Grüsse sie vielmals von mir. Bei nächster Gelegenheit werde ich mich persönlich bei ihr bedanken.»

Die Palastdame Han verabschiedete sich und ging fort. Ho-dö liess den Wolkenbrokat durch ihre Finger gleiten und dachte: Ich stehe doch hoch in der Gunst des Kaisers. Warum besitze ich dergleichen nicht?

«Wenn meine ältere Schwester mir diesen Wolkenbrokat nicht geschenkt hätte», sagte sie noch am gleichen Abend schmollend zum Kaiser, «dann hätte ich bis an mein Lebensende nicht erfahren, dass es solche Kostbarkeiten überhaupt gibt.»

«Ich», verteidigte sich der Kaiser, «habe ihr den Wolkenbrokat nicht geschenkt. Gewiss stammt er noch aus den Beständen, die die abgesetzte Kaiserin Hsü damals zurückliess. Nun, das ist nicht weiter schlimm. Morgen werde ich der Präfektur I-dschou die Steuern auf drei Monate erlassen und sie für ein Jahr von allen Tributen befreien. Dafür soll man dann dort solche siebenfach durchwirkten Wolkenbrokat-Vorhänge herstellen. Die werde ich dann dir, mein Liebling, schenken, zusammen mit einem grossen Jadekrug voll Tauchwasser-Aroma. Nun, was sagst du dazu?»

Ho-dö bedankte sich in wohlgesetzten Worten. Am nächsten Tag erliess der Kaiser wirklich ein Dekret und schickte eigens einen Beamten in die Präfektur I-dschou.

SECHZEHNTES KAPITEL

Nachdem die Kaiserin die Gunst des Kaisers wiedererlangt hat, gibt sie vor, schwanger zu sein. Mit ihren eigenen Händen tötet Ho-dö den kaiserlichen Leibeserben.

Von neuem gab die Kaiserin sich masslos der Wollust hin. Trotzdem bekam sie kein Kind, obgleich sie seit der Nacht, in der der Kaiser abermals mit ihr geschlafen hatte, ohne Unterlass über dieses Problem nachdachte und alle möglichen Mittel anwandte. Noch immer habe ich keinen Sohn, sagte sie sich. Ist es denn möglich, dass ich das Reich schliesslich doch einer anderen überlassen muss? Was ist da zu tun? Am besten ist es wohl, wenn ich vorgebe, schwanger zu sein. Wenn der Tag der Geburt heranrückt, wird sich schon ein Ausweg finden. Sie setzte sich hin und schrieb nach kurzem Überlegen den folgenden Brief an den Kaiser:

Ich, das Weib, habe schon seit geraumer Zeit ein Seitengemach des Palastes als Wöchnerinnenwohnung herrichten lassen. Mir wurde das grosse Glück zuteil, Euch mit meinem Körper dienen zu dürfen, doch obwohl Ihr mich zur Kaiserin machtet, vergingen Jahre, und ich blieb unfruchtbar.

Kürzlich nun, an meinem Geburtstage, habe ich im stillen Gebete verrichtet und die Götter um Kindersegen angefleht. Wenig später bestiegt Ihr den Wagen und liesst Euch herab, mich, das unwürdige Weib, abermals zu besuchen. Nach langer Zeit durfte ich

Euch wieder beim Mahl aufwarten und habe nachher Eure kaiserliche Gunst empfangen.

Seit mehr als einem Monat sind nun bei mir die fünf Regulatoren der inneren Organe verstopft, der Puls geht nur noch schwach, und beim Essen und Trinken verlangt es mich nach süssen und wohlschmeckenden Speisen. Am Morgen, nachdem Euer heiliger Körper mich begattet hatte, nahm ich eine seltsame Erscheinung wahr: ich sah, wie ein Regenbogen durch die Sonne ging und sie ganz durchdrang. Das ist stets ein gutes Vorzeichen. Der Drache hat die Brust bereits erschüttert. Das ist ein vorzüglicher Anfang. Ich werde fortan noch mehr beten, damit Euch ein göttlicher Erbe geboren werde. Wie sehr sehne ich den Tag herbei, an dem ich ihn zum ersten Male auf dem Arm halten werde! Vor freudiger Erregung hüpfend, gratuliere ich zur Vaterschaft. Beachtet dies und lest!

Nachdem sie den Brief mit dem goldenen Petschaft an ihrem Gürtel gesiegelt hatte, rief sie die Palastdame Han herbei und sagte zu ihr: «Hier ist ein Brief für den Heiligen. Gib gut acht, dass du ihn unterwegs nicht verlierst.»

Die Palastdame Han nahm den auf Seide geschriebenen Brief, rollte ihn zusammen und wickelte ihn in ein gelbes Tuch. Dann ging sie damit zum Kaiser. Sie begrüsste ihn mit einer tiefen Verneigung und reichte ihm den Brief mit beiden Händen. Der Kaiser rollte ihn auf und las. Sein ‹Drachenantlitz› strahlte vor Freude und zu Ho-dö gewandt sagte er: «Ihr beiden Schwestern seid nun schon seit Jahren hier im Palastbezirk, ohne dass eine von euch geboren hätte. Welch ein Glück! Jetzt ist deine ältere Schwester schwanger. Falls sie einen Sohn zur Welt bringt, würde das der Dynastie und dem Reich zum Heil gereichen. Diesen Segen verdanken wir den grossen Tugenden unserer erlauchten Ahnen.»

Daraufhin liess er sich die ‹vier Kostbarkeiten des Studierzimmers› bringen und schrieb den folgenden Antwortbrief:

Als ich deinen Brief las, fühlte ich mich bis in alle Himmel erhoben, denn da Mann und Frau eines Leibes sind, ist die Zeugung der Nachkommenschaft die wichtigste Aufgabe der Ehe. Da du nun schwanger bist, ersuche ich dich, dass du dir fortan die grösstmögliche Schonung angedeihen lässt. Nimm hinfort auch keine scharfen oder aufreizenden Medizinen mehr ein. Dagegen würde ich dir empfehlen, ein wenig mehr zu essen. Solltest du in Zukunft einen Wunsch haben, dann brauchst du mir dies nicht erst schriftlich mitzuteilen. Es genügt vollauf, wenn du einen Eunuchen schickst, damit er mir deinen Wunsch mündlich vortrage.

Diesen Brief gab er der wartenden Palastdame. Ehrfurchtsvoll kniend nahm sie ihn mit beiden Händen entgegen, bedankte sich mit einem Stirnaufschlag und kehrte in den Palast des umfassenden Gesetzes zurück. Die Kaiserin nahm den Brief, rollte ihn auf und las. Im stillen gratulierte sie sich selbst, dass ihr Plan geglückt war und sie freute sich ausserordentlich.

Mit Windeseile verbreitete sich die Kunde im ganzen Palastbezirk, und noch am gleichen Tage liessen ihr die Kaiserin-Mutter und Ho-dö ihre Glückwünsche übermitteln. Mehrmals täglich erschienen nun aus den beiden Palästen Botinnen, um sich nach ihrem Wohlbefinden zu erkundigen. Da begann die Kaiserin ernstlich zu fürchten, dass auch der Kaiser sie eines Tages besuchen könnte, und dass der ganze Schwindel dann herauskäme. Wie würde sie dann dastehen? Es würde einen schrecklichen Skandal geben, und sie selbst wäre für alle Zeiten blamiert. Darum liess sie ihren Vertrauten, den Eunuchen Wang Scheng kommen, um sich mit ihm zu beraten.

«Ich habe vorgegeben, schwanger zu sein, obwohl ich es gar nicht bin», bekannte sie freimütig. «Wenn nun der Heilige unverhofft zu Besuch erscheint und den Schwindel aufdeckt, dann bin ich für alle Zeiten blamiert. Soweit darf es gar nicht erst kommen. Hast du eine Idee, wie sich das verhindern liesse?»

Der durchtriebene Eunuche runzelte die Augenbrauen und überlegte. «Das dürfte nicht weiter schwierig sein», meinte er nach einer Weile. «Am besten wäre es wohl, wenn die Niang-niang dem Heiligen einen zweiten Brief schreiben würde, des Inhalts, dass eine schwangere Frau nicht ohne Gefahr bei ihrem Mann schlafen kann. Ihr müsst ihm klarmachen, dass der Embryo beim Geschlechtsverkehr erschrickt, und dass es dann leicht zu einer Fehlgeburt kommen kann.»

«Das ist ein ausgezeichneter Plan!» jubelte die Kaiserin. «Gut, ich werde einen zweiten Brief schreiben, und du bringst ihn zum Kaiser.»

Sie nahm ein Stück Seidenbrokat, schrieb einige Zeilen darauf, und versah den Brief mit ihrem Siegel. Dann gab sie ihn dem Eunuchen, der damit schnurstracks zum Kaiser eilte.

«Ist die Niang-niang bei Gesundheit?» fragte er besorgt.

«Die Niang-niang erfreut sich bester Gesundheit», versicherte ihm der Eunuche. «Sie hat dem Sklaven diesen Brief gegeben, damit er ihn dem Herrn über zehntausend Jahre bringe.»

Der Kaiser nahm den Brief, rollte ihn auf und las. «Tatsächlich, so wird es sein», murmelte er. «Einer schwangeren Frau darf man sich nicht nähern. – Gut, also. Wir werden nur von Zeit zu Zeit jemanden hinschicken, der sich für Uns nach dem Wohlbefinden der Niang-niang erkundigt.»

Wang Scheng bedankte sich mit einem Stirnaufschlag und kehrte zur Kaiserin zurück, der er alles, Wort für Wort berichtete. Dabei war es ihr zumute, als werde ein schwerer Stein von ihrer Brust gewälzt. Tatsächlich erschien der Kaiser während der ganzen Zeit ihrer vorgetäuschten Schwangerschaft niemals im Palast des umfassenden Gesetzes, sondern schickte nur von Zeit zu Zeit seinen Leibeunuchen hin, der sich nach ihrem Wohlbefinden erkundigte. Sie aber nahm diese Gelegenheit wahr, um sich mit dem Vogelschützen und anderen Galanen auf die schamloseste Weise den tollsten Ausschweifungen hinzugeben.

Zu dieser Zeit brachte die Palastdame Tsau Gung, die zum persönlichen Gefolge des Kaisers gehörte, einen gesunden Knaben zur Welt. Einige Tage später erschien der Eunuche Tiän Ko, der Vertraute Ho-dös, bei Dji Wu, dem stellvertretenden Direktor des Palastgefängnisses und übergab ihm einen grünen Büchersack, der mit dem Siegel des Vizeinspektors der Palastverwaltung verschlossen war. Dji Wu erbrach das Siegel und fand darin eine Schrifttafel mit den folgenden Worten:

Verhafte auf der Stelle die Palastdame Tsau Gung mit ihrem Kind und den sechs Mägden, die sie bedienen, und bringe alle in das Palastgefängnis. Es ist dir streng verboten, danach zu fragen, welches Geschlecht das Kind hat, und wer sein Vater ist.

Dji Wu führte den Befehl aus, verhaftete alle und brachte sie in das Palastgefängnis. Als er die Palastdame in ihre Zelle führte, drückte sie ihm ein Päckchen in die Hand und sagte: «Dies ist die Nachgeburt meines Kindes. Verwahre sie gut. Weisst du auch, wer der Vater des Kindes ist?»

Dji Wu wagte es nicht, danach zu fragen. Er ging schnell fort und befahl dem Büttel, die Zelle zu verschliessen.

Wenige Tage später erschien derselbe Eunuche abermals mit einem grünen Büchersack bei ihm. Dieser enthielt eine Schrifttafel mit den folgenden Sätzen: «Ist das Kind der Palastdame Tsau tot oder lebt es noch? Schreibe die Antwort auf die Rückseite.»

Dji Wu eilte in seine Amtsstube, nahm das Schreibegerät zur Hand und schrieb auf die Rückseite der Schrifttafel: «Das Kind lebt. Es ist nicht tot.»

Mit diesem Bescheid ging der Eunuche fort. Nach einer Weile kam er zurück und sagte mit eisiger Miene: «Seine Majestät, der Kaiser, und die Glänzend-

Sittliche sind sehr ungehalten. Warum hast du das Kind nicht getötet?»

Da warf Dji Wu sich vor ihm zu Boden, machte in einem fort Stirnaufschläge und winselte voller Angst: «Ach... ach... habt Erbarmen und lasst das Kind am Leben! Ich weiss sehr wohl, dass ich den Tod verdient habe, auch wenn ich es umbringe.»

Er überwand seine Angst und schrieb die folgenden Sätze auf eine Schrifttafel: «Demütig wage ich, der geringe Diener, daran zu erinnern, dass Eure Majestät noch keinen Leibeserben haben. Wollet dem Kind Eure Aufmerksamkeit schenken, ganz gleich ob es hoch- oder niedriggeboren ist.»

Nach langem Bitten liess der Eunuche sich dazu bewegen, diese Schrifttafel dem Kaiser zu bringen. Eine Stunde später kam er mit einem schriftlichen Befehl zurück.

«Heute Nacht», stand da geschrieben, «übergibst du das Kind dem Eunuchen Wang Schun. Du triffst ihn am östlichen Verbindungstor der Seitengemächer, sobald die Klepsydra anzeigt, dass die ersten fünf halben Stunden der Nacht verflossen sind.»

«Wie verhielt sich der Kaiser, als er mein Schreiben las?» fragte Dji Wu ängstlich.

«Er hat mich nur mit grossen Augen stumm angeschaut», antwortete der Eunuche.

In der folgenden Nacht übergab Dji Wu wie befohlen das Kind dem Eunuchen Wang Schun. Dieser hatte Weisung erhalten, es in den Kindergarten des Palastbezirks zu bringen und ihm eine Amme zu besorgen. Hierfür wählte er eine junge Frau aus, die eben erst geboren hatte. «Jeden Tag», instruierte er sie, «musst du eine Schüssel ungesalzenes, fettes Fleisch essen. Sieh' zu, dass das Kind gut gepflegt wird, dann ist dir eine Belohnung gewiss. Doch darf niemand sonst etwas erfahren.»

Drei Tage später erschien der Eunuche Tiän Ko abermals mit einem grünen Büchersack bei Dji Wu. Er war mit dem gleichen Siegel verschlossen. Dji Wu öffnete ihn und fand darin eine Schachtel sowie eine Schrifttafel mit der folgenden Weisung:

«Hiermit wird dir, Dji Wu, befohlen, der Frau im Gefängnis den beiliegenden Brief und das Gift zu geben. Du hast persönlich anwesend zu sein, wenn sie es einnimmt.»

Ausser sich vor Furcht und Entsetzen öffnete er die Schachtel. Er fand darin zwei eingewickelte Pillen und einen auf Seide geschriebenen, zusammengerollten Brief, von dem er nicht wusste, wer ihn geschrieben hatte. Darin hiess es:

«Hiermit wird dir, Tsau Gung, auf Befehl des Kaisers kundgetan: Nimm alle Kraft zusammen und schlucke das Gift. Nie wieder darf dein Fuss die Schwelle des Palastes betreten. Du weisst selbst, warum.»

Nachdem der Eunuche sich entfernt hatte, eilte Dji Wu zu seinem Vorgesetzten. Er zeigte ihm die beiden Briefe und bat, die Kaiserin-Mutter benachrichtigen zu dürfen. Der Gefängnisdirektor schaute ihn erstaunt an und fragte: «Weisst du denn nicht, dass auch im Schloss der langen Treue sämtliche Dienerinnen von der Glänzend-Sittlichen bestochen sind und in ihrem Dienst stehen? Glaubst du denn, dass man dich, einen einfachen Gefängnisbeamten, überhaupt zur Audienz vorlassen würde? Selbst wenn das der Fall wäre, wüsste man sofort um deine Absichten, und dann wäre es um dich geschehen. Willst du denn, dass deine Kinder ihren Vater verlieren?»

Dji Wu erbleichte. «Ja, aber», stammelte er verwirrt, «es gibt doch noch andere Möglichkeiten, um die Kaiserin-Mutter zu benachrichtigen. Vielleicht sollte man die Nachricht in das Schloss der langen Treue einschmuggeln.»

Der Gefängnisdirektor lachte bitter. «Glaubst du vielleicht, dies sei der erste Mord? In dieser Familie ist ein Menschenleben nicht viel wert. Ich kenne zahllose Fälle, wo man den Palastdamen Gift einflösste oder sie auf eine andere Weise ermordete. Und die Kinder? Man hat sie gleich nach der Geburt getötet oder schon im Mutterleib umgebracht. Geh' jetzt und tue, was man dir befohlen hat.»

Dji Wu schluckte seine Tränen hinunter und wankte hinaus. Er löste die beiden Pillen in einem Becher Wasser auf und ging ins Gefängnis. Stumm reichte er der Palastdame Tsau Gung den Brief und stellte den Becher vor ihr auf den Tisch.

«In der Tat!» rief sie, als sie den Brief gelesen hatte. «Die beiden Schwestern wollen das Reich usurpieren.» Sie schwieg einen Augenblick und schrie dann plötzlich laut: «Mein Kind ist ein Knabe! Auch ihm sind die Haare so tief in die Stirne gewachsen wie Kaiser Yüan, seinem Grossvater..* Wo ist mein Kind jetzt?.. Es ist gefährlich, es zu töten! Wie kann man nur die Kaiserin-Mutter benachrichtigen?»

Sie schaute Dji Wu flehend an, doch er liess den Kopf auf die Brust sinken und wandte sich von ihr ab.

Da erkannte sie, dass von ihm keine Hilfe zu erwarten war. Sie griff nach dem Giftbecher, trank ihn in einem Zug leer und legte sich dann hin. Ihr Körper zuckte, sie röchelte dumpf, und nach einer kleinen Weile war sie tot.

Am nächsten Morgen wurden die sechs Mägde entlassen, die der Palastdame Tsau Gung aufgewartet hatten. Als sie hinausgingen, drehte sich eine von ihnen um und sagte zu Dji Wu: «Die Glänzend-Sittliche liess uns sagen, sie wisse wohl, dass wir ohne Schuld sind. Trotzdem sei es besser, wenn wir uns selbst umbrächten, möglichst ausserhalb des Palastbezirks. Wir haben ihr geantwortet, dass wir bereit sind, uns ihrem Wunsch zu fügen.»

Noch am gleichen Tag begingen die Mägde Selbstmord, und Dji Wu schickte dem Kaiser einen schriftlichen Bericht, in dem er den ganzen Hergang schilderte.

Zwei Tage später erschien die Vorsteherin des Dschau-yang-Palastes mit einem schriftlichen Befehl bei der Amme, die das Kind in Pflege hatte. Darin hiess es kurz und bündig, dass sie der Überbringerin dieser Nachricht das Kind auszuhändigen habe. Die Amme legte das Kind in einen aus Binsen geflochtenen Korb und gab ihn der Vorsteherin. Diese ging zum Dschau-yang-Palast zurück und stellte den Korb hinter einen Türvorhang. Gleich darauf erschienen der Kaiser und Ho-dö. Der Eunuche Tiän Ko musste die Verschnürung des Korbes lösen, dann wurden alle hinausgeschickt, und der Kaiser selbst schloss hinter ihnen die Türe ab. Wenig später – Ho-dö hatte das Kind inzwischen erwürgt – öffnete er sie wieder. Er rief den Eunuchen herein und befahl ihm, den Korb gut zu verschnüren. Anschliessend musste er ihn noch in ein Stück grobes Sackleinen einschlagen. Dieses wurde vernäht und versiegelt und das Bündel dann hinter einen Wandschirm abgestellt. Als es Abend geworden war, trug der Eunuche es zu Dji Wu und sagte zu ihm:

«In dem Korb ist ein totes Kind. Man befiehlt dir, es an einem abgelegenen Ort zu vergraben. Du haftest mit deinem Kopf dafür, dass niemand es sieht oder davon erfährt.»

Noch in der gleichen Nacht grub Dji Wu neben der Umfassungsmauer des Palastgefängnisses ein tiefes Loch und verscharrte es darin.

SIEBZEHNTES KAPITEL

*Zweimal versucht Wang Scheng vergeblich, ein Kind in
den Palast zu schmuggeln. Über einen Brief ihrer Schwester gerät die Kaiserin in Furcht und Schrecken.*

Als nun der Zeitpunkt näherrückte, an dem die Kaiserin hätte gebären sollen, liess der Kaiser vorsorglich
alle Zeremonialgerätschaften für die erste Waschung
des Kindes in den Palast des umfassenden Gesetzes
schaffen. Von Angst und Sorge bedrückt, nahm die
Kaiserin diese Vorkehrungen wahr; sie liess sich aber
nichts anmerken, sondern dankte dem Kaiser für seine Aufmerksamkeit. Als die Palastdamen und Dienerinnen sich entfernt hatten, liess sie den Eunuchen
Wang Scheng kommen und sagte zu ihm: «Als ein un-
bedeutender Eunuche von geringer Herkunft bist du
in den Palastdienst eingetreten, und ich habe nicht
nur dir, sondern auch deinem Vater und deinen Brü-
dern zu Reichtum und Ansehen verholfen. Weil ich
glaubte, dass sich meine erschütterte Stellung bei
Hofe festigen würde, habe ich mich dazu entschlossen, dieses Spiel in der Hoffnung auf eine günstige
Wende des Schicksals zuende zu spielen. Jetzt freilich
gibt es kein Zurückweichen mehr, denn der Tag, an
dem ich gebären soll, ist nicht mehr fern. Nun hat
auch noch der Kaiser die Zeremonialgerätschaften
für die erste Waschung des Kindes in meinen Palast
geschickt. Eile tut not. Weisst du einen Rat, der mir
Demütigung und Schande erspart? Wenn es dir gelingt, mir zu helfen, will ich dich reich belohnen.»

Der gerissene Eunuche besann sich nicht lange. «Ich, Euer ergebener Diener, weiss, wie dem abzuhelfen ist», antwortete er. «Ich werde unter das Volk gehen und Euch für gutes Silber ein neugeborenes Kind kaufen. Wenn ich es hierher gebracht habe, braucht Ihr nur zu erklären, dass Ihr eben geboren habt. Eine andere Möglichkeit, Euch zu helfen, gibt es nicht.»

«Dieser Gedanke», meinte die Kaiserin, «scheint mir nicht schlecht zu sein. Was aber, wenn die Sache herauskommt?»

«Wir müssen eben ganz vorsichtig zu Werke gehen. Dann wird gewiss nichts passieren.»

«Also gut. Aber lass' mich nicht allzu lange auf das Kind warten.»

Wang Scheng versprach das. Er brach sofort auf und verliess den Vormitternachts-Palastbezirk. In seiner Stadtwohnung vertauschte er das lange, buntseidene Eunuchengewand gegen Hosen und Rock aus dunklem Leinen und setzte sich einen grossen, aus dem Bast der Mondpalme geflochtenen Hut auf den Kopf. Derart verkleidet, begab er sich in die östlichen Vorstädte und schlich, wie ein nach Beute ausspähender Habicht, durch die engen, krummen Gassen der Armenviertel. Er war noch nicht lange unterwegs, da stiess er an einer Ecke mit einem alten, gebeugten Mann zusammen, der es verflucht eilig zu haben schien.

«He, Alter, warum so hastig?» rief er verärgert. «Ich habe es gar nicht gern, wenn man mich auf der Strasse anrempelt.»

«O werter Herr, gebietet eurem Zorn Einhalt», entschuldigte sich der Alte. «Meine Schwiegertochter hat gestern Nacht einen Sohn geboren, und die Geburt hat sie arg geschwächt. Darum will ich rasch zur Apotheke und ein stärkendes Medikament für sie holen. Ach, ich bin ganz durcheinander und habe den hohen Herrn überhaupt nicht bemerkt. Verzeiht, dass ich euch angerempelt habe.»

«Wie viele Enkel hast du, Alter?» fragte Wang Scheng, der bereits die günstige Gelegenheit witterte, versöhnlich gestimmt.

«Ach, das ist schon der vierte. Und wir sind so arm. Wer möchte denn soviele Kinder haben, wenn er so arm ist?»

«Wenn ich dich richtig verstehe, dann willst du das Kind gar nicht haben, nicht wahr?»

«Ach, die Schwiegertochter hat keine Milch, um das Kind zu ernähren. Und ausser ihr ist niemand da, der sich um die anderen Kinder kümmert. Mein ‹häuslicher Trampel› ist vor einigen Jahren gestorben, und mein Sohn ist bei den Soldaten. Wenn sich jemand finden sollte, der das Kind haben möchte, dann würde ich es ihm gerne geben.»

«Das ist aber ein seltener Zufall! Wenn du das Kind nicht haben willst, dann gib es mir. Ich würde schon für das arme Würmchen Sorge tragen.»

«Wie heisst ihr, Herr, und wo ist eure Wohnung?»

«Ich heisse mit Geschlechtsnamen Dschang und wohne eine halbe Meile vor dem Osttor. Obwohl ich nicht mehr der Jüngste bin, habe ich keinen Sohn und Leibeserben. Wenn du mir das Kind überlässt, Alter, gebe ich dir hundert Batzen Silber. Du wirst, meine ich, das Geld gut für deine Familie gebrauchen können.»

«Ihr wollt das Kind also haben, Herr. Gut. Aber warum wollt ihr mir das viele Silber geben, da ihr das Kind doch an Sohnesstatt annehmt? Nun denn, kommt mit! Ich bringe euch zu meiner Schwiegertochter und gebe euch das Kind.»

Der Alte führte ihn durch finstere, schmutzige Gassen, in denen sich der Unrat häufte. Vor einer Hütte blieb er stehen und hiess ihn eintreten. Dann ging er in den angrenzenden Raum und erzählte der Schwiegertochter von dem rettenden Angebot. Schliesslich zeigte er ihr auch das Silber.

«Wenn es so ist», meinte sie, «dann gib das Kind nur rasch fort. Eine bessere Gelegenheit wird sich niemals finden.»

Nach einer Weile kam der Alte mit dem Kind auf dem Arm heraus und reichte es Wang Scheng. «Geh' nur», murmelte er. «Ich hoffe nur, dass dir ein glückliches Leben beschieden ist.»

«Hör' mal her, Alter», sagte Wang Scheng, «ich möchte das Kind gerne heimnehmen, ohne dass die ganze Nachbarschaft davon erfährt. So kann ich es nicht forttragen. Hast du vielleicht eine kleine Kiste oder Schachtel im Haus?»

Der Alte bejahte das und ging wieder nach hinten. Wang Scheng hörte, wie er dort eine ganze Weile herumwirtschaftete. Dann erschien er mit einer kleinen Kiste unter dem Arm. Der Eunuche legte das Kind hinein, verschloss den Deckel und nahm rasch vom Alten Abschied. Dann machte er sich, so schnell die Beine ihn trugen, auf den Rückweg. In seiner Stadtwohnung schlüpfte er wieder in das buntseidene Eunuchengewand und eilte dann durch eines der

Tore in den Palastbezirk, ohne dass einer der Wachen ihn angehalten und gefragt hätte, was er da in der Kiste habe.

Unverzüglich betrat er den Palast des umfassenden Gesetzes und die Pfeffergemächer der Kaiserin. Er kniete vor ihr nieder und sagte: «Euer Sklave hat sich die grösste Mühe gegeben, ein Kind zu besorgen und es hierher zu schaffen.»

«Das ist ein sichtbarer Beweis für den wundersamen Beistand meiner Ahnen!» jubelte die Kaiserin. «Sie waren es, die dich unterwegs beschützt haben. Trotzdem wird deine Belohnung nicht gering ausfallen.»

Sie nahm den Deckel ab und schaute neugierig hinein. Als sie aber sah, dass das Kind bereits tot war, erschrak sie und schalt: «Ha, du dummer Kerl hast mich nicht verstanden! Was soll ich mit einem toten Kind?»

«Höchst seltsam! Seltsam in der Tat!» entfuhr es dem bestürzten Eunuchen. «Ah, jetzt weiss ich, wie es dazu kam! Das Kind ist ganz einfach erstickt, weil ihm die Luft zum Atmen fehlte. Verlasst Euch darauf, Niang-niang, das nächste Mal werde ich es besser machen. Ich nehme, wenn ich auf Kindersuche gehe, eine kleine Kiste mit, in die ich zuvor etliche Löcher gebohrt habe. Dann kann die Luft hinein, und das Kind bleibt am Leben.»

«Also gut. Aber achte darauf, dass du die Sache nicht wieder verpfuschst. Es darf nicht lange dauern, denn der Tag, an dem ich gebären sollte, ist schon vorbei.»

Der Eunuche versprach der Kaiserin, sein Möglichstes zu tun, und verliess sofort den Palastbezirk. Was halfen ihm alle späte Reue und die Erkenntnis, dass er unbedacht gehandelt hatte? Es blieb ihm nichts anderes übrig, als abermals durch die schmutzigen und engen Gassen der östlichen Vorstädte zu streifen und nach einem Neugeborenen Ausschau zu halten. Diesmal hatte er weniger Glück. Erst nach vierzehn Tagen fand er ein passendes Kind. Es war bereits zwei Tage alt, und er zahlte abermals hundert Batzen Silber dafür. Er legte es in ein Kästchen, in das er zuvor eine ganze Anzahl Löcher gebohrt hatte, und machte sich dann auf den Rückweg. Unterwegs verhielt es sich mucksmäuschenstill. Als er sich dem Palastbezirk näherte, klopfte ihm das Herz bis zum Halse hinauf, und er murmelte ein Stossgebet:

«Erhabener Himmel in der Höhe! Hilf mir, Wang Scheng, dass ich dieses Kind unbemerkt in den Palast des umfassenden Gesetzes bringe. Dann wird das Reich der Dschau-Familie zufallen und ich, der ich dann reich und vornehm geworden bin, werde dir zum Dank einen Tempel errichten lassen.»

Mit langen Schritten, das Kästchen unter den Arm geklemmt, eilte er schnaufend auf eines der Tore zu, das in den Palastbezirk führte. Plötzlich begann es in dem Kästchen zu greinen. Darüber erschrak er so sehr, dass sein Herz bebte, und ihm kalte Schauer über den Rücken liefen. Seine Seele haftete nicht mehr am Körper, und er wusste sich keinen anderen Rat, als den Himmel erneut um Beistand anzuflehen. Nach einer Weile hörte das Greinen auf, und mit Riesenschritten eilte er weiter.

Seine Furcht kam nicht von ungefähr. In einer der

vorangegangenen Nächte war etwas passiert, und der Kaiser hatte den Leibgardisten erhöhte Wachsamkeit befohlen. Es war bereits Abend. Unablässig schnarrten die Rasseln, und nicht nur am Tor, nein auch auf den aussen an der Mauer herumführenden Patrouillenwegen waren in regelmässigen Abständen Posten aufgestellt. Wang Scheng war noch fünfzig Schritte vom Tor entfernt, als das Kind abermals zu greinen anfing.

«Verfluchter Bastard!» zischte er. «Warum brüllst du so? Du sollst doch Kaiser werden.» Und als das Greinen anschwoll: «O weh, ich glaube, dass dir das Glück, Kaiser zu sein, nicht beschieden ist.» Er blickte sich verstohlen um und dachte: Wenigstens ist niemand in der Nähe. Wenn ich entdeckt würde, dann wäre mein Traum von Reichtum und Vornehmheit für alle Zeiten ausgeträumt. Der Kaiser würde mich, ohne lange zu fackeln, hinrichten lassen.

Als er einsah, dass er mit dem weinenden Kind nicht in den Palastbezirk hineinkam, ohne Verdacht zu erwecken, gab er sein Vorhaben schweren Herzens auf. Es schien ihm am besten, das Kind zu seiner Mutter zurückzubringen und der Kaiserin seinen Misserfolg zu melden. Er kehrte um und schlich davon. Als er wieder bei den Eltern war, gab er ihnen das Kind mit der Ausrede, er habe einen Wahrsager befragt und von diesem erfahren, dass dessen Schicksal mit dem seinen nicht harmoniere, zurück und bekam sein Geld wieder. Dann eilte er schnurstracks zur Kaiserin, kniete vor ihr nieder und stammelte: «Euer Diener verdient zehntausend Tode zu sterben!»

«Ich habe dir doch befohlen, die Sache unter allen

Umständen zu erledigen», rief die Kaiserin erregt. «Warum kommst du mit leeren Händen zurück? Was hat das zu bedeuten?»

Wang Scheng berichtete ihr nun alles ausführlich, und ihre Tränen flossen gleich dem Regen hernieder. «Weh mir», stöhnte sie. «Wenn es so ist, welchen Ausweg gibt es dann noch?»

Die ganze Nacht berieten sich die beiden, doch keiner fand einen Ausweg.

Inzwischen war die Zeit der Schwangerschaft längst verstrichen. «Wie kommt es nur», fragte der ahnungslose Kaiser eines Tages Fan I, «dass die Kaiserin Uns noch immer keinen Leibeserben geschenkt hat, obwohl sie nun doch im zwölften Monat schwanger ist?»

«Im Altertum», belehrte ihn jene, «war die Mutter des späteren Kaisers Yau* vierzehn Monate schwanger, bevor sie niederkam. Der Umstand, dass die Kaiserin noch nicht geboren hat, beweist eindeutig, dass der Sohn Eurer Majestät gleichfalls ein grosser Heiliger sein wird. Eure Majestät machen sich nur unnötige Sorgen.»

«Das stimmt!» rief der Kaiser freudig-bewegt aus und schickte auf der Stelle seinen Leibeunuchen fort, damit er sich nach dem Befinden der Kaiserin erkundige.

«Was soll ich nur tun?» jammerte die Kaiserin dem Eunuchen Wang Scheng vor. «Wie lässt sich die Sache nur beilegen? – Halt, ich hab's! Du meldest dem Kaiser, dass es eine Fehlgeburt gegeben hat. Was meinst du? Du gehst zu ihm hin und sagst, ich hätte heute Nacht geträumt, ein Drache sei neben mir im Bett gelegen. Darüber sei ich derart erschrocken, dass es zu einer Fehlgeburt gekommen sei. Sage ihm auch, er soll die Zeremonialgerätschaften zur ersten Waschung des Kindes wieder abholen lassen.»

«Eine gute Idee», pflichtete ihr der Eunuche bei. «Ich gehe hin, und wenn ich dabei das Leben riskiere.» Daraufhin begab er sich zum Kaiser.

«Gewiss willst du mir frohe Kunde bringen, Wang Scheng», sagte jener. «Gewiss willst du mir melden, dass die Kaiserin nun geboren hat.»

Wang Scheng stöhnte laut auf. «Nein, erhabener Gebieter! Heute Nacht sah die Niang-niang im Traum einen Drachen neben sich liegen. Darüber erschrak sie so sehr, dass es zu einer Fehlgeburt kam. Sie trug mir auch auf, Euch zu bitten, die Zeremonialgerätschaften für die erste Waschung des Kindes wieder abholen zu lassen.»

«Weh mir!» rief der Kaiser. «Wie sehr habe ich gehofft, dass die Niang-niang mir endlich einen Sohn gebären würde, damit ich ihn im Ahnentempel den Geistern der Vorfahren vorstellen kann. Wer hätte gedacht, dass es eine Fehlgeburt geben würde? Dadurch sind alle meine Hoffnungen zunichte geworden.» Er war so niedergeschlagen, dass ihm die Tränen über das Gesicht liefen, und er in einem fort seufzen musste. Wenig später ging er zu Ho-dö und erzählte ihr, was er soeben erfahren hatte. «Weh mir», schloss er seine Rede, «ich war in der besten Hoffnung, endlich einen Sohn zu bekommen, der einmal mein Werk fortsetzen würde. Welch ein Unglück!»

«Beruhigt Euch», versuchte sie ihn zu trösten. «Gewiss werdet Ihr noch einen Sohn und Thronerben bekommen. Eure grossen Tugenden und hehre Majestät, die in ihrer Erhabenheit an die fünf Herrscher des Altertums erinnert, werden eines Tages gewiss ihren Lohn finden.»

Der Kaiser antwortete nichts hierauf. Niedergeschlagen und mit düsterumwölkter Stirne begab er sich zur Ruhe.

Ho-dö hatte den Kaiser nur zum Schein zu trösten versucht, denn sie wusste sehr wohl, dass ihre ältere Schwester ihn schamlos hintergangen hatte. Darum entschloss sie sich, einen Brief zu schreiben, und diesen durch eine ihrer Palastdamen der Kaiserin zu schicken. Gedacht, getan. Sie rührte die Tusche mit eigenen Händen an und schrieb die folgenden Zeilen:

Ältere Schwester, du behauptest, es habe eine Fehlgeburt gegeben. Wie aber ist das möglich, da die Zeit der Schwangerschaft schon längst vorüber ist. Nicht einmal einen Knaben von drei Fuss Grösse kannst du mit dieser offenbaren Lüge täuschen – wieviel weniger den Kaiser und Herrn der Menschheit! Zum Glück ist mein Gefolge mir treu ergeben, und ich kann auf seine Verschwiegenheit vertrauen. Sollte die Lüge eines Tages doch offenbar werden, dann weiss ich wirklich nicht, wo und wie du deinen Tod finden wirst. Nimm dir diese Worte zu Herzen und sei fortan aufrichtig bestrebt, dich zu bessern.

Nachdem sie den Brief geschrieben und mit ihrem Petschaft gesiegelt hatte, gab sie ihn der Palastdame Herbstschwan und befahl ihr, der Kaiserin den Brief persönlich zu übergeben. Als Herbstschwan die

Pfeffergemächer im Palast des umfassenden Gesetzes betrat, lag die Kaiserin im Bett.

«Niang-niang, erinnert Ihr Euch noch an die Sklavin?» fragte Herbstschwan. «Während Eurer Schwangerschaft habe ich mich zuweilen im Auftrag meiner Herrin nach Eurer Gesundheit erkundigt. Hier bringe ich Euch einen Brief von ihr.»

Die nichtsahnende Kaiserin richtete sich auf und nahm den Brief. Während sie las, erbleichte sie und wurde derart von der Furcht gepackt, dass sie sich zu einer Antwort kaum zwingen konnte. «Ich kann dir jetzt keinen Brief mitgeben», stammelte sie. «Grüsse deine Herrin vielmals von mir.»

Herbstschwan verabschiedete sich und ging.

Wie hätte die Kaiserin es jetzt noch gewagt, sich sinnlichen Ausschweifungen hinzugeben? Sie liess Djing An-schi, Yän Rotphönix und allen anderen Männern, die sich noch im Palast des umfassenden Gesetzes aufhielten, sagen, dass sie fortgehen sollten. Nur den Vogelschützen behielt sie zurück. Am späten Abend liess sie ihn zu sich kommen und sagte:

«Mein Leben hat sich nun so entwickelt, dass jede Reue zu spät kommt. Ach, ich dachte, dass man doch nur den sinnlichen Genüssen nachjagen sollte. Jetzt sind alle anderen Männer fort, und ich habe nur noch dich, mein Schatz.» Sie umarmte ihn stürmisch und bedeckte sein Gesicht mit Küssen. «Du», keuchte sie, «von heute an musst du mich von früh bis spät glücklich machen... lass' uns immer zusammen glücklich sein... Wenn mein Körper zu Staub zerfallen und meine Knochen zerbrochen sind, magst du dem Ruf deines Schicksals folgen.» Dies sagte sie, weil er wieder-

Die Kaiserin verabschiedet zerknirscht

ihre letzten heimlichen Freunde

holt den Wunsch geäussert hatte, Mönch zu werden!

«Ich habe die dicke Gunst der Niang-niang genossen», antwortete er und weinte dabei vor Rührung. «Zehntausend Tode sollten mich schwerlich von Euch trennen. Wie darf ich es wagen, Eure Befehle nicht mit aller Kraft zu befolgen. Leider muss ich gestehen, dass Eure kaiserliche Huld für mich zu gross ist. Meine Lebenskraft ist völlig erschöpft, und ich bin, verglichen mit früher, nur noch ein Schatten meiner selbst. Seitdem ich hier im Palast bin, habe ich ohne Unterlass Eure Sinneslust stillen müssen. Ausserdem redet man schon laut über unser Verhältnis, wilde Gerüchte gehen um, und ich muss befürchten, dass ich eines Tages ganz plötzlich hingerichtet werde. Darum bitte ich Euch, mich alsbald heimkehren zu lassen, damit mein Leib dereinst unversehrt an der Seite meiner Ahnen seine Ruhe findet, und unsere Liebe nicht durch ein hässliches Ende zerstört werde, sondern eine schöne Erinnerung bleibt.»

Die Kaiserin hörte ihn geduldig an und schwieg eine Weile. Dann sagte sie: «Ich liess dich damals zu mir kommen, weil ich mich einsam fühlte und ausserdem hoffte, du würdest mir ein Kind machen. Leider haben meine Erwartungen mich getrogen, und es ist müssig, jetzt noch darüber zu reden. Ich weiss, dass du mich verlassen willst. Trotzdem bitte und beschwöre ich dich: bleibe wenigstens noch einige Zeit bei mir und lass' uns in der Liebe Erfüllung finden. Wenn du dann fortgehst, wird es noch immer früh genug sein.»

Was blieb ihm da anderes übrig, als sich ihrem Wunsch zu fügen? Sie päppelte ihn mit potenzfördernden Mitteln auf, und er musste Nacht für Nacht ihre unersättliche Sinneslust befriedigen. Aber er fand keine Freude mehr daran. Und warum nicht? Weil er sich nach der ruhigen Behaglichkeit seines Heimes zurücksehnte, denn im Palast fühlte er sich längst nicht mehr wohl. Ausserdem war seine Gesundheit untergraben, und er wusste, dass er schwerlich mit dem Leben davonkommen würde, wenn der Kaiser von ihm erführe. Er hatte keine Ahnung, wie sich die Dinge daheim entwickelt hatten, und darum sehnte er Tag und Nacht seine Freiheit herbei. Das waren die Gründe, die bewirkten, dass er beim Liebesspiel mit der Kaiserin keine rechte Freude mehr empfinden konnte. Absichtlich erfüllte er seine Pflichten nur noch nachlässig, denn er glaubte, dass sie ihn fortschicken werde, wenn sie seiner überdrüssig geworden sei. Und so wurde auch die Kaiserin nicht mehr richtig fröhlich, sondern zeigte sich manchmal den ganzen Tag mürrisch und missgelaunt.

An einem der folgenden Tage sass der Kaiser wieder bei Ho-dö im Dschau-yang-Palast. «Wie sehr habe ich auf Nachkommenschaft gehofft», klagte er. «Und jetzt hat die Kaiserin zu allem Unglück eine Fehlgeburt gehabt. Wie traurig ist das! Doch vielleicht wirst du mir einen Sohn schenken, wenn wir noch etwas warten.»

«Das ist wohl möglich», antwortete sie. «Ich jedenfalls bin der Ansicht, dass die allumfassende Güte und grosse Tugend Eurer Majestät ihren Lohn finden werden.»

Während sie sich weiter unterhielten, erschien ein

Eunuche und meldete, die Palastdame Dschu, die in den hinteren Höfen das Amt der Teebesorgerin versehe, habe soeben einen Knaben zur Welt gebracht. Der Kaiser, der dieses Kind heimlich gezeugt hatte, klatschte vor Vergnügen laut in die Hände. Er gebärdete sich närrisch und rief ein um das andere Mal: «Go hsi, welche Freude!» Ho-dös schönes Blumenantlitz aber erbleichte, und ihre Weidenblatt-Augenbrauen wölbten sich steil in die Höhe.

«Ohne Unterlass betrügt Ihr mich mit anderen Weibern!» rief sie in grosser Erregung. «Ihr sagtet mir damals, ihr wäret bei der Kaiserin gewesen. Und jetzt hat diese Dirne einen Balg in die Welt gesetzt. Wie reimt sich das zusammen?» Und als der Kaiser beharrlich schwieg, schrie sie: «Wollt ihr die Dirne vielleicht gar zur Kaiserin machen?» Dann befahl sie dem diensttuenden Eunuchen, ihr das Kind zu bringen.

«Nur langsam», widersprach der Kaiser. «Die ganze Angelegenheit muss erst gründlich geprüft werden.»

«Was heisst das: geprüft werden? Wenn Ihr nicht einwilligt, verliere ich vor den Leuten das Gesicht.»

Der Kaiser antwortete nicht, und das reizte sie erst recht. Zornerfüllt und halb von Sinnen schlug sie sich die verkrampften Fäuste gegen die Brust, dann sprang sie auf und rannte mit dem Kopf gegen Wand und Türpfosten. Schliesslich warf sie sich zu Boden und kreischte wie eine Irre. Da kamen einige Palastdamen herbeigeeilt und legten sie auf eines der Ruhebetten. Sie aber sprang herunter, wälzte sich auf dem Boden und schrie aus vollem Halse: «Und was wird jetzt aus mir? Ich Unglückliche! – Ich will fort! Ich verlasse den Palast!»

Der Kaiser war starr vor Entsetzen; ihm hatte es die Sprache verschlagen. «Was... was soll das heissen?» stammelte er nach einer Weile ganz verwirrt. «Ich verstehe dich nicht. Ich verstehe dich durchaus nicht.» Ho-dö aber tobte weiter, ohne ihn einer Antwort zu würdigen.

Inzwischen war es dunkel geworden, und die aufwartenden Palastdamen trugen das Abendessen auf. Ho-dö weigerte sich, auch nur einen Bissen anzurühren, während der Kaiser unentschlossen und ruhelos auf und ab wanderte. Schliesslich setzte er sich an den Tisch. Er versuchte sie zu trösten, und um ihr zu zeigen, dass er ihr durchaus nicht grolle, rührte er die Speisen auch nicht an. Plötzlich sprang sie wie von einer Schlange gebissen auf und schrie ihn an: «Warum esst Ihr nicht, wenn Ihr glaubt, dass Ihr im Recht seid? Mehr als einmal habt Ihr mir und der Kaiserin geschworen, dass Ihr uns niemals hintergehen werdet. Und jetzt habt Ihr Eure Schwüre abermals gebrochen. Womit wollt Ihr Euch diesmal entschuldigen?»

«Aber mein teurer Schatz!» rief der Kaiser nun gleichfalls erregt. «Ich denke ja nicht daran, meine Schwüre zu brechen und die geborene Dschu zur Kaiserin zu machen! Du kannst wirklich ganz unbesorgt sein: Niemals werde ich einer Frau einen höheren Platz einräumen als deiner älteren Schwester und dir.»

Da trocknete sie ihre Tränen ab und nahm, von den Palastdamen gedrängt, an der Tafel Platz. Lustlos stocherte sie in den Speisen herum, während der Kaiser hier und dort ein Häppchen nahm. Nachdem die Tafel abgeräumt worden war, liess Ho-dö ihren Leibeunuchen Djin Gue rufen und befahl ihm, ihr das Kind zu bringen. Er hastete zur geborenen Dschu und sagte zu ihr: «Die Glänzend-Sittliche hat mir befohlen, ich soll ihr dein Kind zum Anschauen bringen.»

«Weh mir!» rief die junge Mutter verzweifelt. «Wenn ich das Kind weggebe, wird es schwerlich am Leben bleiben. Was hat der Kaiser dazu gesagt?»

«Er hatte kaum den Mund aufgemacht, da fing die Glänzend-Sittliche lauthals zu schreien an. Er ist ratlos und weiss sich nicht zu helfen.»

«Dann gibt es keine Rettung mehr für mein Kind!» rief die junge Mutter. Sie hielt ihr Kind fest umklammert und weinte bitterlich. Sie wollte es durchaus nicht hergeben, doch da packte der Eunuche zu und riss es ihr aus den Armen. Er ging damit zu Ho-dö und zeigte es ihr, denn er glaubte noch immer, dass sie es nur ansehen wolle.

«Töte es für mich!» rief sie, ohne das Kind auch nur eines Blickes zu würdigen.

«Niang-niang», wagte der Eunuche zu widersprechen, «was hat das arme Kind Euch getan, dass ich es töten soll?»

«Zahle ich dir deshalb ein grosses Gehalt, dass du meine Befehle nicht ausführst?» schrie sie wütend zurück. «Wenn du nicht sofort tust, was ich dir befohlen habe, dann hast auch du dein Leben verwirkt.»

Da packte der verängstigte Eunuche das Kind an den Beinen und schlug es mit dem Kopf gegen den Piedestal einer Säule, dass die zarte Hirnschale zerbarst und das Blut einen Klafter weit umherspritzte.

Dann trug er die kleine Leiche hinaus und warf sie angeekelt von sich. Der Kaiser aber hatte es die ganze Zeit über nicht gewagt, auch nur mit einem einzigen Wort zu widersprechen.

So bewahrheitete sich die Prophezeihung ‹Zwei Schwalben kommen angeflogen und hacken auf den kaiserlichen Erbprinzen ein›, die schon seit einigen Jahren in der Hauptstadt kursiert hatte. Später sangen die Knaben bei ihren Spielen auf den Strassen das folgende Liedchen:

Zwei Schwalben, zwei Schwalben,
die flogen in den Han-Palast.
Mit ihren scharfen Schnäbelein
pickten sie und hackten sie
auf des Kaisers Erben ein.
Der junge Prinz, der musste sterben.
Die Schwalben wurden sein Verderben.

In diesen Tagen wurde der Kaiser erstmals von Gespensterfurcht befallen. Wenn er – was fortan immer wieder geschah – an Halluzinationen litt, dann sah er überall die Geister jener Männer, die er schuldlos hatte töten lassen, und die Angst raubte ihm schier den Verstand. Um die bösen Erscheinungen zu bannen, liess er im Oberen Wald-Park fortwährend Opfer darbringen und gab dafür grosse Summen aus. Er beschäftigte sich auch mit der Gelb-Weiss-Kunst* und schluckte eine Menge Lebenselixiere, die von Scharlatanen zubereitet waren. Jeden Morgen mussten Diener den ‹reinen Wolkentau› holen, der sich über Nacht in der ehernen Hand auf der ‹Terrasse der gött-

319

lichen Klarheit› angesammelt hatte, und er trank ihn,
vermischt mit Edelsteinstaub, zum Frühstück.

Auch seine krankhafte Schwäche blieb weiterhin
ungeheilt, und selbst die berühmtesten Ärzte des Reiches wussten keine Abhilfe mehr. Sein körperliches
Befinden verschlechterte sich derart, dass er schliesslich nur noch langsam und mit grosser Mühe aufrecht
gehen konnte und nicht mehr imstande war, das Zeremoniell des Frühjahrspflügens auf dem kaiserlichen
Feld innerhalb des Vormitternachts-Palastbezirkes
auszuführen. Sein Mannesding blieb weich und
schlaff, und er konnte sich mit keiner Frau mehr vereinigen. Dies bereitete ihm grossen Kummer, und er
fragte einen der Scharlatane um Rat.

«Im Fünf-Terrassen-Gebirge», antwortete jener,
«lebt ein grosser Weiser, der das Geheimnis von Tod
und Leben kennt und die Hsiän-dan, die Pille der Unsterblichen, besitzt. Gewiss weiss er ein Mittel, das die
Krankheit Eurer Majestät heilt. Warum schickt Ihr
nicht einen Boten hin?»

Der Kaiser war von diesem Vorschlag begeistert.
Er liess den Palastjunker Tang Djin zu sich kommen,
der ihm nicht nur seiner dauistischen Neigungen wegen geeignet schien, sondern vor allem deshalb, weil
er auch in kritischen Situationen seinen Kopf behielt.
Der Kaiser erklärte ihm den Auftrag und liess ihm
hundert Batzen Silber und fünfzig Batzen Gold aushändigen. Und noch am gleichen Tag begab sich
Tang Djin als Dauist verkleidet auf die Reise.

ACHTZEHNTES KAPITEL

*Durch Fürsprache der Kaiserin-Mutter wird der Prinz
von Ting-tau Thronfolger. Der Vogelschütze verlässt den
Palast und erlebt daheim eine grosse Enttäuschung.*

Da der Kaiser nun alle Hoffnungen auf einen Leibeserben aufgegeben hatte, kamen seine nächsten
männlichen Verwandten, die Prinzen von Dschung-
schan und von Ting-tau an den Hof. Der erste, ein
jüngerer Halbbruder des Kaisers, brachte nur seinen
Grosstutor mit, während der andere, sein Neffe, gleich
mit einem ganzen Gefolge von Ministern und Gene-
rälen erschien. Dies verwunderte den Kaiser, und er
fragte ihn, was das zu bedeuten habe.

«Wenn die Lehnsfürsten des Reiches zur Audienz
beim Kaiser befohlen werden», antwortete der junge
Prinz schlagfertig, «dann steht es ihnen frei, ihre
sämtlichen Würdenträger mit einer Besoldung bis zu
zweitausend Steinen* mitzubringen. Euer Diener
weiss, dass der Grosstutor, die Minister und Generäle
alle eine Besoldung von zweitausend und mehr Steinen erhalten. Darum hat er sie mitgebracht.»

«Welchen Klassiker hast du auswendig gelernt?»

«Das Buch der Lieder.»

Der Kaiser führte nach Belieben mehrere Verse an,
und der junge Prinz rezitierte sie allesamt und ohne
auch nur ein Wort zu übergehen, aus dem Gedächtnis.
Ausserdem verstand er es, die Bedeutung einiger dunkler Stellen zu erklären, so dass der Kaiser ihn lobte.
Am nächsten Tag liess er den Prinzen von Dschung-

schan zu sich kommen und fragte ihn, warum er nur seinen Grosstutor mitgebracht habe. Jener wusste nicht, was er darauf antworten sollte und schwieg verlegen. Daraufhin fragte der Kaiser ihn, welchen Klassiker er auswendig gelernt habe.

«Das Buch der Urkunden.»

«Gut.» Und der Kaiser befahl ihm den Abschnitt ‹Der Musikmeister Kue› aufzusagen. Mit fortwährenden Unterbrechungen würgte er den Text mühsam hervor, und der Kaiser runzelte unwillig die Augenbrauen. Anschliessend liess er ein opulentes Mahl auftragen und lud den Prinzen ein, mit ihm zu speisen. Der Prinz schlürfte und schmatzte genüsslich und ass und trank sich randvoll. Als er aufstand und die Stufen hinabging, löste sich eines seiner Strumpfbänder, so dass er darüber stolperte und fast hingefallen wäre. Wie kommt es nur, dachte der Kaiser, während er ihm nachschaute, dass mein Halbbruder, der doch schon weit über die Dreissig hinaus ist, so dumme Antworten gibt und sich nicht zu benehmen weiss?

Inzwischen hatte sich der Prinz von Ting-tau, angestachelt von seiner ehrgeizigen Mutter, mit zwei langen Geschenklisten zur Kaiserin und zu Ho-dö begeben. Er hatte sich ihnen vorgestellt und eine Weile höflich geplaudert. Anschliessend erschien er im Schloss der langen Treue bei der Kaiserin-Mutter zur Audienz. Er begrüsste sie ehrfurchtsvoll mit einem Stirnaufschlag, und sie erlaubte es ihm ausdrücklich, sich in ihrer Gegenwart zu setzen. Als er sich nach ihrem Wohlbefinden erkundigte, sagte sie:

«Ich bin zwar gesund, aber durchaus nicht frohgestimmt, weil ich keinen Enkel habe. In den letzten Tagen habe ich oft an dich denken müssen. Du bist ein pietätvoller Sohn und zudem klug und verständig. Ich werde dem Kaiser vorschlagen, dass er dich als Sohn adoptiert und zum Thronfolger ernennt.»

«Sollte der Kaiser geruhen, mich zum Thronfolger zu erheben», antwortete der Prinz mit einer tiefen Verbeugung, «dann werde ich niemals imstande sein, Euch diesen grossen Gnadenbeweis zu vergelten.»

Am nächsten Morgen bestieg die Kaiserin-Mutter ihre Sänfte und liess sich zur Kaiserin in den Palast des umfassenden Gesetzes tragen. «Es ist traurig», sagte sie zu ihr, «dass du noch immer keinen Sohn hast und es dir nicht vergönnt ist, Mutterfreuden zu erleben. Gestern war der Prinz von Ting-tau bei mir und hat sich vorgestellt. Er ist pietätvoll und gehorsam. Ich werde darum dem Kaiser vorschlagen, ihn als Sohn zu adoptieren. So kämst auch du zu einem Sohn und würdest an ihm deine Freude haben.»

Die Kaiserin war voll und ganz damit einverstanden, doch wollte sie sich zuerst mit ihrer jüngeren Schwester beraten. Sie schickte eine Palastdame fort, und nach einer Weile erschien Ho-dö. Nach der Begrüssung setzten die drei Frauen sich zusammen und tauschten ihre Meinungen aus. Auch Ho-dö stimmte dem Vorschlag der Kaiserin-Mutter mit vollem Munde zu. Sie tranken noch eine Schale Tee und gingen dann wieder auseinander.

Als die Kaiserin-Mutter in das Schloss der langen Treue zurückgekehrt war, liess sie den Kaiser rufen und erzählte ihm von ihrer Unterredung mit den beiden Schwestern. Er verbeugte sich vor ihr und sagte: «Ich wage es nicht, mich Eurem Geheiss zu widersetzen, ehrwürdige Mutter. Respektvoll werde ich gemäss der strengen Weisung handeln.»

Obwohl auch der Kaiser entschlossen war, den Prinzen von Ting-tau zum Thronfolger zu ernennen, rief er dennoch an einem der folgenden Tage seine Würdenträger im Vormitternachts-Palast zusammen. «Wen sollen Wir», fragte er, «zum Thronfolger erheben? Den Prinzen von Dschung-schan oder den Prinzen von Ting-tau?»

«Im Buch der Sitte heisst es», sagte ein ehrwürdiger Greis mit weissen Haaren, «dass der Brudersohn soviel wie der eigene Sohn gilt und als Leibeserbe eingesetzt werden kann. Der Prinz von Ting-tau ist ein Sohn des Bruders Eurer Majestät und durchaus geeignet, Thronfolger zu werden.»

Dieser Ansicht schlossen sich alle anderen Würdenträger an, nur der Zensor Kung sprach sich dagegen aus und verlangte die Einsetzung des Prinzen von Dschung-schan als Thronfolger. «Im Altertum war es Sitte», führte er aus, «den nächsten Blutsverwandten als Erben zu bestimmen. Im Buch der Urkunden heisst es, dass zur Zeit der Yin-Dynastie nach dem Tode des älteren Bruders stets der jüngere Bruder* die Herrschaft antrat, falls noch einer vorhanden war. Der Prinz von Dschung-schan ist ein Sohn des Kaisers Yüan und ein jüngerer Bruder Eurer Majestät. Er sollte als Thronfolger eingesetzt werden.»

«Dieser Prinz ist gänzlich ohne Talente», widersprach der Kaiser. «Und ausserdem erheischt es die Sitte, dass ein älterer und ein jüngerer Bruder nicht

324

nacheinander unter die Ahnen aufgenommen werden dürfen.»

Wenig später erhob er den Prinzen von Ting-tau zum Thronfolger und liess im ganzen Reich das folgende Edikt verkünden:

Wir haben das Reich, das gewaltige, von unseren Vorfahren geschaffene Erbe empfangen und fünfundzwanzig Jahre lang im Ahnentempel gedient. Unsere dürftige Tugend ist nicht mehr imstande, die Gemüter der Menschen zu beruhigen und für Ordnung zu sorgen. Zahlreich sind die hundert Geschlechter, die sich gegen ihre Oberen beklagen, weil ihnen der Beistand des Himmels versagt bleibt. Bis zum heutigen Tag ward Uns das Glück eines Leibeserben nicht zuteil, und das Schicksal Aller wurde davon betroffen. Wenn Wir die warnenden Beispiele aus alter und neuer Zeit betrachten, dann sehen Wir, dass die Keime von Verwirrung und Unglück alle hierin ihren Ursprung haben. Daher soll der Prinz von Ting-tau von nun an Unser Sohn sein. Er ist gütig, menschenfreundlich, pietätvoll und gehorsam, und darum wohl befähigt, die himmlischen Ordnungen weiterzuführen. Wir erheben ihn hiermit zum Thronfolger und verleihen ihm ausserdem die Grafschaft I-hsing mit dreitausend Familien als Lehen.

Der Prinz von Ting-tau schrieb daraufhin den folgenden Dankesbrief an den Kaiser:

Die bescheidenen Fähigkeiten Eures Dieners reichen nicht aus, um den Pflichten des Thronfolgers Genüge zu tun. Er bittet daher, einstweilen im Gästehaus der Regierung Wohnung nehmen zu dürfen, damit er sich am Morgen und am Abend nach dem Wohlbefinden Eurer Majestät erkundigen kann. Er ist bereit, geduldig zu warten, bis Eurer Majestät ein heiliger Erbe geboren wird, um alsdann in sein Fürstentum zurückzukehren und weiter die Grenzen des Reiches zu bewachen.

«Wir haben es vernommen», schrieb der Kaiser mit zinnoberroter Tusche an den Rand der Eingabe, die übliche Formel, mit der er zum Ausdruck brachte, dass er den Brief zwar gelesen habe, dem Wunsch aber nicht nachkommen werde.

Die Kaiserin hielt zwar den Vogelschützen noch immer in ihrem Palast zurück, doch sie war traurig und niedergeschlagen und hatte schon seit über einem Monat nicht mehr mit ihm verkehrt. Als er eines Tages ihre Stimmung wahrnahm, fiel er vor ihr nieder, machte einen Stirnaufschlag und sagte mit flehender Stimme: «Die Kraft Eures Dieners ist nun erschöpft, und was ihm noch geblieben ist, reicht nicht aus, um die Niang-niang weiterhin zu befriedigen. Es ist daher vollkommen nutzlos, wenn Ihr weiterhin versucht, mich zurückzuhalten. Ich habe keinen sehnlicheren Wunsch, als dass Ihr mir erlaubt, meine müden Knochen zur Heimstatt meiner Ahnen zurückzutragen, damit sie dermaleinst an ihrer Seite Ruhe finden. Ein solcher Gnadenerweis Eurerseits, Niang-niang, wäre ohne Beispiel. Ausserdem ist jetzt der Prinz von Ting-tau Euer Sohn geworden. Er wird oft und ganz

unerwartet in den Palast kommen. Falls unser Verhältnis noch weiter besteht und eines Tages ruchbar
wird, ist mir der Tod gewiss, und Ihr werdet Eure Stellung als Kaiserin einbüssen.»

Geduldig lauschte die Kaiserin seinen Worten. Als
er den Prinzen von Ting-tau erwähnte, fand sie, dass
er recht hatte, und Tränen traten ihr in die Augen.
«Ich weiss schon seit langem», erwiderte sie, «dass
übermächtiges Heimweh an dir zehrt. Darum erscheint es mir schwierig, wenn nicht gar unmöglich,
dich noch weiterhin zurückzuhalten. Doch wenn du
fort bist, und wir für immer getrennt sind, wird meine
Sehnsucht nach dir mich in Unruhe stürzen. Wie
kann ich dich je vergessen, dich, der du mein erster
Geliebter warst? Wie soll ich auf dich verzichten?»

Sie schrie laut auf und weinte bittere Tränen; plötzlich wurde sie ohnmächtig und sank zu Boden. Mit
zitternden Händen fing der Vogelschütze sie auf und
stammelte verwirrt: «Niang-niang, bitte, beruhigt
Euch. Im Leben werden Zusammentreffen und Aus-
einandergehen bestimmt vom Yüan, von den schick-
salhaften Verknüpfungen aus früheren Existenzen.»

«Wenn du schon fortgehen willst», flehte sie, «dann
warte doch, bis ich gestorben bin.»

Wiederholt sprach er ihr Trost zu. Als sie einsah,
dass er auf seinem Entschluss beharrte und sich nicht
umstimmen liess, rief sie eine Palastdame herbei und
trug ihr auf, ein Abschiedsmahl herzurichten. Im
Handumdrehen war alles fertig, und sie setzten sich
an den Tisch. Der Vogelschütze ass ein paar Happen
und stürzte hastig mehrere Becher Wein hinab. Schon
wollte er aufbrechen, doch die Kaiserin hielt ihn zu-

rück. «Da wir uns jetzt für alle Zeiten trennen», sagte sie, «so lass' uns noch ein letztes Mal in heiter-gelöster Stimmung gemeinsam einen Becher Wein trinken.»

Sie nahm einen grossen Pokal, füllte ihn randvoll mit Wein und reichte ihn dem Vogelschützen. Während er trank, leerte sie einige kleine Schalen. Sie sprach liebkosende Worte, die seine Sinne erregten, und ihre Hand tastete sich nach seiner Leibesmitte hin. «Du Böser», sagte sie in scherzendem Ton und griff nach seinem Jadestengel, «wenn du schon fortgehst, dann lass' mir wenigstens dieses geliebte Ding zurück.»

«Schneidet es nur ab, Niang-niang», antwortete er lächelnd. «Auf meinen geringen Körper braucht Ihr keine Rücksicht zu nehmen.»

Sie seufzte tief: «Ich verstehe dich. Aber ich liebe dieses Ding zu sehr.»

Während sie seinen Jadestengel massierte, richtete er sich allmählich auf und wurde hart. «Wenn wir uns jetzt trennen», sagte sie, «werden wir uns in diesem Leben wohl kaum mehr wiedersehen. Wie wär's, wenn wir noch einmal die Freuden von Kissen und Matte geniessen würden?»

Er wagte es nicht, ihr diesen letzten Wunsch abzuschlagen, und sie stiegen ins Bett. Während er sie bearbeitete, musste er daran denken, dass er nun zum allerletzten Mal das Bett mit dieser schönen Frau teilte, und plötzlich packte ihn wilde Gier. Er beträufelte sie mehrmals mit seinem – in einem Monat der Enthaltsamkeit angesammelten Samen, und sie gebärdete sich dabei wie närrisch. «Wundervoll! Unbeschreiblich schön!» rief sie. «Stoss' nur zu, wie wenn du mich umbringen wolltest.»

«Ich wünschte», antwortete er, «dass ich nachher vor Erschöpfung tot auf Euch liegenbleibe.»

Er stiess wild zu, bis seine Sehnen und Knochen erschlafften, und seine Seele im Wonnerausch unstet umherflatterte. Nachdem sie aufgestanden waren und sich angezogen hatten, kredenzte sie ihm erneut einen Becher, und er wiederholte das Zeremoniell. Kniend nahm er dann von ihr Abschied. Sie zog ihn zu sich empor und umarmte ihn zärtlich. «Mein Herz, meine Leber!» stammelte sie. «Jetzt heisst es für immer Abschied nehmen! Hier ist eine Strähne von meinem Haar. Hänge dir das Medaillon um den Hals und denke an mich, wenn du das Haar betrachtest.»

«Ihr habt mich mit übergrosser Gunst bedacht», antwortete er. «Sollte ich Euch jemals vergessen, dann möge mich der Himmel bestrafen oder die Erde verschlingen, dann will ich in diesem Leben kein gutes Ende finden.»

Die Kaiserin befahl einer Palastdame, eine grosse Anzahl von Geschenken zu bringen, die sie vorher persönlich ausgesucht hatte, und übergab sie ihm. Dann beauftragte sie Fan I, ihn sicher aus dem Vormitternachts-Palastbezirk zu bringen. Sie selbst begleitete ihn bis zum Portal ihres Palastes; dort brach sie erneut in Tränen aus und weinte herzzerreissend. Als sie sich von ihm endgültig trennte, brachen ihr die Eingeweide zollweise im Leib.

Kaiserin Fe-yän geniesst zum letzten Male

das Liebesglück mit dem Vogelschützen

Nun hat der Lenz im Palast ein Ende gefunden.
Und wieder zerrinnt in einer Frühlingsnacht
ein ew'ger Traum in der kalten Halle.
Sie denkt an die Zeit zurück, als er neben ihr lag.
Sich seiner Zärtlichkeiten erinnernd,
schmilzt ihre Seele vor Wehmut dahin.
Noch haftet seine Körperwärme an ihrem Seidengewand;
noch sind auf dem roten Ärmel
ihre Tränenspuren zu sehen.
Bei Gesang und Musik,
nehmen sie am Doppeltor voneinander Abschied.
Zehntausendfach ist ihre Enttäuschung,
weil ihr Wunsch nicht in Erfüllung ging.
Zu wem soll sie nun von ihrer grossen Liebe sprechen?
Sie steht in der Halle und wünscht die Nacht herbei.

Fan I hatte inzwischen einen kleinen Wagen mit Verdeck anspannen lassen. Sie ging zur Kaiserin und meldete: «Jetzt bietet sich eine günstige Gelegenheit, den Palastbezirk unbemerkt zu verlassen. Ich befürchte, dass jemand vorbeikommen könnte, wenn Ihr noch lange zögert.»

Da verbeugte sich der Vogelschütze stumm vor der Kaiserin und ging mit Fan I fort. Sie hingegen kehrte in ihren Palast zurück und legte sich, niedergeschlagen wie sie war, sogleich ins Bett. Fan I brachte den Vogelschützen unbemerkt aus dem Palastbezirk. In einer stillen Gasse hiess sie ihn aussteigen und übergab ihm die Geschenke. Dann kehrte sie zur Kaiserin zurück und meldete ihr, dass sie ihren Auftrag ausgeführt habe.

Unterdessen hielt der Vogelschütze, der sich nicht

von seinen Geschenklasten zu entfernen wagte, nach einem Gepäckträger Ausschau. Schliesslich fand er einen zerlumpten Kerl, der sich bereit erklärte, ihm die Sachen nach Hause zu tragen. Der Vogelschütze träumte von einer glücklichen Heimkehr; er ahnte nicht, dass seine Diener, nachdem er sich all die Jahre nicht hatte blicken lassen, geglaubt hatten, ihr Herr sei inzwischen gestorben. Aus diesem Grund hatten sie seinen Besitz unter sich aufgeteilt, das Haus verkauft und sich nachher in alle vier Winde zerstreut. Auch die Nachbarn glaubten, er sei schon lange gestorben. Als sie ihn nun ganz unverhofft in prächtige Gewänder gekleidet zurückkehren sahen, erschraken sie nicht wenig, und einige fragten ihn, wo er sich denn all die Jahre aufgehalten habe?

«Ich war mit einem Freund auf Reisen, und wir haben Handel getrieben», antwortete er.

Keiner wagte ihm zu erzählen, was sich inzwischen zugetragen hatte. Als er dann sein früheres Heim betrat, bemerkte er, dass sich vieles verändert hatte, und dies erstaunte ihn. Er rief nach seinen Dienern, und als niemand ihm Antwort gab, ging er hinein. In der Halle traf er einige Frauen, die sich unterhielten. Er forschte, wer sie seien und was sie in seinem Haus zu suchen hätten? Bevor die masslos verblüfften Frauen antworten konnten, ging die Türe auf, und ein Mann erschien. Er war von mittlerer Grösse, aber sehr kräftig gebaut, hatte ein breites Gesicht und eine spitze Nase. Dies war der ehemalige Stadtbezirks-Vorsteher Ho Djin, der durch Erpressung und Betrug einen erklecklichen Besitz zusammengerafft hatte. Er war ein rüder Bursche und spielte sich gerne als kleiner Ortstyrann auf. Die Leute hatten ihm daher den Spitznamen «dreizöllige weisse Schlange» gegeben. Mit langen Schritten kam er näher und fragte: «Herr, was führt euch in mein Haus?»

«Euer Haus? Dies ist mein Haus! Wie kommt ihr dazu, hier ohne meine Erlaubnis einzuziehen?» rief der aufgebrachte Vogelschütze.

«Blödsinn! Dieses Haus habe ich vor ein paar Jahren gekauft. Wie kann es euch gehören?»

Sie stritten eine Weile herum. Schliesslich packte Ho Djin den Vogelschützen und schlug ihn zu Boden, denn er wollte ihn vor den Richter schleppen. Als der Gepäckträger sah, dass die beiden heftig miteinander stritten und sich niemand um ihn kümmerte, schulterte er rasch seine Last und wischte wie ein Rauchwölkchen zum Tor hinaus.

Ho-djin schleppte den Vogelschützen zum nächsten Beamten, vor dessen Richterstuhl die beiden eine ganze Weile miteinander stritten und ihre Standpunkte darlegten. Wie durfte der Vogelschütze die Wahrheit sagen? Da Ho Djin den Beamten von früher her kannte und ihn überdies mit einer hübschen Geldsumme bestochen hatte, wurde der Vogelschütze wegen böswilliger Verleumdung zu zwanzig Stockschlägen verurteilt. Nachdem er die Prügel erhalten hatte, trieben die Büttel ihn zum Tor hinaus.

Mit schmerzenden Gliedern hockte er eine ganze Weile benommen am Strassenrand. Plötzlich überlief es ihn siedend-heiss: Wo war sein Gepäck mit den vielen wertvollen Geschenken geblieben? Wie von einer Schlange gebissen sprang er auf. Er suchte strassauf und strassab, doch der Gepäckträger samt dem Gepäck war verschwunden. Er machte sich die grössten Vorwürfe, stampfte mit den Füssen, schlug sich in ohnmächtigem Zorn gegen die Brust und heulte voller Verzweiflung. Schliesslich überkam ihn eine seltsame Ruhe. Genug, dachte er, hier kann ich nicht länger leben. Am besten ist's, ich lasse mir die Haare abschneiden und werde Mönch.

Sein Entschluss stand fest. Er suchte einen Barbier auf und liess sich den Kopf kahlrasieren. Dann legte er die gelbe Mönchskutte an, verliess die Hauptstadt und stieg in das Gebirge des liegenden Rindes hinauf.

NEUNZEHNTES KAPITEL

*Auf seiner Wanderung besteht Tang Djin gefährliche
Abenteuer. Im Fünf-Terrassen-Gebirge überlistet er einen
hungrigen Tiger.*

Inzwischen war der zweite Sommermonat angebrochen. An einem dieser Tage quälte sich der Palastjunker Tang Djin, den der Kaiser beauftragt hatte, beim Einsiedler vom Fünf-Terrassen-Gebirge ‹Wunderpillen› zu holen, mühsam einen steilen, gewundenen Pfad hinauf, der durch das Grosse Blumengebirge führte. Dabei kam er gehörig ins Schwitzen. Er mochte an diesem Tag wohl an die dreissig kleine Meilen zurückgelegt haben, als er hinter einer scharfen Biegung eine Schlange entdeckte. Sie lag zusammengerollt mitten auf dem Pfad und liess sich von der Sonne bescheinen. Sie mass ungefähr einen halben Klafter, und ihr Rücken zeigte eine schwarz-grüne Färbung. Unschlüssig blieb er stehen und sah sich um. Rechts ragte eine steile Wand empor und links gähnte ein tiefer Abgrund. Warum soll ich mich vor einer Schlange fürchten? dachte er und wollte sich leise an dem Reptil vorbeistehlen. Der Abstand zwischen der Schlange und dem Abgrund betrug ungefähr fünf Fuss. Schon glaubte er, das Wagnis werde ihm glücken, da sah er, wie die Schlange sich bewegte und ihr flacher Kopf hochschnellte. Unwillkürlich wich er etwas zurück und holte mit dem Bergstock zum Schlag aus. Im gleichen Augenblick gab der brüchige, überhängende Fels unter seinen Füssen nach, und er stürzte in die

Tiefe. Jetzt ist es aus mit mir, dachte er, doch schon nach fünf oder sechs Klaftern wurde sein Sturz durch einen Dornbusch gebremst, der aus einem Spalt hervorwuchs. Verzweifelt klammerte er sich an das Gerank, wobei er sich die Hände blutig riss, und versuchte gleichzeitig mit den Füssen festen Halt zu finden. Als ihm dies gelungen war, sah er sich um und tastete seine Glieder ab. Offensichtlich hatte er sich nicht ernstlich verletzt. Nur seine Hände bluteten, und an der Stirn hatte er eine grosse Beule. Auch sein Gepäck war noch da; es hatte sich im Dornbusch verfangen.

Als er sich wieder nach oben zum Pfad emporgearbeitet hatte, war die Schlange verschwunden, und die ersten Schatten der anbrechenden Dämmerung sanken herab. Eilig setzte er seinen Weg fort, denn er hatte wenig Lust, mitten in dieser Einöde zu übernachten. Nachdem er drei oder vier kleine Meilen zurückgelegt hatte, entdeckte er im Tal, halb zwischen aufragenden Kiefern verborgen, eine ärmliche Hütte, und sein Ohr vernahm das muntere Plätschern eines Bächleins. Anscheinend war die Hütte unbewohnt, denn durch das Fenster drang kein Lichtschein. Djin kniete am Bachrand nieder, schöpfte mit den hohlen Händen Wasser und trank. Dann ging er auf die Hütte zu, öffnete die unverschlossene Türe und trat ein.

Drinnen war es stockfinster. Er zündete einen Kienspan an und blickte sich um. Auf dem Kang lag Bettzeug, und auf und neben dem Herd standen Kochtöpfe, Schüsseln und Krüge. Die Hütte war gewiss bewohnt; trotzdem beschloss Djin, die Nacht hier zu verbringen. Er fühlte sich auf einmal hundemüde; alle Knochen im Leib taten ihm weh. Es kostete ihn

337

Überwindung, im Herd ein Feuer anzuzünden und sich das Abendessen zu bereiten. Nachdem er gegessen hatte, löschte er das Feuer und steckte einen brennenden Kienspan in die Halterung über dem Herd. Dann verriegelte er die Türe und legte sich auf dem Kang zum Schlafen nieder. Im gleichen Augenblick hörte er draussen Schritte. Jemand rüttelte an der Türe und rief: «Wer ist da in meinem Haus? Aufmachen!»

Djin sprang vom Kang herunter, schob den Riegel zurück und öffnete die Türe. Draussen im Mondlicht stand eine junge Frau mit einem Sack in der Hand. Sie war hochgewachsen und besass einen kräftigen Körper, doch ihre Gesichtszüge waren von bäurischer Plumpheit. Sie erschrak keineswegs, als sie ihn sah. Grusslos ging sie an ihm vorüber und stellte den Sack in einer Ecke ab. Dann drehte sie sich um und sagte: «Soso, also ein Dauist will bei mir übernachten. Wie lange bist du schon hier?»

Djin erzählte ihr, er mache eine Pilgerfahrt zu den heiligen Bergen. Dann berichtete er von seiner Begegnung mit der Schlange. Sie hörte ihm aufmerksam zu, und zwei Tränen rollten ihr über das Gesicht. Dann sagte sie seufzend: «Da hast du aber Glück gehabt, Dauist. Vor einem Monat wurde mein Mann von einer Schlange gebissen, als er im Walde Holz schlug. Der Arme! Dass er so früh sterben musste!»

«Wie traurig. Und woher kommst du jetzt?»

«Seitdem mein armer Mann tot ist, fehlt es mir oft an Nahrung, denn ich habe weder Eltern noch Geschwister, bei denen ich Zuflucht finden könnte. Heute ging ich hinunter ins Dorf zum Onkel meines Mannes und bat ihn um etwas Reis. Ich musste lange bitten, bis er mir ein Säckchen voll gab. Weh mir! Auf wen soll ich mich jetzt stützen?» Und die Tränen liefen ihr über das Gesicht.

Von Mitleid ergriffen langte Djin in seinen Beutel und gab ihr ein Stück Bruchsilber im Gewicht von zwei Batzen. Nachdem sie sich bedankt hatte, sagte er: «Wenn du drunten in der Stadt wohntest, könntest du dir deinen Lebensunterhalt leicht bei einer der reichen Familien verdienen. Hier, tief in den Bergen, wirst du kaum dein Leben fristen können und schwerlich einen zweiten Mann finden. Hast du – verzeih' mir die Frage – nicht schon daran gedacht, dich wieder zu verheiraten?»

«Gewiss. Aber» – und sie liess den Kopf beschämt auf die Brust sinken – «für eine alleinstehende Frau ist es nicht leicht, ein solches Begehren zu äussern.»

Sie ging an den Herd und bereitete rasch ein Mahl. Als sie Djin zum Essen einlud, lehnte er dankend ab. Schweigend verzehrte sie ihren Reis, dann schaute sie ihn an und sagte seufzend: «Weh mir! Was bin ich doch für ein armes Weib. Kennst du, Dauist, keinen Ort, wo du mich unterbringen könntest? Mein Benehmen ist zwar bäurisch und mein Gesicht ist hässlich, doch ich bin fleissig und geschickt und könnte dir helfen, den Lebensunterhalt zu verdienen. Doch weiss ich nicht, wie du darüber denkst.»

«Ich wandere mit den Wolken, und meine Heimat ist das Land innerhalb der vier Meere. Ich wüsste wirklich nicht, wie und wo ich dir eine Bleibe verschaffen könnte.»

«Du brauchst nur dieses Gewand und diese Kappe

339

abzulegen, dann bist du kein Dauist mehr. Hast du denn noch nie Sehnsucht nach einer Frau gehabt?»

Djin lachte so laut wie über einen guten Witz, und die Frau machte ein langes Gesicht.

«Wenn du schon ein Dauist bist», rief sie zornig, «dann solltest du in deinem Tempel die Götterbilder bewachen und nicht zu nachtschlafender Zeit in das Haus einer einsamen Witwe eindringen. Schnell, raus mit dir! Sollen dich draussen die Schlangen beissen!»

«Gut, gut, ich gehe ja schon», antwortete er. Dann warf er sich das Bündel über den Rücken und ging auf die Türe zu. Da fuhr die junge Frau hoch, wie eine Tigerin. Sie packte ihn und schleuderte ihn mit einer einzigen Bewegung in die Kang-Ecke zurück. Verdammt! Welche Kraft dieses Weib doch hat, dachte Djin, als er sich ächzend aufrappelte. Wäre sie nicht so stark und ich nicht so schlapp, dann würde ich sie jetzt tüchtig durchprügeln.

«Wenn du diese Nacht in meiner Hütte verbracht hast», drohte sie, «wirst du dich schwerlich von dem Verdacht, mit mir geschlafen zu haben, reinwaschen können. Ich werde es allen Leuten erzählen, dass du, ein Dau-Priester, mich verführt hast.»

Djin schwieg, und das Weib breitete auf dem Kang die Decken aus. Plötzlich drehte sie sich um und fragte mit unschuldiger Miene, ob sie sich ausziehen solle. Dazu machte sie einen Augenaufschlag, der ihr ganz komisch zu Gesichte stand.

«Ich hätte nicht gedacht», antwortete Djin halb spöttisch und halb verärgert, «dass die Frauen hier in den Bergen so unhöflich sind. Kein Wunder, dass dich kein Mann will. Lass' dich von einem Ziegenbock begatten, Weib! Oder steck' dir einen Schlangenschwanz ins Loch, du geiles Luder!» Und er wollte abermals fortgehen.

«Du wagst es zu gehen?» schrie das Weib. «Ich bring' dich um, wenn du den Fuss über die Schwelle setzest!»

Ihn überlief ein leichtes Unbehagen, als er die Wildheit in ihrem Gesicht sah und den drohenden Unterton hörte. Vielleicht meint sie es ernst, dachte er und kam zurück. «Schluss jetzt mit dem Getue!» schrie er und warf ihr einen wütenden Blick zu. Dann stieg er auf den Kang und drehte sich auf die Seite.

Wenig später beugte sie sich über ihn und versuchte, ihm schöne Augen zu machen. Mühsam musste er das Lachen verbeissen, als er ihre plumpen Annäherungsversuche mit den galanten Koketterien der Palastdamen bei Hofe verglich. Sie wiederum hielt das für ein Zeichen, dass seine Widerborstigkeit dahinschmolz. Sie verdoppelte ihre Bemühungen und flüsterte ihm Koseworte ins Ohr.

Ihre Annäherungsversuche liessen ihn zuerst ganz kalt, dann aber loderte doch das Wollustfeuer in ihm empor. Als er merkte, dass er nahe daran war, die Beherrschung zu verlieren, schlug er sich mit der Hand drei- oder viermal kräftig ins Gesicht. Das kühlte seine Leidenschaft rasch ab. Das Weib sah erstaunt zu, ohne ihn daran zu hindern.

Wenig später übermannte ihn der Schlaf, doch auch jetzt gab das Weib keine Ruhe. Er merkte, dass sie seine Hand nahm und sich zwei Finger ins Loch steckte. Dann wieder schrak er auf, als er sie nackt auf seiner Leibesmitte sitzen und sich auf und ab bewegen sah. Das alles nahm er im Halbschlaf wahr; er liess es geschehen, denn er war zu müde, um sich dagegen zu wehren. Das wiederholte sich bis zum Morgengrauen zwei- oder dreimal. Dann jagte das Weib ihn scheltend hinaus, und er floh davon, wie ein aus dem Käfig entwichener Vogel.

Nach vielen weiteren Abenteuern kam Tang Djin im ersten Wintermonat an den Fuss eines himmelaufragenden Gebirgszuges, der sich wohl an die fünfzig kleine Meilen von Ost nach West erstreckte. Das war das Fünf-Terrassen-Gebirge. Droben auf den Kämmen der Vorberge verdeckten milchig-graue Wolkenschleier die hochstämmigen Kiefern, während drunten auf der Ebene ein kalter Wind die Akazienbüsche zauste, die am Wegrand wuchsen. Nachdem er eine gute Doppelstunde lang tüchtig ausgeschritten war, kam er an einen Kreuzweg. Dort sassen im Windschatten einer Felsklippe vier oder fünf Holzfäller rings um ein Feuer und verzehrten ihr Mittagessen. Er blieb vor ihnen stehen, begrüsste sie und fragte nach dem Namen des Berges.

«Siehst du den Berg dort hinten, der alle anderen überragt, Dauist?» erklärte einer der Holzfäller. «Das ist der Lotosblumengipfel.»

«Gibt es dort oben auch Tempel?»

«Ja, freilich. Ungefähr auf der halben Höhe des Berges steht ein kleiner, dem Berggott geweihter Tempel. Darin haust ein alter Dauist von mehr als achtzig Jahren.»

«Ist es ein Wahrhaft-Mensch? Einer von denen, die ihr Dau bereits vollendet haben?»

Der Holzfäller lachte. «I wo, dem sein hohes Alter

ist ganz natürlich. Der isst seine Mahlzeiten genauso wie unsereiner.»

Was kann so ein Holzfäller schon wissen? dachte Djin. Gewiss ist das der Einsiedler, den ich aufsuchen soll. Da gab es kein langes Überlegen mehr. «Welcher Weg führt dorthin?» erkundigte er sich.

«Jener dort», antwortete der Holzfäller und deutete auf den nach Norden abzweigenden Pfad.

Djin bedankte sich für die Auskunft und schlug die angegebene Richtung ein. Sowie aber der Holzfäller merkte, dass er es ernst meinte, rief er hinter ihm her: «Bleib' um Himmels willen hier, Dauist! Da oben gibt es Tiger und Wölfe. Wenn dir solch ein Biest über den Weg läuft, kommt die Reue zu spät.»

Djin beachtete die Warnung nicht und schritt rüstig weiter. «Dauist, setz' dein Leben nicht aufs Spiel!» riefen gleich darauf alle Holzfäller wie wild hinter ihm her. «Mach keine Dummheit! Komm zurück!»

Ohne sich umzusehen stieg Djin weiter bergan und kam auf dem steilen Serpentinenpfad bald ins Schwitzen. Nach einer guten Doppelstunde gelangte er zu einer baumlosen Kuppe, auf deren steinigem Boden nur hier und dort kümmerliche Büsche und niedriges Dornengerank wuchsen. Er liess seinen Blick in die Runde schweifen. Überall sah er massige Berggipfel, steile Felsschroffen und tiefe Abgründe. Er wischte sich den Schweiss von der Stirne und setzte sich auf einen Stein. Nachdem etwa soviel Zeit verstrichen war, wie man zum Einnehmen einer Mahlzeit benötigt, stand er auf. Er wollte gerade weitergehen, als von dorther, wo der schmale Pfad sich gabelte, ein heftiger Windstoss angefegt kam und welke Blätter

343

und dürre Zweige emporwirbelte. Gleich darauf erschien ein riesig-grosser, gelbgestreifter Tiger, und Djin stiess unwillkürlich einen Schreckenslaut aus. Als der Tiger ihn bemerkt hatte, richteten seine Nakkenhaare sich empor, er bleckte die Zähne und stiess ein bösartiges Knurren aus. Dann kam er, die Augen unverwandt auf Djin geheftet, in langen Sprüngen näher.

Einen Augenblick lang war Djin vor Furcht wie gelähmt und stand ratlos da. Wohl trug er am Gürtel ein langes Messer, doch das würde ihm beim Kampf mit der Bestie wenig nützen. Als der Tiger noch ungefähr fünf oder sechs Schritte von ihm entfernt war, blieb er stehen, bohrte die krallenbewehrten Hinterläufe in die Erde und duckte sich. Dann knurrte er erneut und schnellte wie eine Feder vom Boden hoch.

Nun war Djin ein mutiger Mann, der, wie schon gesagt, auch in kritischen Lagen nie den Kopf verlor. Als er den Tiger auf sich zuspringen sah, wich er blitzschnell zur Seite aus. Das Untier flog an ihm vorüber, und zwar so dicht, dass die linke Pranke seine rechte Schulter berührte und er den fauligen Atem wahrnahm. Blitzschnell drehte er sich um, und auch der Tiger wandte sich ihm erneut zu. Djin bemerkte, dass der Abstand nur noch vier Schritte betrug. Er wich etwas zurück und der Tiger, der ihn unentwegt mit seinen gelbglitzernden Augen anstarrte, quittierte das mit einem lauten Brüllen. Dann duckte er sich wieder und sprang ihn an. Djin schnellte abermals zur Seite weg, so dass der Angriff ins Leere ging. Ohne sich umzudrehen, rannte er davon. Da fiel ihm ein, dass er der Bestie auf diese Art nicht werde entrinnen können. Er hielt mitten im Lauf inne und wirbelte herum. Erschreckt nahm er wahr, dass der Tiger sich ihm abermals bis auf wenige Schritte genähert hatte. Aus seinem Maul tropfte der Speichel, und der lange Schwanz peitschte unruhig hin und her. Verstohlen sah Djin sich nach einer Fluchtmöglichkeit um, denn er wusste sehr wohl, dass er dieses tödliche Spiel nicht mehr lange würde fortsetzen können. Da entdeckte er zur rechten Hand eine tiefe Schlucht, und schon hatte er einen Plan gefasst. Ohne den Tiger aus den Augen zu lassen, machte er rasch einige Schritte seitwärts, bis er mit dem Rücken dicht vor dem Steilhang stand. Der Tiger folgte ihm und Djin bemerkte, wie die Nakkenhaare seines Fells sich sträubten. Abermals bleckte er die Zähne, und die Zungenspitze spielte nervös im Maul hin und her. Er stiess ein dumpfes Knurren aus, dann duckte er sich und sprang mit einem gewaltigen Satz auf Djin zu. Im gleichen Augenblick schnellte sich Djin zur Seite, und der Tiger stürzte kopfüber in die Tiefe. Djin hob sein Bündel auf, das ihm während des Kampfes entfallen war, und rannte sofort los. Während er lief, drehte er sich immer wieder um, doch der Tiger blieb verschwunden. Djin rannte auf eine Gruppe von Bäumen zu und wagte es erst dort, stehenzubleiben und Atem zu schöpfen. Misstrauisch spähte er immer wieder nach Osten, doch dort rührte sich nichts. Da stiess er ein befreites Lachen aus und sagte zu sich selbst: «Also ist es doch wahr, was die Holzfäller sagten!»

Dann stand er auf und eilte im Laufschritt weiter. Er bahnte sich den Weg durch dichtes Unterholz und stieg mühsam bergan. Als der Wald sich lichtete, blieb er stehen und sah sich nach allen Seiten um. Nicht nur, dass er den Lotosblumengipfel nicht mehr sah, auch vom Serpentinenpfad war keine Spur mehr zu entdecken.

Jetzt war guter Rat teuer. Wo sollte er den alten Dauisten suchen? Als er sich nochmals umschaute, entdeckte er nach langem Suchen in westlicher Richtung eine dünne, sich am Berghang aufwärts schlängelnde Linie. Das musste ein Pfad sein, und ohne lange zu überlegen, schlug er diese Richtung ein. Beim Abstieg geriet er in eine Schlucht und schon bald stellte er fest, dass er sich auf einem schmalen, grasüberwucherten Pfad befand. Er war steinig und hatte viele Krümmungen, so dass das Gehen ihm schwer fiel. Nach einer guten Weile nahm er mit Bestürzung wahr, dass die Sonne im Westen sich zum Untergehen anschickte. Darum wagte er nicht stehenzubleiben, sondern beschleunigte seine Schritte. Als der Himmel sich langsam verfinsterte und die Schatten lang und länger wurden, glaubte er, am gegenüberliegenden Berghang eine menschliche Behausung entdeckt zu haben. Ausserdem vernahm er ganz schwach das Gebell eines Hundes. Trotz seinen schmerzenden Füssen ging er unverdrossen weiter.

Nach einer Weile, als sich lackschwarze Finsternis herabgesenkt hatte, kam er unbemerkt vom Pfad ab. Ihm blieb nichts anderes übrig, als den Abhang über Stock und Stein hinunterzustolpern. Auf einmal merkte er, wie es unter seinen Füssen glitschig wurde; er schaute hinab und stellte fest, dass er sich in einem Bachbett befand, in dem allerdings nur wenig Wasser war. Weitaus schlimmer dünkte es ihn, dass er durch das Hin- und Herlaufen die Orientierung vollständig verloren hatte. Er neigte den Kopf zur Seite und lauschte, doch sein Ohr vernahm nur das Rauschen des Windes in den Bäumen. Wo war nur das Hundegebell geblieben? «Ich bin restlos fertig!» stöhnte er. «Wenn jetzt wieder ein Tiger kommt, bleibt mir nichts anderes übrig, als mich auffressen zu lassen.»

Was sollte er nur tun? Als er in der Finsternis gegen einen grossen Stein stiess, liess er sich erschöpft darauf niedersinken. Während er sich ausruhte, überlegte er hin und her, ohne einen Ausweg zu finden. Er machte sich schon mit dem Gedanken vertraut, die Nacht auf dem Stein zu verbringen, als plötzlich wieder das Hundegebell zu hören war. Diesmal schien es ihm viel lauter zu sein. Von neuer Hoffnung beflügelt, raffte er sich auf und stolperte weiter. Zwischendurch blieb er immer wieder stehen, um sich am Gebell des Hundes zu orientieren. Schliesslich kam er zu einer einfachen Hütte, wo ein Holzfäller ihm Obdach für die Nacht gewährte und ein karges Mahl anbot. Dort erfuhr er zu seinem grossen Bedauern, dass der alte Dauist schon im Sommer seinen Tempel verlassen hatte und mit den Wolken davongewandert war.

Was sollte er jetzt tun? Nach Tschang-an zurückzukehren und dem Kaiser zu melden, dass der Einsiedler fortgezogen war, wagte er nicht. Darum beschloss er, komme was da wolle, einen anderen Dauisten zu suchen und seinen Rat zu erbitten.

Einen Monat später kam er an den Fuss des Taischan's und übernachtete dort in einer Herberge. Am nächsten Morgen brach er zeitig auf, um einen Magier zu suchen, der irgendwo oben auf dem Berg leben sollte. Doch schon am Vormittag setzte starker Schneefall ein, der alle Spuren verwischte und ihn in die Herberge zurücktrieb. Als er seine nassen Kleider vor dem Ofen zum Trocknen aufgehängt hatte und sich an heissem Wein labte, betrat der Wirt die Gaststube. Er grinste breit und fragte: «Nun, hast du den Wahrhaft-Menschen da oben getroffen?»

Djin gab ihm keine Antwort und tat, als habe er nichts gehört.

«Kennt dieser Dauist den Wahrhaft-Menschen?» forschte ein Gast und musterte ihn mit erstauntem Blick.

«Gestern», erklärte der noch immer grinsende Wirt, «hat er hier bei mir übernachtet. Er sagte, er wolle heute auf den Berg steigen und einen Wahrhaft-Menschen suchen. Doch der grosse Schneefall hat ihn zurückgetrieben.»

«Es gibt Wahrhaft-Menschen», mischte sich ein anderer Gast ein. «Man muss nur nach ihnen suchen.»

«Weisst du denn, wo sich ein solcher aufhält?» fragte Djin sofort.

«Gewiss weiss ich das. Aber ob es ein wirklicher Wahrhaft-Mensch oder nur ein gewöhnlicher Sterblicher ist, das vermag ich nicht zu beurteilen. Jedenfalls hat der Mensch so etwas Seltsames, Altertümliches an sich. Darum glauben auch die Leute bei uns im Dorf, dass er ein echter Wahrhaft-Mensch ist.»

«Hast du ihn gesehen? Erzähle!»

«Achtzig kleine Meilen von hier in genau westli-

348

cher Richtung liegt der ‹Tempel des himmlischen Friedens›. Dahinter, ungefähr eine halbe Wegstunde entfernt, kommt man zu einer Steilwand. Ungefähr auf halber Höhe, zwei Dutzend Klafter über dem Erdboden, befindet sich eine Art von Terrasse, und dahinter liegt eine geräumige Höhle. Von oben hängt eine eiserne Kette herab, und ausserdem sind in den Fels Trittlöcher gehauen. Wer die Kette dort aufgehängt und die Trittlöcher in den Felsen gehauen hat, weiss niemand mehr. Vor ungefähr einem Monat erschien in jener Gegend ein Dauist. Er verbrachte die Nacht im Tempel und kletterte am nächsten Morgen zur Höhle hinauf. Später sahen ihn einige Leute aus unserem Dorf auf der Terrasse sitzen, und der Tempelpriester erzählte, der Fremde habe so etwas Seltsames, ja geradezu Unheimliches an sich gehabt. Darum wagt sich auch niemand zu ihm hinauf. Von Zeit zu Zeit bringen die Leute ihm etwas Proviant, den er dann an einem Strick zu sich hinaufzieht.»

«Wie lautet dein Name, älterer Bruder?»

«Ich heisse Li Drei und wohne unweit vom Tempel des himmlischen Friedens.»

«Würdest du mich wohl für einen Batzen Silber dorthin führen?»

«Abgemacht! Ich muss ohnehin nach Hause. Und welches ist dein werter Name?»

«Ich heisse Tang Djin und bin ein mit den Wolken wandernder Dauist.»

«Wegen des grossen Schneefalls warten wir aber besser bis morgen.»

«Also gut. Dann brechen wir morgen früh auf.»

Doch am nächsten Morgen schneite es immer

349

noch, und erst am dritten Tag war der Himmel wieder klar. Der Schnee lag knietief auf den verschneiten Bergpfaden, und sie brauchten zwei volle Tage, bis sie zur Hütte des Li Drei kamen.

ZWANZIGSTES KAPITEL

*In der Einsiedlerhöhle wird Tang Djin betäubt und ausge-
raubt. Nach langem Suchen trifft er am West-See einen
wirklichen Wahrhaft-Menschen.*

Am nächsten Morgen führte Li Drei ihn hinauf zum
Tempel des himmlischen Friedens. Sie gingen weiter,
und plötzlich blieb Li Drei stehen. Er deutete auf eine
Steilwand, die in einiger Entfernung emporragte, und
fragte: «Siehst du die Felsterrasse auf halber Höhe?
Dort, wo die eiserne Kette herabhängt?»

Djin starrte angestrengt in die angedeutete Richtung. «Tatsächlich», antwortete er nach einer Weile,
«dort hängt so etwas wie eine eiserne Kette vom Fels
herab. Doch von einer Terrasse sehe ich nichts.»

«Nun ja, die ist auch halb zugeschneit und nur
schwer zu erkennen», meinte Li Drei und half ihm
beim Abstieg. Manchmal versank einer von den beiden bis zur Brust in den Schneewehen, und dann musste der andere ihn herausziehen. Schliesslich standen
sie vor der Wand. Li Drei, der seinen Auftrag als erfüllt ansah, deutete hinauf und sagte: «Da oben haust
der Wahrhaft-Mensch.»

Djin schaute sich um. Überall sah er nur hochauf-
ragende Felsgipfel und steile Wände. Der langanhal-
tende Schneefall hatte alle Vertiefungen eingeebnet
und den Wald in ein weisses Kleid gehüllt. Als er die
Kette genauer betrachtete, sah er, dass sie sehr solide
aus eisernen Ringen zusammengefügt war. Die Trittlöcher waren zum Teil im Schnee verschwunden, und

351

die an einer Stelle fast überhängende Wand kam ihm gefährlich steil vor. «Würdest du es wagen, mit mir da hinaufzuklettern?» fragte er.

Li Drei lachte: «Auf keinen Fall! Wenn ich den Halt verliere und von da oben herunterfalle, breche ich mir alle Knochen im Leib.»

«Ich gebe dir einen Batzen Silber, wenn du mir da hinaufhilfst.»

«Himmel! Nicht einmal für zehn Batzen Silber würde ich es wagen, zu dieser Jahreszeit da hinaufzuklettern. Vielleicht käme ich hoch, ohne dass mir was passiert. Aber du weisst genausogut wie ich, dass man immer leichter hinauf als hinab steigt. Nein, nein, das musst du schon selbst machen!»

«Warum auch nicht?» meinte Djin und mass die Wand mit einem prüfenden Blick. «Warum soll ich mich fürchten, wenn ich schon einmal hier bin?»

Sein Entschluss stand fest. Er packte die eiskalte Kette mit beiden Händen und tastete mit dem linken Fuss nach dem ersten Trittloch. Nachdem er festen Halt gefunden hatte, zog er sich hoch und tat mit dem rechten Fuss dasselbe. Auf diese Weise kletterte er Stück um Stück empor. Nach einer Weile waren seine froststarren Hände gefühllos, und die Knie zitterten ihm vor Anstrengung.

«Jetzt hast du die Hälfte geschafft!» rief Li Drei von unten.

Verbissen zog Djin sich weiter hinauf, und nachdem ungefähr soviel Zeit verstrichen war, wie man benötigt, um in aller Ruhe zwei Schalen Tee zu trinken, erreichte er den Rand der Terrasse. Ächzend und schnaufend zog er sich hoch und blieb einen Augenblick im Schnee liegen. Dann stand er auf und sah sich um. Auf der Westseite der Terrasse sprudelte ein kleiner Quell aus dem Fels, und auf der Ostseite lag die Höhle. Der nicht sehr grosse Eingang war mit einem drei Fuss hohen und zwei Fuss breiten Brett verschlossen, das allerdings nur angelehnt war. Er entfernte es und spähte in die Höhle hinein. Zuerst sah er, geblendet vom Schnee, nichts, dann aber, als seine Augen sich an das Dunkel gewöhnt hatten, erkannte er eine hockende Gestalt. Tatsächlich, dort sass ein Dauist in einem vielfach geflickten Gewand und meditierte mit geschlossenen Augen. Also hat Li Drei mich doch nicht angelogen! ging es ihm durch den Sinn, und er kroch geräuschlos auf allen Vieren hinein, darauf bedacht, den Meister nicht zu erschrekken.

Die Höhle war drinnen etwas grösser als eine Kammer. Zur Rechten stand ein Säckchen mit etwas Reis, und links war Brennholz aufgestapelt. Der Dauist, ein Mann von gewaltigen Körpermassen, sass auf einer Matte aus dickem Filz. Neben ihm lagen mehrere Buchrollen, und an der Wand hing ein auf Seide gemaltes Heiligenbild, das Lau-dsi darstellte, wie er auf einem schwarzen Ochsen gen Westen ritt. Plötzlich öffnete der Dauist die Augen und fragte mit einer dröhnenden, donnergleichen Stimme: «Du bist also gekommen, Schüler?»

Djin war tief von ihm beeindruckt. Er kniete nieder, berührte mit der Stirne den Boden und antwortete: «Auf der Suche nach dem Dau verliess der Schüler seine Familie und hat, um Euch, erlauchter Meister, zu dienen, tausend Gebirge und zehntausend Flüsse überschritten.» Das war die übliche Begrüssung.

«Gut. Du brauchst mir nichts weiter zu sagen. Ich weiss bereits alles.»

«Darf ich nach dem Namen und der Herkunft des grossen Meisters fragen?»

«Lass' uns», erwiderte jener in feierlichem Ton, «einander nicht nach Herkunft und Namen fragen.» Dann griff er zum Pinsel und schrieb laut rezitierend die folgenden Sätze auf ein Bambustäfelchen:

Den Körper im Leeren, das Herz im Ursprung weilend,
sitze ich hier in tiefer Meditation.
Noch ist der Bauch flach, da das Kind nicht gezeugt.
Der Mond wird erst voll,
wenn Tscha-nü* ihren Heiratsvermittler getroffen.
Ich bin bestrebt,
Feuer und Wasser in Einklang zu bringen,
um mit dem Elixier das Zinnoberfeld zu befeuchten.*
Gewiss wird es mir dereinst gelingen,
Drache und Tiger im Streit zu besiegen,
um in den neunten Himmel aufzusteigen.

«Ihr wartet hier also selbst auf einen Wahrhaft-Menschen, grosser Meister?» fragte Djin, doch der Dauist gab ihm hierauf keine Antwort, sondern wollte wissen, worauf er sein Streben gerichtet habe.

«Ich bin gekommen, weil ich nach der Unsterblichkeit strebe und das Dau des langen Lebens suche. Seid Ihr, Meister, im Besitz des Lebenselixiers?»

«Das Dau», belehrte ihn der andere, «ist in seinem Ursprung form- und gestaltlos. Lau-dsi sagt:

Das Dau, das man erfassen kann,
ist nicht das wahre Dau.
Die Namen, die man nennen kann,
sind nicht die wahren Namen.

Und an einer anderen Stelle heisst es:

Man schaut nach ihm und sieht es nicht.
Sein Name ist Gleich.
Man horcht nach ihm und hört es nicht.
Sein Name ist Fein.

Wer daher das Dau kultivieren will, muss zuerst das Form- und Lautlose pflegen und den Dschen, den wahrhaften, inneren Menschen, in sich zur Vollendung bringen. Hast du das begriffen, Schüler?»

«Eure Worte habe ich wohl verstanden, doch ich weiss nicht, wie das vor sich geht.»

Der Dauist kicherte vor sich hin. «Schwierig ist es, fürwahr, das Geheimnis des Geheimnisses zu ergründen! Doch jetzt genug! Bereite uns beiden ein Mahl, Schüler. Dort sind Reis und Brennholz, und vor der Höhle findest du Wasser. Ich werde unterdes einen kleinen Spaziergang machen.»

Diensteifrig sprang Djin auf und beeilte sich, dem Wunsch des Dauisten nachzukommen. Bald war der Reis gargekocht, und sie assen. Als Djin die Höhle aufgeräumt und die Schüsseln und Töpfe abgewaschen hatte, war es bereits dunkel. «Morgen», sagte der Dauist und rülpste laut, «werde ich dir das Geheimnis der Grossen Lehre offenbaren.» Dann legte

355

er sich nieder, und schon bald verkündeten laute Schnarchtöne, dass er eingeschlafen war.

Am nächsten Morgen nach dem Frühstück gab der Dauist Djin eine Buchrolle und ein kleines Weihrauchbecken. «Dieses Buch», sagte er zu ihm, «ist sehr heilig. Wenn du es liesest, musst du etwas Weihrauch verbrennen, weil sonst die Geister und Götter zürnen.»

Djin bedankte sich geziemend und befolgte die Weisung. Als der Dauist sah, dass er den Weihrauch angezündet hatte, fuhr er fort: «Ich werde unterdes draussen einen kleinen Spaziergang machen. Vergiss' nicht, den Eingang wieder zu versperren, damit nicht ein Berggeist kommt und dir das Buch stiehlt.»

«Gewiss, grosser Meister», antwortete Djin und versperrte, nachdem der Dauist hinausgekrochen war, sofort wieder den Höhleneingang. Dann setzte er sich vor das Weihrauchbecken und begann, das Buch beim Schein einer Kerze zu studieren.

Er hatte noch kein halbes Kapitel gelesen, da merkte er, wie eine seltsame Benommenheit sich seiner bemächtigte. Die Augen traten ihm aus den Höhlen hervor, dann begann sich alles um ihn zu drehen, und kraftlos fiel er auf die Seite. Trotzdem blieb er bei vollem Bewusstsein. Er konnte alles sehen und hören, doch war es ihm nicht möglich, zu sprechen oder eines seiner Glieder zu bewegen.

Eine Weile später wurde das Brett umgestossen, und der Dauist kam hereingekrochen. Er packte das Weihrauchbecken und warf es nach draussen in den Schnee, dann kam er auf ihn zu, tastete seine Leibbinde ab und zog triumphierend den Beutel mit dem Silber hervor. Gleich darauf machte er sich mit flinken Händen an Djin's Gepäck zu schaffen. Als er dort Silber und Gold entdeckte, klatschte er vor Freude in die Hände. Dann schnürte er alles, was ihm brauchbar erschien, zu einem Bündel zusammen. Als er damit fertig war, schaute er grinsend auf Djin hinab und sagte: «Monatelang habe ich Not gelitten. Heute ist mir endlich ein guter Fang gelungen! Geschieht dir recht, du Dummkopf! Warum bist du auch hergekommen? Das hier» – und er deutete auf die spärliche Einrichtung der Höhle – «lasse ich dir zurück, damit du die Suche nach dem Dau fortsetzen kannst. Vielen Dank auch, edler Wohltäter!»

Dann kroch er, das Bündel hinter sich herziehend, hinaus. Djin hatte wohl alles sehen und hören können, trotzdem war sein Körper so gefühl- und reglos, als ob ihn der Schlag getroffen hätte. Erst nach geraumer Zeit konnte er sich wieder bewegen. Als er sich dann aufrappelte, schien es ihm, als ob er keine Knochen mehr im Leib hätte. Die Zunge klebte ihm am Gaumen, und er verspürte grossen Durst. Er nahm alle Kraft zusammen und kroch aus der Höhle. Als er draussen im kalten Schnee lag, fühlte er sich ein wenig erfrischt, und die Benommenheit wich von ihm. Er schleppte sich an das östliche Ende der Terrasse, schöpfte mit beiden Händen Wasser aus dem Quellauge und trank. Immer wieder liess er das kühlende Nass durch die ausgedörrte Kehle rinnen. Während er trank, fühlte er, wie seine Kräfte langsam zurückkehrten. Er tastete den Saum seines gefütterten Mantels ab. Dem Himmel sei gedankt! Das Gold, das er sich als Notgroschen eingenäht hatte, war noch da.

Was aber sollte er jetzt tun? Er überlegte: Unmöglich kann ich in diesem Zustand den Abstieg wagen und den Kerl verfolgen, der womöglich schon längst auf und davon ist. Das wäre mein sicherer Tod. Ratlos starrte er in den Schnee. Dann kroch er wieder in die Höhle zurück und versperrte den Eingang. Er legte sich auf die Filzmatte, deckte sich zu und war im Handumdrehen eingeschlafen.

Zwei Monate später, zu Beginn des Frühlings, befand Djin sich am Westsee, denn er hatte sagen hören, dass dort ein echter Wahrhaft-Mensch im Verborgenen lebe. Er hatte den Gelben Fluss überquert, war in einem Boot nach Djiang-du hinabgefahren und streifte nun Tag und Nacht in den Bergen auf der Suche nach jenem Wundermann umher, an Orten, die nur selten eines Menschen Fuss betrat.

Eines Tages verirrte er sich in der Bergwildnis und kam spät in der Nacht zu einem alten, halbverfallenen Tempel. Der Glockenturm war eingestürzt, das Dach hing schief, und ein Sturm hatte die Türflügel aus den Angeln gerissen. Auf der mondbeschienenen, moosüberwucherten Treppe aber sass ein alter Mann, den Kopf auf die Hände gestützt. Neugierig trat Djin auf ihn zu. Sein Äusseres war schmutzig, und in seinen abgerissenen Kleidern machte er den Eindruck eines Bettlers. Er hatte schlohweisses Haar und ein dunkles, nahezu bronzefarbenes Gesicht. Doch von seinen Augen ging ein Glanz aus, der Djin wie das göttliche Leuchten erschien. Das ist gewiss kein gewöhnlicher Mensch, dachte er und fragte: «Älterer Bruder, was machst du hier so alleine in dunkler Nacht?»

«Seit zwei Tagen», antwortete der Alte mit krächzender Stimme, «habe ich weder gegessen noch getrunken. Ich sitze hier und warte darauf, meinen letzten Atemzug zu tun.»

«Wie gut, dass ich etwas Essbares bei mir habe», gab Djin zur Antwort und nahm sein Bündel vom Rücken. Er öffnete es, holte zwei Reiskuchen heraus und streckte sie dem wunderlichen Kauz hin. Der verschlang sie im Nu und bedankte sich mit strahlendem Gesicht. Dann streckte er sich auf der Treppe aus und tat, als ob er schlafen würde.

«Schlaf' nicht, älterer Bruder!» rief Djin. «Ich möchte dich etwas fragen.»

«Lass' mich mit deinen dummen Fragen in Ruhe», knurrte der andere und drehte sich auf die Seite.

«Aber du kannst mich doch nicht so abweisen, älterer Bruder! Nenne mir wenigstens deinen Namen.»

Doch der Alte rührte sich nicht. Als er ihn jedoch an der Schulter schüttelte, fuhr er zornig hoch und schrie: «Kerl, ich habe zwar deine Reiskuchen gegessen, dir aber dafür nicht meinen Leib verkauft! Wenn du weiter einen solchen Lärm machst, spucke ich sie dir vor die Füsse.»

«Meister, ich sehe, dass Ihr eine ganz ungewöhnliche Ausstrahlung der Lebenskraft habt. Darf ich Euch nach dem Lebenselixier des grossen Dau fragen?»

«Was weiss ich von Lebenselixieren, vom grossen und vom kleinen Dau! Verschwinde jetzt! – Du musst mit aller Kraft danach suchen, dann wirst du es auch finden.»

Bei den letzten Worten stutzte Djin. Das ist gewiss

359

kein gewöhnlicher Sterblicher, dachte er. Er berührte die Schulter des Alten und rief: «Welch ein Glück, dass ich Euch endlich gefunden habe, grosser Meister!»

Da fuhr der andere hoch und schrie wütend: «Was habe ich nur für ein Pech mit diesem unverschämten Kerl!» Dann deutete er auf die Erde und befahl: «Heb' das auf!»

Djin schaute ganz erstaunt hin und sah, dass der Alte eine tote Spinne meinte. Als er sie in die Hand nahm, spürte er am Geruch, dass sie sich bereits im Zustand der Verwesung befand. Dennoch wagte er es nicht, sie fortzuwerfen, sondern fragte, was er damit tun solle.

«Friss' sie auf!» schrie ihn der Alte an. «Das ist das Lebenselixier des grossen Dau!»

Djin war über diese Antwort so verblüfft, dass es ihm die Sprache verschlug. Wenn dies wirklich ein Wahrhaft-Mensch ist, dachte er, dann will er mich damit nur auf die Probe stellen. Was aber, wenn er nur ein ganz gewöhnlicher Sterblicher ist, der mich damit foppen will und nachher auslacht? Ich bin schon einmal einem auf den Leim gegangen.

«Nun, was ist?» fragte der Alte in barschem Ton.

Da hielt er den Atem an, schloss die Augen und sperrte den Mund weit auf. Als er die tote Spinne hineinsteckte, roch er den widerlichen Aasgestank und hätte sich fast übergeben. Doch als er sie hinuntergeschluckt hatte, war es ihm, als habe er Nektar geschlürft. Alle Müdigkeit fiel plötzlich von ihm ab, und ein neues, wunderbares Kraftgefühl durchströmte ihn.

360

«In der Tat!» rief der Alte. «Dieser Schüler ist würdig, Belehrung zu empfangen!» Dabei strahlte er über das ganze Gesicht. Djin kniete rasch vor ihm nieder und stellte sich vor. Daraufhin sagte der Alte:

«Mit Geschlechtsnamen heisse ich Dscheng, und mein Rufname ist Dung-yang. Ich bin zur Zeit der Streitenden Reiche* vor den Kriegswirren hierher in die Einsamkeit geflohen und habe nach dem Dau der Unsterblichkeit gesucht. Ich ernährte mich von Gras und Wurzeln, und nach mehr als vierzig Jahren fand ich endlich meinen Meister. Er gab mir die ‹Feuerpille›, und nachdem ich sie geschluckt hatte, verfärbte sich mein ganzer Körper rötlich. Ausserdem schenkte er mir das ‹Buch von den Lebenselixieren›. Ich studierte es zwei Jahre lang von früh bis spät; erst dann verstand ich die geheimen Anweisungen. Ich kultivierte das Dau, und als ich ein Unsterblicher geworden war, gab mein Meister mir den Namen ‹Feuerdrache›. Die Spinne, die du vorhin auf meinen Befehl geschluckt hast, war, wie du wohl bemerkt hast, kein totes Aas, sondern eine sogenannte ‹Knochenpille›, die ich zuvor auf meinem Alchimistenofen gebraut habe. Sie bewirkt, dass du Zeit deines Lebens von keiner ernstlichen Krankheit befallen wirst. Das Lebenselixier des grossen Dau, von dem du vorhin sprachst, ist etwas ganz anderes. Setze dich hierher und höre mir zu.»

Djin hockte sich vor ihm nieder, und Meister Feuerdrache fuhr fort:

«Das Leben ist die Wurzel des Todes, und der Tod ist die Wurzel des Lebens. Der Anstoss der Bewegung entsteht im Bewegungslosen, der Anstoss zum Tun im

361

Nicht-Tun. Das Nicht-Tun ist die Rückkehr des Geistes zu seinem Ursprung. Dies ist der Zustand, in dem alle Dinge zur Ruhe kommen, und der Mensch für Sinneseindrücke unzugänglich ist. Er lebt zwar noch in dieser Welt, aber er ist den zehntausend Arten von Schicksalsverknüpfungen entrückt.

Man muss wissen, dass der Geist das Kind des Lebensodems und dieser seine Mutter ist. Wie ein auf den Eiern brütendes Huhn ist auch er in allem, was Leben heisst, gegenwärtig. Das Gras und die Bäume haben ihre Wurzeln im Erdreich; reisst man sie aus der Erde, dann verdorren sie. Fische und Schildkröten leben im Wasser; nimmt man sie aus ihrem Element, dann sterben sie. Das Leben des Menschen ist untrennbar mit seinem Körper verbunden; nimmt man ihm den Lebensodem, dann stirbt auch er. Darum muss der *Strebende* es sich zur Aufgabe machen, zuerst die Methoden der Atemtechnik zu erlernen, um mit ihrer Hilfe den vorderen und den hinteren Pass zu öffnen. Sobald dies geschehen ist, tritt der Zustand ein, der «die Vereinigung des Wassers mit dem Feuer» genannt wird. Er bewirkt, dass der Körper nicht mehr der Erstarrung anheimfällt, die beim gewöhnlichen Menschen das Alter und schliesslich den Tod herbeiführt. Bevor man aber den Kreislauf des Lebensodems* in Gang setzt, müssen die faulen Miasmen, die sich im Körper angesammelt haben, restlos ausgestossen werden. Dann wird der reine Lebensodem eingesogen. Er durchläuft den ‹Ursprung des Passes›, gelangt von dort zum ‹Meer des Lebensodems›,* teilt sich und fliesst die Beine hinab bis zum ‹sprudelnden Quell›. Dann steigt er zur ‹Aufsichts-Ader› hinauf und

362

fliesst über den Punkt Ni-huan im Hirn wieder zur Nase hinaus. Das nennt man einen ‹grossen Kreislauf des Himmels›.»*

Der Wahrhaft-Mensch schwieg eine Weile und blickte versonnen in den Mond. Dann fuhr er fort:

«Es gibt in der Tat mehrere Methoden zur Gewinnung des Lebenselixiers, und die Eingeweihten kennen sie. Dennoch werden sie von den weltlich gesinnten Alchimisten vollständig verkannt. Jene, die sich der sogenannten ‹Gelb-Weiss-Kunst› bedienen, schaden damit nur sich selbst und stürzen andere ins Unglück.» Er seufzte. «Wie sollte man durch das ‹äussere Elixier›, durch ein Gemisch verschiedener Ingredienzien, Unsterblichkeit erlangen? Das ist, als würde man auf einen Baum steigen, um Fische zu fangen. So einfach ist es nicht. Dieses hohe Ziel lässt sich nur durch das ‹innere Elixier› erreichen. Dazu werden achtundzwanzig Medizinen benötigt, und es muss, je nach Konzentrationsfähigkeit und Methode, eine dreihundert- bis zweitausendtägige Schwangerschaft durchlaufen werden. Das alles hängt nicht vom äusseren Tun ab und noch viel weniger von Ingredienzien; es ist eine Arbeit, die allein mit dem Bewusstsein verrichtet wird. Die Technik des sogenannten ‹inneren Atems›, Meditationsübungen und das Ansammeln des Samens* sind die hierzu wichtigsten Voraussetzungen.»

«Darf ich fragen, grosser Meister, wie eine solche Schwangerschaft zustande kommt?»

«Nun, das ist ein sehr komplizierter Prozess und für den Nichteingeweihten schwer zu verstehen. Man muss die Medizinen zur rechten Zeit pflücken und aufbereiten, man darf die ‹Stunde des Feuers› nicht versäumen und vieles andere mehr. Wer einmal damit begonnen hat, darf auch nicht einen Tag lang aussetzen. Er muss vorgehen:

Wie eine Frau, die ihr Kind austrägt,
wie ein kleiner Drache, der seine Perlen pflegt, *

erst dann ist er auch seines Erfolges sicher. Während der Schwangerschaft dürfen keine Gedanken weltlicher Art im Herzen aufsteigen, weil sonst das Feuer zu lodernder Flamme emporschlägt und die Geistesfrucht zerstört. Die Sinne müssen stets gesammelt bleiben, weil sonst das Feuer erkaltet. Es gibt verschiedene Methoden, die Schwangerschaft herbeizuführen. Bei der wirksamsten ist der Körper das Blei, das Bewusstsein das Quecksilber, der feste Entschluss das Wasser, und der Intellekt das Feuer. Voraussetzung dabei ist, dass der Geist zuvor von allen weltlichen Schlacken gereinigt wurde; sonst kann der Same nicht angesammelt werden, und die Grundlage fehlt. Denn allein durch die Sublimierung des Samens vollendet der Strebende seinen Lebensodem, und indem er seinen Lebensodem zur Vollendung bringt, verwandelt er seinen Geist. Dadurch aber wird er eins mit dem Dau.»

«Da nun der Same so ungemein wichtig für den Strebenden ist, grosser Meister, kann er sich dann nicht, um ihn aufzuhäufen und um den ganzen Prozess zu beschleunigen, der Methode des Gelben Kaisers und des Patriarchen Peng-dsu bedienen? Ich habe sagen hören, dass diese beiden ihr langes Leben

364

und die Unsterblichkeit dem intimen Umgang mit unzähligen Frauen verdanken.»

Der Wahrhaft-Mensch lächelte. «Langes Leben lässt sich wohl dadurch erreichen, nicht aber die Unsterblichkeit. Es ist ein grosses Missverständnis, wenn unwissende Leute behaupten, der Gelbe Kaiser und der Patriarch Peng-dsu hätten die Unsterblichkeit durch ihren Verkehr mit zahllosen Frauen erlangt. In der Sprache des ‹inneren Elixiers› ist alles nur Symbol. Da heisst es zum Beispiel: man müsse den ‹Goldherrn› zwingen, den ‹weissen Tiger› zu besteigen, damit Tscha-nü alleine auf dem ‹grünen Drachen› reitet, oder: wenn ‹das Weib des Feuerglanzes› und der ‹Herr des Abgründigen› sich vereinigen, entsteht der ‹rote Sohn›. Das alles kannst du heute noch nicht verstehen; du musst es praktizieren, um es zu begreifen, und dann wird sich dir auch das Geheimnis Schritt um Schritt enthüllen.»

Der Wahrhaft-Mensch stand auf. «Genug der Worte, die das Wesen der Dinge niemals erfassen! Zwischen uns beiden bestehen Schicksalsverknüpfungen aus früheren Existenzen. Es war dir bestimmt, mich in dieser Nacht und an diesem Ort zu treffen. Komm’, lass’ uns gehen, Schüler.»

Da warf Djin sich vor ihm nieder und stammelte verwirrt: «Meister, ich...»

Der Wahrhaft-Mensch zog ihn lächelnd zu sich empor. «Sei ganz ohne Sorge. Ich weiss alles und ich kenne auch die Schicksalsfügung, die dich heute Nacht hierher geführt hat. Entledige dich zuerst deiner weltlichen Pflichten. Hier» – und er nestelte am Gürtel seines faltenreichen Gewandes – «ist ein Beu-

tel mit Pillen, die ich zuvor auf meinem Alchimistenofen gebraut habe. Sie heissen ‹Vorsichtsrettungsleim›
und waren hundert Tage lang dem Feuer ausgesetzt.
Sie müssen zehn Tage und zehn Nächte lang in kaltem Wasser abgekühlt werden, bevor man sie ohne
Gefahr einnehmen kann. Wenn dann der Kaiser eine
von diesen Pillen schluckt, kann er sich stundenlang
mit Frauen begatten. Damit es zum Samenerguss
kommt, genügen zwei Schlucke kalten Tees, und die
Wirkung ist aufgehoben. Wenn die Pillen aufge-
braucht sind, wird der Kaiser keine mehr benötigen,
weil sich dann seine körperliche Konstitution gekräftigt hat. Doch ich warne eindringlich: niemals darf er
mehr als täglich eine Pille schlucken. Sein Inneres
würde sonst unweigerlich verbrennen, und er wäre
rettungslos verloren. – Geh' jetzt und Friede sei auf
deinem Wege! Heute in einem Jahr triffst du mich
hier vor dem ‹Tempel der göttlichen Klarheit› wieder.»

Mit einem dreifachen Stirnaufschlag nahm Djin
von Meister Feuerdrache Abschied. Dann stand er
auf und ging – der neue Morgen begann schon her-
aufzudämmern – mit beschwingten Schritten davon,
und es war ihm, als ob er flöge.

Ho-dö tötet den Kaiser durch eine Überdosis Lenzpillen
und richtet sich selbst. Die Kaiserin wird ihrer früheren
Vergehen wegen angeklagt und erhängt sich.

Zwei Monate später war Tang Djin wieder in
Tschang-an. Er liess sich beim Kaiser melden, der im
Vormitternachts-Palastbezirk weilte. «Was für eine
Wundermedizin hast du Uns mitgebracht?» fragte er,
nachdem Djin ihn begrüsst hatte. «Wenn sich Unsere
Potenzschwäche dadurch wirklich beheben lässt,
sollst du reich belohnt werden.»

«Nach langem Suchen», antwortete Djin, «fand ich,
Euer Diener, schliesslich einen Wahrhaft-Menschen,
der mir diesen Beutel mit Pillen gab.» Und er erklärte
ihm die Gebrauchsanweisung und Wirkung.

«Grossartig!» rief der Kaiser begeistert. Er wollte
ihn mit fünfhundert Batzen Silber und einer Ranger-
höhung belohnen, doch Djin lehnte beides ab und bat,
aus dem Hofdienst entlassen zu werden. Gnädig gewährte der Kaiser ihm diese Bitte, und Djin verabschiedete sich. Nachdem er sein Haus bestellt hatte,
kehrte er zu Meister Feuerdrache zurück. Und niemand weiss, was seither aus ihm geworden ist.

Neugierig öffnete der Kaiser den Beutel und nahm
einige Pillen heraus. Tatsächlich, ihr Duft war ganz
erstaunlich und stach förmlich in die Nase. Als er an
die Genüsse dachte, die er sich davon erhoffte, erschienen sie ihm wie ein kostbarer Schatz. Er liess
Ho-dö rufen und zeigte ihr die Pillen. Sie roch gleich-

falls daran und sagte: «Diese Pillen duften wirklich wunderbar! Wir sollten gleich eine ausprobieren, um zu sehen wie sie wirkt.»

«Nur langsam», antwortete der Kaiser. Und er fügte hinzu, dass man die Pillen vor dem Gebrauch zehn Tage und zehn Nächte lang in kaltem Wasser abkühlen müsse.

Ho-dö war ein wenig enttäuscht, als sie dies hörte. Dann aber bat sie sich die Pillen aus und trug sie in den Dschau-yang-Palast.

Sogleich liess sie ein halbes Dutzend Schüsseln mit kaltem Wasser aufstellen und machte sich, unterstützt von ihren Palastdamen, an die Arbeit. Eigenhändig schüttete sie die Pillen in das Wasser, das im Handumdrehen zu kochen begann. Es sprudelte, zischte und brodelte; Dampfwolken stiegen auf und breiteten sich im Raum aus. Erst am zehnten Tag, als die Dämmerung einzufallen begann, blieb das Wasser kalt. Auf diese Nachricht hin liess der Kaiser ein Festessen herrichten. Er gab sich in der Erwartung der langentbehrten Genüsse quicklebendig und trank sich einen kleinen Schwips an. Auch Ho-dö war leicht beschwipst. Sie steckte ihm eine von den Pillen in den Mund, die er zerkaute und dann hinunterschluckte.

Die Wirkung der Pille blieb nicht aus. Sein Mannesding begann sich zu recken und zu strecken und wurde, während es sich aufrichtete, so hart wie Eisen. Er wurde so geil, dass er nicht länger warten konnte. Er schickte die Palastdamen fort und umarmte Ho-dö stürmisch. Dann gingen sie in eines der Schlafzimmer und zogen sich aus. Schon beim Liebesvorspiel war es wundervoll. Ho-dö hielt die Augen geschlossen und hatte das Gefühl, als würde in ihrer Lustgrotte ein loderndes Feuer brennen. Der Kaiser drehte sie auf den Rücken, dann bestieg er sie und zwängte sein pralles Mannesding in ihre Lustgrotte hinein. Er kam erst richtig in Schwung, nachdem er einige dutzendmal Kung-fu gemacht hatte. Ho-dö war ganz weg; es war ihr, als wäre sie betrunken oder würde träumen. Sie röchelte und lallte unaufhörlich, während der Wollusttau zwischen ihren Schenkeln hinabfloss und auf der Matte eine ganze Lache bildete. Der Kaiser war so geil, dass er seine Hände in ihren zarten Popo verkrallte und ihr sein Mannesding bis zur Wurzel hineinstiess. Er war zwar sehr erregt, doch sein geschwächter Körper konnte die Anstrengungen nicht länger ertragen. Darum löste er sich von ihr, trank schnell seine zwei Schlucke Tee, und die eben noch eherne Lanze fiel wieder in sich zusammen.

«Diese Pillen sind wirklich wundervoll!» rief Ho-dö entzückt aus, als sie wieder zu sich gekommen war. Der Kaiser pflichtete ihr bei; er klatschte zweimal in die Hände, und sogleich erschienen zwei von den aufwartenden Palastdamen. Sie reinigten ihnen ihre Körper mit heissem Wasser, das mit Tauchwasser-Aroma parfümiert war. Dann schliefen sie in enger Umarmung ein.

Seitdem der Vogelschütze von der Kaiserin gegangen war, hatte sich ihr Geist verdüstert; sie zeigte sich mürrisch und hatte nur noch traurige Gedanken. Als sie eines Morgens aufgestanden war, bemerkte sie, dass draussen ein kalter Wind ging. Die Vögel sangen, so dünkte es sie, gar traurige Weisen. Eine Palastdame

369

musste ihr die Phönixlaute bringen, und eine andere im Duftöfchen Moschus verbrennen. Dann spielte sie das Lied ‹Heimkehrender Wind, du kommst aus der Ferne›. Dabei fiel ihr die Szene auf dem Paradiesturm im Grossen Saft-See ein, und das bewirkte, dass ihre Stimmung noch mehr sank. Gleich darauf erschien eine Palastdame und sagte zu ihr: «Der Drachenkörper des Heiligen hat sich wieder ein wenig gekräftigt. Kürzlich brachte ein Palastjunker ihm Pillen, die er von einem Magier erhalten hatte. Ihr Name ist ‹Vorsichtsrettungsleim›. Als der Heilige eine von diesen Pillen schluckte, strotzte sein Körper von Lebenskraft, und er hat der Glänzend-Sittlichen auf Kissen und Matte grosses Vergnügen bereitet. Warum geht Ihr nicht hin, Niang-niang, und versucht unter dem Vorwand, Euch nach seiner Gesundheit zu erkundigen, ihn zum Liebesspiel zu bewegen?»

«Meinst du? Ich befürchte, dass der Heilige sich meiner nicht erbarmen wird. – Nun gut, ich werde ihn besuchen, und sei es nur, um zu sehen, wie es ihm geht.»

Sie bestieg ihre Sänfte und liess sich in den Palast des Kaisers tragen. Nachdem sie einander begrüsst hatten, sagte sie: «Ich, das Weib, habe gehört, dass Euer Körper der Ruhe und Schonung bedarf. Ich bin darum hergekommen, mich nach Eurer Gesundheit zu erkundigen.»

«Vielen Dank, meine Teure, dass du so um mich besorgt bist», antwortete der Kaiser und lächelte.

«Überdies habe ich gehört, dass ein Magier Euch Wunderpillen geschickt hat. Dürfte ich sie einmal sehen?»

370

«Gewiss. Aber dein befehlendes, jüngeres Schwe-
sterlein hat sie in Verwahrung.» Und er schickte eine
Palastdame zu Ho-dö mit dem Auftrag, die Pillen zu
holen. Wenig später erschien sie selbst und stellte ein
Goldfaden-Kästchen auf den Tisch. «Hier sind die
Pillen», sagte der Kaiser und öffnete das Kästchen.
«Du kannst dir ein paar davon nehmen.»

«Nein, wir wollen sie gerecht verteilen», schlug
Ho-dö vor.

Die Kaiserin nahm das Kästchen, zählte genau
fünfzehn Pillen ab und legte sie in eine Jadeschale.
Den Rest gab sie Ho-dö zurück. «Wie angenehm sie
duften», bemerkte sie. «Sicherlich bereiten sie einem
grosses Vergnügen. Ich hätte heute so richtig Lust
zum Beischlaf, doch ich weiss nicht, wie Ihr darüber
denkt.»

«Schon lange habe ich dir nicht mehr beigewohnt,
mein Schatz. Gewiss hast du dich in letzter Zeit auf
Kissen und Matte einsam gefühlt. Also gut. Ich komme nachher zu dir, und wir beide können uns die ganze Nacht vergnügen.»

Er verabschiedete sich von Ho-dö, nahm die Kaiserin an die Hand, und die beiden schlenderten den von
blühenden Bäumen umsäumten Sänftenweg entlang,
der zum Palast des umfassenden Gesetzes führte. Als
sie dort angekommen waren, liess die Kaiserin sogleich ein Bankett herrichten, und beide tranken fröhlich bis in den Abend hinein. «Hast du während deiner langen Einsamkeit auch manchmal an mich gedacht?» fragte der Kaiser.

Die Kaiserin nahm sein Gesicht in beide Hände,
drückte einen Kuss auf seine Lippen und säuselte

wehmutsvoll: «Zu welcher Stunde des Tages hätte ich nicht an Euch gedacht und gehofft, dass Ihr kommen werdet? Ihr aber habt meinen Leiden keine Beachtung geschenkt.»

«Heute Nacht», tröstete er sie, «werde ich alles wieder gutmachen. Das verspreche ich dir.»

Er nahm eine von den Pillen, zerkaute sie und spülte den Brei mit einem Becher Wein hinunter. Dann gingen sie ins Schlafzimmer. Sie zogen ihre Kleider aus und legten sich vollkommen nackt in das Elfenbein-Bett. Die Hoffnung, ‹die Wolken umzudrehen und den Regen zu wenden› versetzte die Kaiserin in einen Sinnestaumel ohnegleichen; sie geriet ganz aus der Fassung, und ihre Geilheit steckte ihn an. Nach der langen, erzwungenen Enthaltsamkeit verspürte sie eine körperliche Befriedigung wie nie zuvor, als sein eisenharter Krieger in sie eindrang. Er füllte ihren Blütenkelch dermassen aus, dass daneben auch nicht ein winziges Härchen Platz gehabt hätte. Da waren ihre Sinne befriedigt und ihr Herz gesättigt.

«Was für ein herrliches Ding!» stöhnte sie. «Warum habt Ihr mich nur so getäuscht?»

«Warum sollte ich dich getäuscht haben? Hör' auf, mir Vorwürfe zu machen! Wie möchtest du es denn gerne haben? Etwa so?» Und er stiess ein paarmal kräftig zu. Erst um die zweite Nachtwache erlahmte er, und der Same spritzte aus seinem Pferdemaul hervor.

«Wie schade, dass ich nur ein Dutzend von diesen Pillen habe», meinte die Kaiserin. «Damit können wir uns nur noch vierzehn Nächte lang vergnügen.»

Daraufhin erzählte der Kaiser ihr, was er von Tang

Djin erfahren hatte, nämlich dass er dann keine Pillen mehr brauche.

«Wie wunderlich!» rief sie. «Dann können wir uns endlos vergnügen.» Sie plauderten noch eine Weile und schliefen dann ein.

Am nächsten Morgen begab sich der Kaiser zur Frühaudienz. Nachdem die Staatsgeschäfte erledigt waren, besuchten er und die Kaiserin Ho-dö. Sie nahmen das Mittagsmahl gemeinsam ein, unterhielten sich einige Zeit, und als es Nachmittag geworden war, nahmen sie an einem Bankett in der gold- und edelsteinstrahlenden ‹Jadehalle› teil, auf deren Dach ein fünf Fuss hoher vergoldeter Phönix aus Kupfer stand. Jedesmal, wenn ein Wind blies, drehte er sich, so dass es schien, als ob er auffliegen wolle.

«Ältere Schwester», sagte Ho-dö, nachdem sie dem Wein tüchtig zugesprochen hatte, «gestern Nacht hattest du dein Vergnügen, während ich auf einsamer Matte schlafen musste. Das war für mich gar nicht leicht.»

«Wie eifersüchtig du bist», murrte der Kaiser. «Eine Nacht war ich nicht bei dir, und schon hegst du Groll gegen mich.»

«Wie sollte ich es wagen, Euch zu grollen? Ich fühlte mich nur so schrecklich einsam.»

«Hör' auf mit dem Geschwätz! Trinken wir uns frohgemut einen kleinen Rausch an!»

Da begann einer den anderen zum Trinken zu ermuntern, und schliesslich war der Kaiser sternhagelvoll. Die Kaiserin kehrte in ihren Palast zurück, Ho-dö dagegen wollte unbedingt ihr Vergnügen haben. Und weil auch sie nicht mehr klar denken konnte, schüttete sie sieben Pillen in einen Becher Wein und flösste das dem Betrunkenen ein.

Die Wirkung liess nicht lange auf sich warten. Der Kaiser umarmte sie die ganze Nacht hindurch und erlebte neunmal die höchsten Wonnen. Dabei lachte er fortwährend wie ein Wahnsinniger. Nachdem Mitternacht vorüber war, raffte er sich auf und wollte seine Kleider anlegen. Da überkam ihn ein Schwindelanfall; er fiel vorneüber und blieb mit dem Gesicht zwischen den Kissen liegen. Ho-dö rannte aufgeregt davon; sie brachte heissen Tee und versuchte, ihm zu helfen. Als sie ihn aber mit der Lampe beleuchtete, sah sie, dass der Strom seiner Manneskraft unaufhörlich und unstillbar gleich einem Quell herausfloss und bereits die ganze Bettdecke durchnässt hatte. Hilflos musste sie zusehen, wie er unter ihren Augen verschied.

So starb Kaiser Tscheng im Alter von fünfundvierzig Jahren nach sechsundzwanzigjähriger Herrschaft. Dies geschah im dritten Monat des zweiten Jahres der Regierungsära ‹Friedliche Stille› (7 v.Chr.).

Ho-dö schickte sogleich eine Palastdame zur Kaiserin-Mutter, um ihr das Unglück zu melden, und jene gab sich tiefverzweifelt ihrem Schmerz hin. Dann befahl sie den Würdenträgern, den Prinzen von Ting-tau auf den Thron zu heben und liess zur gleichen Zeit die Leiche des Verstorbenen für das Begräbnis herrichten.

Der neue Herrscher verlieh der Kaiserin den Rang einer Kaiserin-Mutter. Im Volk und in der Beamtenschaft aber liefen viele Gerüchte um. Alle schoben die

Schuld am Tode des Kaisers auf Ho-dö und hegten gegen sie tiefen Groll. Als dies der nunmehrigen Kaiserin-Grossmutter Wang zu Ohren kam, sagte sie: «Gewiss ist der Kaiser eines unnatürlichen Todes gestorben. Im Volk gehen wilde Gerüchte um, und man wundert sich, wie das geschehen konnte.» Dann schickte sie ihren Neffen, den Kriegsminister Wang Mang, zu Ho-dö.

«Der Kaiser ist tot», sagte er zu ihr. «Die Beamten aber murren, und alle sind über sein seltsames Ende erschrocken. Ich bitte daher die Glänzend-Sittliche, über den Krankheitszustand Seiner Majestät zu berichten.»

Ho-dö wusste, dass es für sie keinen Ausweg mehr gab, denn nicht zu Unrecht fürchtete sie, man könnte ihre grossen und abscheulichen Verbrechen aufdekken. Mit hoheitsvoller Miene antwortete sie: «Ich habe den Kaiser stets so liebevoll in den Armen gehalten, wie eine Mutter ihr kleinstes Kind. Aus Liebe zu mir hätte er das ganze Reich verderben lassen. Soll ich vielleicht jetzt mit gefesselten Händen Befehle aus den Frauengemächern entgegennehmen und intimste Dinge erörtern?» Sie schlug sich auf die Brust und schrie: «Mein Kaiser, mein Kaiser, wohin seid Ihr gegangen?» Gleich darauf brach ein Blutstrom aus ihrem Mund hervor, und sie fiel tot zu Boden.

Nachdem der Prinz von Ting-tau den Kaiserthron bestiegen hatte und Ho-dö tot war, wagte es einer der Zensoren, die Untersuchungsergebnisse über die Kindermorde der Ho-dö vorzulegen. Er erwähnte auch die zahlreichen anderen Fälle, in denen Palastdamen auf ihren Befehl Gift hatten trinken müssen oder sonstwie umgebracht worden waren. Zum Schluss erhob er die Forderung, man müsse ihre Verwandten, die alle hohe Staatsstellungen bekleideten, bestrafen.

Daraufhin erklärte der junge Herrscher Dschau Tjin und Dschau Su – Dschau Lin war inzwischen verstorben – ihrer Ämter und Adelsprädikate für verlustig und degradierte sie zu gemeinen Leuten. Ausserdem verfügte er, dass sie samt ihren Familienangehörigen in das ferne Liau-si verbannt wurden. Einer der hauptstädtischen Polizeiinspektoren erhielt den Befehl, sie zu verhaften. Er liess die beiden Paläste von seinen Leuten umstellen, und alle Männer und Frauen wurden festgenommen und in Ketten gelegt. Verfolgt von den Schmährufen der Bevölkerung trieb man sie durch die Strassen, und ihre Tränen fielen gleich dem Regen hernieder.

Wenige Zeit später erkühnte sich einer von den Ratgebern des verstorbenen Kaisers, eine Anklageschrift gegen Fe-yän, die nunmehrige Kaiserin-Mutter, vorzulegen, und forderte ihre exemplarische Bestrafung. Der junge Herrscher aber, den man später Kaiser Ai, den Jammervollen nannte, war ein noch grösserer Lüstling als sein Vorgänger, ein ganz charakterloser Mensch. Weil er selbst einzig durch ihre Protektion Thronfolger geworden war, wagte er den Fall nicht zu entscheiden.

Als er sieben Jahre später in noch jugendlichem Alter als ein Opfer seiner zahllosen Ausschweifungen starb, übernahm die Kaiserin-Grossmutter die einstweilige Regentschaft, und ihr Neffe Wang Mang leitete die Staatsgeschäfte. Noch bevor der Thronfolger, der spätere Kaiser Ping, den Thron bestiegen hatte, legte Wang Mang der Kaiserin-Grossmutter den Entwurf eines Ediktes vor, den sie ohne zu zögern mit dem Abdruck des Staatssiegels versah. Er lautete:

Die jetzige Kaiserin-Mutter und ihre verstorbene Schwester, die Glänzend-Sittliche, haben gemeinsam die Kontrolle in den hinteren Palästen ausgeübt und hielten alle anderen Frauen vom Schlafzimmer des Kaisers fern. Sie genossen die alleinige Gunst des Verstorbenen, sie setzten schädliche und auf Unruhen abzielende Pläne ins Werk, sie rotteten die Nachkommenschaft des Kaisers aus und brachten somit den Ahnentempel in Gefahr. Sie widersetzten sich dem Willen des Himmels, begingen an dem Verstorbenen unerhörte Verbrechen und haben sich aufgeführt, wie es den Müttern des Reiches nicht geziemt. Daher bestimmen Wir, dass die jetzige Kaiserin-Mutter zur Kaiserin Tscheng degradiert und ihr der Nordpalast als Ort der Verbannung zugewiesen wird.

Einen Monat später erschien ein weiteres Edikt. Darin hiess es: Die Kaiserin Tscheng weiss selbst, dass ihre Verbrechen von geradezu abscheulichen Dimensionen sind. Ihr Auftreten als Kaiserin in all den Jahren liess sehr zu wünschen übrig. Sie hat die den Frauen gesetzte Norm des Betragens weit überschritten und die Lebensregeln nicht gepflegt, sondern im Busen das Gift von Wölfen und Tigern gehegt. Riesengross ist der Groll, den das Herrscherhaus gegen sie hegt. Selbst als ihr Adoptivsohn, der verstorbene Kaiser Ai, auf dem Thron sass, hat sie die Weisungen des erhabenen Himmels in keiner Weise befolgt. Wo die Gnade nichts mehr auszurichten vermag, erleidet auch die Gerechtigkeit Schaden. Die Kaiserin Tscheng wird hiermit für abgesetzt erklärt, zur gewöhnlichen Frau degradiert und zum Mausoleum ihres verstorbenen Gatten, des Kaisers Tscheng, geschickt.*

Fe-yän wusste sehr wohl, dass es für sie keine Rettung mehr gab. Sie nahm einen weissen Seidenschal und erhängte sich damit am Dachbalken ihres Palastes. Bevor sie Selbstmord beging, hatte sie eine Palastdame gebeten, ihren Entschluss der Kaiserin-Grossmutter Wang mitzuteilen.

«Dieser Groll ist nun getilgt!» rief jene erleichtert aus, als sie es erfuhr. Und sie befahl, sofort das Begräbnis herzurichten. Dies geschah im siebenten Monat des zweiten Jahres der Regierungsära ‹Anfang der Langlebigkeit› (1 v.Chr.).

Der Jadekaiser verurteilt die beiden Geister zum Dasein
eines Tigers und einer Schildkröte. Im Hofe des Wahrhaft-
Menschen Nach-Wunsch üben sie sich in der Vervoll-
kommnung der Wahrheit.

Als Ho-dö gestorben war, schwebte ihr Geist empor
zum Palast des Jadekaisers. Sie verneigte sich nach
Frauenart mit zusammengelegten Händen vor ihm
und sprach: «Die Dienerin ist zur Wahrheit erwacht.
Sie wurde von Eurer Majestät in die Welt hinabgeschickt und zum Dasein eines Menschen verdammt.
Ihr Erdenschicksal hat sich nun erfüllt und demütig
hofft sie, dass Eure Majestät ihr ihre früheren Vergehen verziehen haben, damit sie alsbald in die Gefilde
der Seligen aufsteigen kann.»

«Elende!» schalt der ergrimmte Jadekaiser. «Du
wurdest auf die Erdenwelt hinabgeschickt, um dich zu
bessern. Nichtsdestoweniger hast du den Kaiser
durch Lenzpillen getötet und alle Hofdamen ermordet, die ein Kind von ihm unter dem Herzen trugen,
so dass er ohne Leibeserben blieb. Dadurch hast du
deine Schuld vergrössert und kannst unmöglich ein
Wahrhaft-Mensch werden.»

Dann befahl er einem von seinen Gefolgsleuten, sofort den Wahrhaft-Menschen ‹Nach-Wunsch› herzubitten. Dieser war kein anderer als der frühere Kaiser
Tscheng. Auch ihn hatte der Jadekaiser auf die Erdenwelt hinabgeschickt, um der Menschheit zu dienen. Seiner schlechten Amtswaltung wegen war er

dazu verurteilt worden, hundert Jahre lang Selbstbe-
sinnung zu üben und seinen Geist zu läutern. Der Ge-
folgsmann eilte zu seinem Wohnort und brachte ihm
die Botschaft. Sogleich begab jener sich in die Halle,
wo der Jadekaiser Gericht hielt. Als er ihn begrüsste,
sah er, dass vor den Thronstufen ein Fuchsgeist lag.

«Weisst du, wer das ist?» fragte der Jadekaiser.

«Ich, Euer unwürdiger Schüler, habe keine Ahnung.»

«Erschrick' nicht über meine Worte. Dies hier ist
deine vielgeliebte Ho-dö, die Glänzend-Sittliche.»

Der Wahrhaft-Mensch ‹Nach-Wunsch› war so verblüfft, dass es ihm die Sprache verschlug. Schliesslich
fragte er: «Wie kommt sie zu dieser Gestalt?»

«Ursprünglich war sie das, als was du sie hier
siehst: ein Fuchsgeist. Weil ihre Wollustgedanken
noch nicht völlig ausgelöscht waren, wurde sie zur
Strafe auf die Erdenwelt hinabgeschickt und dort als
Mädchen wiedergeboren. Sie hätte sich läutern und
ihr sinnliches Wesen ablegen sollen; dann wäre es ihr
jetzt vergönnt gewesen, sich zu den Gefilden der Seligen aufzuschwingen. Nichtsdestoweniger hat sie dich
durch Lenzpillen getötet, deine Beamtinnen in den
hinteren Palästen ermordet und deine eigenen Kinder umgebracht. Dadurch ist ihre Schuld nur noch
viel grösser geworden. Sie kann darum unmöglich in
eine höhere Existenz eingehen. Zur Strafe für ihre
Untaten soll sie in eine Riesenschildkröte verwandelt
werden und am kalten Nordmeer* tausend Jahre lang
Ungemach erdulden. Erst nach dieser Frist, wenn ihr
Herz durch Leiden geläutert ist, sei es ihr erlaubt, sich
zu den Gefilden der Seligen aufzuschwingen.»

«Leider kenne ich, Euer unwürdiger Schüler, nicht alle Untaten, die sie begangen hat. Wenn es sich aber wirklich so verhält, dann, meine ich, sollte sie noch strenger bestraft werden.»

Schliesslich erschien auch Fe-yän in der Gestalt einer Geisterschwalbe. Nachdem sie sich vor dem Jadekaiser niedergeworfen und ihn begrüsst hatte, wandte jener sich abermals dem Wahrhaft-Menschen ‹Nach-Wunsch› zu und fragte ihn: «Weisst du, wer dieses Wesen ist?»

«Es sieht wie eine Schwalbe aus, doch ich, Euer unwürdiger Schüler, habe keine Ahnung, wer das sein könnte.»

«Dieses Wesen hier ist deine frühere Gemahlin, die Kaiserin Dschau Fe-yän.»

«Dann waren es also Gespenster, die mich die ganze Zeit über beherrscht haben? Und ich habe an unser gemeinsames tiefes Yüan geglaubt! Nein, ich finde das zum Lachen!»

«Du hast zwar niemandem direkt geschadet», sprach der Jadekaiser zur Geisterschwalbe, «doch es war abscheulich von dir, dass du tagaus und tagein mit fremden Männern Unzucht triebst. Dadurch hast du das Ansehen der kaiserlichen Familie schwer beeinträchtigt. Zur Strafe sollst du in einen wilden Tiger verwandelt werden und auf dem Gebirge Fo-niu den Vogelschützen auffressen. Danach sollst du tausend Jahre lang auf dem Berg der kalten Stille vom Hunger geplagt werden. Erst dann sei es dir erlaubt, in die Gefilde der Seligen aufzusteigen.»

Die beiden Geister wagten es nicht, mit dem Jadekaiser zu rechten. Darum blieb ihnen nichts anderes

381

übrig, als mit einem Stirnaufschlag zu danken, Abschied zu nehmen und fortzugehen.

«Was haben diese beiden Wesen in ihren früheren Existenzen getan, dass ihnen ein solches Schicksal zuteil wurde?» erkundigte sich der Wahrhaft-Mensch.

«Vor einigen Jahrzehnten haben die beiden sich einen grossen Kampf geliefert und mein Gehilfe, der Wahrhaft-Fürst, nahm sie gefangen. Es stellte sich heraus, dass ihre irdischen Verknüpfungen noch nicht gänzlich abgeschnitten waren. Darum mussten sie in die Menschenwelt hinabsteigen und wurden dort als Mädchen wiedergeboren. Hätten sie das ihnen vorbestimmte Schicksal erfüllt, ohne Böses zu tun, dann hätten sie ihr Karma gänzlich ausgelöscht und sich die Seligkeit in der nächsten Existenz erwirkt. Doch wider Erwarten sind sie in ihre alten Laster zurückgefallen und haben sich boshaft und unzüchtig benommen. Darum war ihnen eine weitere Strafe gewiss.»

«Die Urteile des Höchsten Heiligen sind angemessen. Sie haben das Herz des unwürdigen Schülers zutiefst befriedigt.» Daraufhin verabschiedete sich der Wahrhaft-Mensch ‹Nach-Wunsch› und kehrte in seine Hütte zurück.

Als die Geisterschwalbe und ehemalige Kaiserin Fe-yän wieder auf die Erde kam, begann sie sich auf seltsame Weise zu verwandeln, und zwar in einen gelbgestreiften Tiger. Der Tiger eilte schnurstracks zum Gebirge Fo-niu und fand dort wirklich den Vogelschützen. Gemächlich wanderte er, das Diamant-Sutra* rezitierend, einen schmalen Pfad entlang und schlug dazu im Takt den Holzfisch.

«O Subhuti!»* tönte es aus seinem Mund. «Ein Boddhisattva* sollte sich von allen charakterisierenden Eigenschaften befreien und den Entschluss fassen, den höchsten Zustand der Erleuchtung zu erlangen. Er sollte keinem wahrgenommenen Objekte trauen, weder Klang, Geruch, Geschmack, noch einem anderen Sinnesobjekt. Er sollte seinem Geist nicht erlauben, an irgend etwas zu hangen. Wenn der Geist an irgend etwas hängt, dann ist er nicht-verharrend...»

Als der Tiger ihn das Diamant-Sutra rezitieren hörte, wagte er sich nicht weiter. Schliesslich verstummte die Rezitation, und mit einem gewaltigen Satz sprang er aus dem Dickicht hervor. Er duckte sich zum Sprung und stiess ein lautes Gebrüll aus. Der Vogelschütze erschrak darüber so sehr, dass ihn das Entsetzen packte. Er liess den Holzfisch fallen und wollte davonlaufen, doch da war der Tiger auch schon mit einem Sprung über ihm. Er biss den Vogelschützen tot und frass ihn auf, so dass nichts von ihm übrig blieb.

Anschliessend verwandelte Fe-yän sich in ein Mädchen zurück und suchte Ho-dö auf, die gleichfalls menschliche Gestalt annahm. Sie berieten, was zu tun sei, und schliesslich sagte Fe-yän: «Der Jadekaiser hat uns bestraft, damit wir Bitternis erdulden. Das aber, meine ich, sollte uns nicht davon abhalten, zum Wahrhaft-Menschen ‹Nach-Wunsch› zu gehen. Wir wollen ihn bitten, sich der Zuneigung zu erinnern, die er einst für uns empfand, auf dass er sich huldreich erweise und uns helfe, der Strafe zu entrinnen.»

Ho-dö stimmte zu. Sie eilten zur Hütte, in welcher der Wahrhaft-Mensch lebte, und baten seinen

Der frühere Kaiser Tschen-di und die Geister-

mädchen beginnen als Dauisten ihre Meditation

Dienerknaben, er möge seinen Herrn herausbitten. Nach einer Weile erschien er. Als er in die Gesichter der beiden Mädchen blickte, erinnerte er sich auch der Zuneigung, die er einst für sie empfunden hatte, doch in schroffem Tonfall sagte er: «Ihr beide habt doch euer Urteil bereits empfangen. Warum seid ihr also nochmals hergekommen?»

«Wir wissen, dass wir in unserem Erdenleben Eure Majestät unziemlich behandelt haben, doch das geschah, weil wir alles mit den ‹Augen des Fleisches› sahen. Jetzt sind wir zur Strafe in eine Riesenschildkröte und einen wilden Tiger verwandelt worden. Wie sollen wir nur das Ungemach des kalten Wassers und des Hungers ertragen? Darum hoffen wir sehr, dass Ihr uns aus diesem elenden Dasein befreien werdet. Diese Tat würden wir Euch in alle Ewigkeit nicht vergessen.»

«Inzwischen habe ich erkannt, dass die Motive aller eurer Handlungen vom verderblichen Gift des Eigennutzes bestimmt waren. Darum sollte ich euch eigentlich meine Hilfe verweigern, doch in Anbetracht der Tatsache, dass ich in meinem früheren Leben mit euch ehelich verbunden war, will ich Gnade vor Recht ergehen lassen und euch aus dem Elend befreien.»

Die beiden Geister bedankten sich mit einem Stirnaufschlag und gingen dann fort. Der Wahrhaft-Mensch ‹Nach-Wunsch› aber begab sich zum Jadekaiser. Er verbeugte sich vor ihm und sprach: «Euer unwürdiger Schüler hat eine Sache auf dem Herzen und bittet um Euer geneigtes Ohr. Eigentlich sollten die beiden Geister die schweren Strafen abbüssen, zu

386

denen Euer Urteilsspruch sie verdammt hat. Doch Euer unwürdiger Schüler erinnert sich der Zuneigung, die er einst für sie empfand und möchte ihnen gerne helfen, dem Meer der Leiden zu entrinnen, auf dass ihnen weiteres Ungemach erspart bleibe, auch wenn es so scheinen mag, dass er seine Liebe an Unwürdige verschwendet.»

«Gemäss den bei uns herrschenden Gesetzen», antwortete der Jadekaiser, «darf ihnen keinerlei Schonung gewährt werden. Da Ihr aber Gnade vor Recht ergehen lassen wollt, so sei ihnen weiteres Ungemach erspart. Es wird ihnen aber zur Auflage gemacht, dreihundert Jahre lang in Eurer Hütte Busse zu tun. Erst dann sind sie der Wiederverkörperung enthoben, ihr böses Karma ist ausgelöscht, und sie können in die Gefilde der Seligen eingehen.»

Der Wahrhaft-Mensch ‹Nach Wunsch› bedankte sich beim Jadekaiser und nahm Abschied. Dann ging er fort. Unterwegs traf er die beiden Geistermädchen und erzählte ihnen alles. Hocherfreut folgten sie ihm und legten die Gewandung der Dauisten an. Ohne Unterlass kultivierten sie nun gemeinsam ihr Bewusstsein und reinigten den Charakter von allem Bösen, festentschlossen, die Seligkeit gemeinsam zu erlangen. Und niemand weiss, was später aus ihnen geworden ist.

Dies ist in der Tat eine seltsame Geschichte aus dem fernen Altertum. Von den vergnüglichen Geschehnissen der tausend Herbste ist keines bedeutsamer als dieses. Daher habe ich, der Verfasser Yen-yen-scheng, die einzelnen, darauf bezüglichen Texte zusammengestellt und aufeinander abgestimmt, um das Buch für gleichgesinnte Freunde meines Geistes zu veröffentlichen.

Der erste Mitherausgeber und Kommentator Tjing-tschi-scheng beschliesst das Werk mit den Worten:

Jeder Satz dieses Buches kann uns zur Erleuchtung führen. Jedes Wort darin weist auf Buddha hin. Wem das Buch nichts als eine wilde Liebesgeschichte bedeutet hat, der hat es nicht wirklich tief genug verstanden.

Die Kaiser der westlichen oder früheren Han-Dynastie:

Gau Dsu, hoher Ahnherr, gründete 206 v. Chr. die westliche Han-Dynastie. Mit bürgerlichem Namen hiess er Liu Bang und stammte aus dem nördlichen Teil der heutigen Provinz Djiang-su. Obwohl von niederer Herkunft, brachte er es unter der kurzlebigen Herrschaft der Tjin bis zum Unterbezirks-Vorsteher. Verschlagen, treulos und bauernschlau blieb er der Sieger über alle anderen Thronprätendenten. Ein ungebildeter, dem Konfuzianertum abholder Geist. Wenn Literaten ihn besuchten, riss er ihnen die schwarzen Zeremonialkappen vom Kopf und pisste hinein. Bisexuelle Natur.

Hui-di (194), Sohn des Liu Bang und der Kaiserin Lü. Willensschwacher Herrscher. «Von Ekel erfasst ob der Schandtaten seiner Mutter, zog er sich ganz von der Regierung zurück und überliess die Herrschaft dem entmenschten Weibe.» Er starb «vermutlich als ein Opfer der Ausschweifungen, denen er sich in seiner Verzweiflung hingegeben hatte». Bisexuelle Natur.

Kaiserin Lü (187), die Hauptfrau und Witwe des Liu Bang. Sie «entwickelte sich nach dem Tod ihres Gemahls zu einer der blutgierigsten und teuflischsten Gestalten, die je den Kaiserthron geschändet haben». Um ihr Ziel, die Verdrängung der Sippe Liu durch die Sippe Lü, zu erreichen, schreckte sie vor keinem Mittel zurück.

Wen-di, vierter Sohn des Liu Bang, kam 179 auf den Thron, nachdem die Kaiserin gestorben und deren Sippe fast vollständig ausgerottet worden war. Milder und kluger Herrscher, bescheiden und sparsam bis zum Geiz. Unter seiner langen Herrschaft erlebte das Reich eine Zeit wirtschaftlicher Blüte.

Djing-di (156), sein ältester Sohn. Ein ähnlich gearteter, doch härterer Charakter.

Wu-di, der Kriegerische (146), sein Sohn, kam bereits mit 16 Jahren auf den Thron. Seine 54jährige Herrschaft war einer der Höhepunkte der chinesischen Geschichte. Machtberauschter Imperialist (Hunnenkriege!), hart bis zur Grausamkeit, dazu misstrauisch und dem Magiertum zugewandt. Stark erotisch ausgeprägte bisexuelle Natur. Unter seiner Herrschaft gewaltige Expansion des Reiches und erste Verbindung mit den Staaten Innerasiens.

Dschau-di, ein Enkel des Wu-di. Er kam 87 auf den Thron und starb bereits mit 22 Jahren.

Hsüan-di (73), ein Neffe des Dschau-di. «Kein grosser

Geist, aber ein wohlwollender Mensch», Grossvater des Romanhelden Tscheng.

Yüan-di (48), ein Sohn des Vorigen. Konfuzianisch gebildet und luxusliebend. Von ihm wird erzählt, er habe in seinen hinteren Palästen so viele Frauen gehabt, dass er sie gar nicht alle kannte. Deshalb liess er von einem Maler Miniaturporträts der Palastdamen anfertigen, und um ein gutes Konterfei zu bekommen, bestachen jene ihn mit bedeutenden Summen. Nur die Schönste, Wang Dschau-djün geheissen, weigerte sich, ein Bestechungsgeld zu zahlen. Der Maler rächte sich, indem er ein schlechtes Bild von ihr malte, und aus diesem Grund liess der Kaiser sie nie zu sich kommen. Als 36 v.Chr. Ho-han-yä, der Schan-yü der Hunnen, den Wunsch äusserte, Schwiegersohn des Kaisers zu werden, bestimmte dieser das «hässliche Entlein» zu seiner Gemahlin. Erst bei der Abschiedsaudienz entdeckte er den Schwindel und liess den Maler hinrichten. Die Prinzessin wurde zu einer weiblichen Heldin erhoben und durch die Jahrhunderte in vielen Gedichten, Dramen und Romanen verherrlicht. Allein in der gewichtigen Sammlung «Ausgewählte Blüten aus dem Garten der Literatur», die praktisch nur die Tang-Zeit (618–906) berücksichtigt, finden sich 27 Gedichte, die ihren «Groll» besingen.

Tscheng-di, der Vollkommene, sein Sohn, der negative Held unseres Romans, kam 32 mit 18 Jahren auf den Thron. Die Quellen berichten, dass er in seinem Auftreten zwar ganz dem kaiserlichen Ideal entsprochen habe, aber von den Regierungsgeschäften nichts wissen wollte. Deshalb ging während seiner Herrschaft die faktische Macht auf die Wang-Sippe über, bis die männlichen Verwandten seiner Mutter «ihn wie Fischschuppen von allen Seiten umgaben». Er war das chinesische Gegenstück zum römischen Kaiser Claudius; gebildet, aber ohne Einsicht, ein schwacher Charakter, der dem Wein und der Liebe frönte. Gleichfalls bisexuelle Natur.

Ai-di, der Jammervolle, ein Neffe des vorigen, kam 6 v.Chr. auf den Thron. Er war wohl der grösste Lüstling unter allen Han-Kaisern, ein wahrer Erotomane. Gleichfalls bisexuell veranlagt, starb er bereits im Alter von 24 Jahren an seinen masslosen Ausschweifungen.

Ping-di, der Friedvolle, achtjähriger Vetter des Ai-di. Er wurde 1 v.Chr. von Wang Mang auf den Thron gehoben und später von ihm vergiftet.

Ju-dsï Ying, das Kind. Es wurde 6 n.Chr. von Wang Mang auf den Thron gehoben und drei Jahre später von ihm abgesetzt.

Der Usurpator *Wang Mang,* ein Neffe der Kaiserin-Mutter Wang, regierte von 9–23 n.Chr. Er «zeigt eine erstaunliche Vereinigung von Umsicht, Schlauheit, Zähigkeit, Hinterlist, Grausamkeit und Heuchelei, wie wir sie in dieser Vollendung nur noch bei Richard III. von England bei Shakespeare finden, eine Figur, an die auch Wang Mangs Lebensgestaltung und Ende erinnert.»

Guang-wu-di gründet 25 n.Chr. die spätere Han-Dynastie.

Die Namen sind die Posthum- oder Tempelnamen der Kaiser, die diesen erst nach dem Tod verliehen wurden. Sie entsprechen in etwa den Charakteren ihrer Träger.

Die zitierten Stellen stammen aus dem ersten Band der «Geschichte des Chinesischen Reiches» von Otto Franke.

Daten aus dem Leben des Kaisers *Tscheng*. Angeführt sind nur die den Roman betreffenden Jahreszahlen.

51 v.Chr.	*Tscheng-di* wird geboren.
32 v.Chr.	tritt die Regierung an.
28 v.Chr.	durch ein Zerwürfnis entfremdet der Kaiser sich von der Kaiserin Hsü.
20 v.Chr.	Beginn der heimlichen Ausfahrten.
16 v.Chr.	Der Kaiser beabsichtigt, Fe-yän zur Kaiserin zu machen – Rede des Zensors Liu Fu – Fe-yän wird Kaiserin – Ho-dö wird Favoritin – Liu Hsing schreibt das Liä-nü-tschuan.
15 v.Chr.	Kammerherr Ban tadelt den Kaiser wegen Trunkenheit.
14 v.Chr.	Der Kaiser beginnt an Halluzinationen zu leiden.

9–8 v.Chr. Die Prinzen von Ting-tau und Dschung-
schan kommen an den Hof – Der Kaiser
berät sich mit seinen Würdenträgern –
Der Prinz von Ting-tau (Ai-di) wird adoptiert.

S. 13 *Jenseitslandschaften:* Die Schilderungen von idealen Landschaften, in denen unsterbliche Geister sich aufhalten und teils spirituelle Meditationsübungen betreiben, teils Kämpfe gegeneinander führen, sind hier gewiss nach dem Vorbild des älteren mythologischen Romans Hsi Yu Dji (Die Reise in den Westen, deutsch: Der rebellische Affe, von Wu Dscheng-än, 1500–1580) gestaltet. Die nahe Verwandtschaft beweisen etwa die Namen der beiden Berge, dort Hua-guo-schan, Blumen-Früchte-Berg, hier Sung-guo-schan, Pinienzapfen-Berg, also nur Abwandlungen. Beide Berge liegen «jenseits des Meeres und der Welt der Menschen». In beiden Romanen werden Beeren und Früchte zum Festmahl gesammelt. Dort herrscht ein Affe, hier ein Fuchs und eine Schwalbe als König über ihresgleichen. Der Kampf der beiden Gespenster hat sein Vorbild im Kampf des Affenkönigs Sun mit dem Dämonen. Hier wie dort werden die Geister beim Jadekaiser verklagt. Diese Vorstellungen sind ganz im Einklang mit der taoistisch-buddhistischen Volksreligion, die sich in Jahrhunderten herausgebildet hatte. Vergleiche etwa die Lehren des Meisters Lü Dsu im «Geheimnis der Goldenen Blüte».

S. 30 *Der Jadekaiser:* Er galt im späteren dauistischen Pantheon als die höchste Gottheit und stellte die volkstümliche Umformung Schang-dis dar, dem die Kaiser zu opfern pflegten.

S. 36 *Dämonenkämpfe:* Solche Kampfszenen sind von der klassischen Peking-Oper immer wieder tänzerisch dargestellt worden.

S. 36 *Schen-Hsiän, der Wahrhaft-Fürst:* Der Dauismus unterscheidet mehrere Arten von Genien und Geistern: 1. Tiän-hsiän, Himmelsgeister, namentlich Sternengeister, die einen starken Einfluss auf die Menschen ausüben. 2. Ti-hsiän, Erdgeister, namentlich Berggeister, als deren Aufenthalt besonders das Gebirge Kun-lun gilt. 3. Jen-hsiän, Asketen, die dem irdischen Leben entrückt, aber noch nicht zur Unsterblichkeit gelangt sind. 4. Schen-hsiän, Unsterbliche, deren Aufenthalt die Inseln der Seligen im Ostmeer sind. 5. Gue-Hsiän, Dämonen und Gespenster, die als körperlos vorgestellt werden mit der Fähigkeit, jede Gestalt anzunehmen, ohne festen Aufenthalt, ruhelos umherirrend. (Vergleiche F.E.A. Krause, Ju-Tao-Fu.)

S. 42 *Die drei Reinen:* Der Himmel, der Uranfang und Lau-dsi.

S. 42 *Die Königin-Mutter des Westens:* Eine mythische Gestalt, die Herrin des westlichen Paradieses, das sich nach dauistischen Vorstellungen im Kun-lun-Gebirge befand. Dort wuchsen auch die Pfirsiche, deren Genuss Unsterblichkeit bewirkte.

396

S. 43 *Irdische Unsterbliche:* Der Mensch wird als Teil der Erdnatur auch Träger der beiden Gegenpolkräfte Schen und Guei verstanden: Die Schen sind die höheren himmlischen, die Guei die niederen irdischen Geister und entsprechen dem männlichen himmlischen Yang und dem weiblichen irdischen Yin. Im Menschen werden sie zur höheren (hun) und niederen (po) Seele. Vom Überwiegen der einen oder anderen Seelenform hängt der Charakter des Menschen ab, von ihm sein Schicksal. Wer schon zu Lebzeiten seine irdische Seele unterdrückt und seine himmlische durch entsprechende Massnahmen fördert, kann, wie die beiden Geister im Roman, zu einem Schen von übermenschlicher Kraft aufsteigen. Er kann aber auch zum Guei absinken, wenn er mit schlechter Lebensführung und eigener Schuld dazu beiträgt. Das Leben jedes Menschen beruht auf der Verbindung dieser beiden Seelen in einer Erscheinungsform. Solange sie zusammenhalten, lebt der Mensch. Im Tode trennen sie sich: die Hun steigt zum Himmel auf, die Po sinkt zur Erde hinab. Die Hun wird frei, die Po verbleibt beim toten Körper. Zu den schuldabbüssenden Guei gehören zum Beispiel auch die hungrigen Geister (Ngo-Guei) der kinderlos Verstorbenen, die, weil ihnen die Pflege der Nachkommen fehlt, Not leiden müssen und deshalb boshaft werden und sich an den Lebenden zu rächen versuchen.

S. 50 *Hsi-schi:* Eine weibliche Schönheit aus der Zeit der kämpfenden Reiche, die durch ihre Reize den Untergang des Staates Wu herbeiführen half.

S. 50 *Kaiserin Wu:* Gemahlin des Kaisers Gaudsung (650–83) aus der Tang-Dynastie. Sie übernahm nach dem Tod ihres Gatten selbst die Herrschaft, ein dämonisches Weib, dem die scheusslichsten Untaten zugeschrieben werden. Sie soll noch im Alter so unersättlich gewesen sein, dass nur ein in einem Käfig gehaltener Esel sie befriedigen konnte.

S. 50 *Weidengleich:* Die Blume ist in diesem Gedicht, wie überhaupt in der chinesischen Vorstellung, ein Sinnbild der verführerischen Schönheit des Weibes. Die Weide aber symbolisiert das genaue Gegenteil, nämlich die weibliche Zurückhaltung, eben jene echt weibliche Tugend, welche die Chinesen mit Begriffen wie yu-pi oder yu-hsien umschrieben haben. Yu könnte man mit damenhafte Zurückhaltung übersetzen, pi bedeutet das Eingeschlossensein in einem Zimmer.

S. 51 *Das Drachenboot-Fest:* Dieses Fest wurde am 5. Tag des fünften Monats zu Ehren des Dichters und Staatsmannes Tjü Yüan gefeiert, der sich ins Wasser gestürzt haben soll, nachdem sein König ihm die Gunst entzogen hatte.

S. 54 *Duftgewürzter Tee:* Einer der vielen für den Ming-Roman so bezeichnenden Anachronismen: den Tee gab es unter den Han-Kaisern noch nicht. Er wurde erst 300 Jahre später zur Zeit der Drei Reiche (221–280 n. Chr.) getrunken.

S. 87 *Meister Peng-dsu:* Der chinesische Methusalem, eine sagenhafte Gestalt aus grauer Vorzeit. Er soll durch sexuellen Vampirismus ein Alter von mehr als 800 Jahren erreicht haben. Unter seinem Namen sind später mehrere Sexualhandbücher erschienen.

S. 87   *Der Gelbe Kaiser:* Auch eine mythische Gestalt aus der Vorzeit. Er galt neben Lau-dsi als der Begründer des Dauismus (Huang-Lau-Lehre).

S. 92   *Tschang-an:* Die Metropole zur Han-Zeit lag in der Provinz Schen-si, einige Meilen nordwestlich vom heutigen Si-an.

S. 109   *Stadtbezirkstore:* Jeder Stadtbezirk war durch eine Mauer vom andern getrennt und besass mehrere Durchgangstore, die über Nacht geschlossen wurden. Nach unbestätigten Angaben sollen es in Tschang-an rund tausend gewesen sein.

S. 119   *Räuberunwesen:* Diese Schilderung des jugendlichen Rowdytums ist nicht etwa frei erfunden, sondern lässt sich im Kapitel 90 des Han Schu nachlesen.

S. 168   *König Wu:* Der Gründer des Dschou-Reiches. Er war der Sohn des Königs Wen, den sich Konfuzius zum Vorbild nahm, und der den Chinesen als eine grosse Lichtgestalt des Altertums galt.

S. 168   *Dschou-hsin:* Der letzte Herrscher aus dem Hause der Schang war für die Chinesen das Beispiel eines bis in die Knochen verderbten Menschen. Die Geschichte erzählt, er sei stets von Wein benebelt ge-

wesen, habe mit seiner Lieblingsfrau Da-dji Lustor-
gien gefeiert und Menschen wahllos auf bestialische
Art umgebracht.

S. 174 *Parfüm:* Das Neun-Flusswindungen-Tauchwasser-Aroma wurde aus dem im heutigen Kambodscha wachsenden Adlerholz-Baum (aquilaria aguillo-
cha) gewonnen, und zwar aus dem Herzstück, dem sogenannten Garu-Holz. Der Baum wurde zerteilt, und
die einzelnen Stücke blieben ein Jahr oder länger auf
der Erde liegen, bis alles ausser dem Garu-Holz weg-
gefault war. Dieses ist sehr hart und sinkt sofort unter,
wenn es ins Wasser gelegt wird. Daher der Name.

S. 179 *Reich der Weissen Wolken:* Eine der verschiedenen Bezeichnungen für den dauistischen Himmel.
Franke/Bauer «Die Goldene Truhe», S. 429.

S. 180 *Unglückbringendes Wasser:* Nach der chinesischen Fünf-Elementen-Theorie (Wasser-Feuer-Metall-
Erde-Holz) kam den verschiedenen Dynastien jeweils
ein Element zu, durch dessen Macht sie herrschten.
Die Han-Dynastie regierte nach allgemeiner Ansicht
mit Hilfe des Elementes Feuer und musste daher die
Theorie nach von einer Dynastie abgelöst werden, die
unter dem Schutz des Elementes Wasser stand. (Die
Goldene Truhe, a.a.O.)

S. 182 *Dschau-yang-Palast:* Die Beschreibung dieses
wohl schönsten Bauwerkes der westlichen Han-Zeit
ist nicht etwa reine Erfindung. Männer wie der Historiker Ban Gu, ein Grossneffe der Vollkommenen Ne-

benfrau Ban, und der Astronom Dschang Heng (78–139 n. Chr.; er errichtete auf der Ling-tai eine astronomische Sphäre) haben es noch mit eigenen Augen gesehen und in ihren poetischen Beschreibungen der westlichen Hauptstadt (Tschang-an) kurz skizziert. Wieviel davon allerdings dichterische Übertreibung ist, lässt sich heute nicht mehr feststellen. Dieses nicht sehr grosse Gebäude – manchenorts wird es auch nur als Halle oder Schloss bezeichnet – stand auf dem Areal des Vormitternacht-Palastbezirkes, wo die Kaiser gewöhnlich residierten. Die ganze riesige Anlage wurde bereits unter dem Dynastiegründer (um 200 v. Chr.) errichtet und soll nach überlieferten Angaben 22 bzw. 31 kleine Meilen (Li) im Umkreis gemessen haben. Sie lag auf einer künstlichen Anhöhe und überragte die Stadtmauer.

S. 183   *Kun-ming-See:* Dieser künstliche See wurde 120 v. Chr. von Kaiser Wu in einer ehemals sumpfigen Niederung des Oberen Wald-Parkes angelegt und mass im Umkreis 20 kleine Meilen. Auf ihm liess der Kaiser seine Matrosen im Seekrieg ausbilden, um mit ihnen die Stämme der Kun-ming (daher der Name!) im heutigen Yün-nan zu unterwerfen.

S. 188   *Pfeffergemächer:* Das waren die Privaträume im Palast der Kaiserin. Sie wurden so genannt, weil ihre Wände mit einem Firnis bestrichen waren, dem man zur Wärmeisolierung (?) Pfeffer beigemischt hatte.

S. 190   *Dschenla-Barbaren:* Ein Eingeborenen-Staat im heutigen Kambodscha. Sein Vorläufer war das

Fu-nan der Han-Zeit. Der Name Dschen-la (Champa, 7. Jh.–1471) war nicht vor der Tang-Zeit gebräuchlich und wurde erstmals in den Annalen der Sui-Dynastie (589–618 n. Chr.) erwähnt.

S. 201 *Der Gelehrte Liu Hsiang:* Er war einer der bedeutendsten Köpfe der Früheren Han-Zeit und, wie schon sein Name andeutet, weitläufig mit dem Kaiser verwandt. Er lebte von 80–9 v. Chr. und hat sich sehr um die unter Schi Huang-di verloren gegangene alte Literatur (Bücherverbrennung!) verdient gemacht. Sein Sohn Liu Hsin diente dem Usurpator Wang Mang als Klassikerexeget.

S. 201 *Die Ling-tai:* Eine Art Wetterwarte oder Observatorium, befand sich im Oberen Wald-Park. Man stellte dort meteorologische Beobachtungen an und suchte aus den Naturerscheinungen das im Reich bevorstehende Glück und Unglück zu deuten.

S. 202 *Mützenwort:* Vorwort oder Einleitung.

S. 202 *Schwanger gehen:* Die Stelle, auf die Liu Hsiang sich bezieht, kann man im «Buch der Sitte» nachlesen. Dort heisst es: «Als die Königin Jen von Dschou (die Gemahlin des Königs Wu) den König Dschung in ihrem Leib trug, da lehnte sie sich beim Stehen nicht an, beim Sitzen sass sie nicht unregelmässig, wenn sie alleine war, so war sie nicht hochmütig, auch wenn sie zornig war, schalt sie nicht. Das ist, was man unter Erziehung im Mutterleib versteht.» S. 261, übersetzt von R. Wilhelm.

S. 204 *Die grüne Kappe:* Die chinesische Bezeichnung für einen Hahnrei oder gehörnten Ehemann.

S. 204 *Der Grosse Saft-See:* Er befand sich nordwestlich von Tschang-an. Er wurde gleichfalls von Kaiser Wu angelegt.

S. 211 *Der Obere Waldpark:* lag 14 Li südlich von Tschang-an und soll einen Gesamtumfang von 300 Li gehabt haben. Er enthielt seltene Pflanzen, Vögel und Tiere, die man dem Kaiser aus allen Himmelsrichtungen als Tribut darbrachte. Ausser mehreren Dutzend Lustschlössern und Absteigequartieren befanden sich dort auch mehrere Ämter, so die kaiserliche Münze.

S. 216 *Be-po-Völker:* Volksstamm in Süd-China.

S. 240 *Die Glänzend-Sittliche:* Dieser Rang war von Kaiser Yüan geschaffen worden. Er war niedriger als der einer Kaiserin und höher als der einer Vollkommenen Nebenfrau. Seine Inhaberin – alle Palastdamen waren ja auch Beamtinnen – kam an Würde dem Kanzler gleich.

S. 242 *Die fünf atmosphärischen Einflüsse:* Regen, gutes Wetter, Hitze, Kälte und Wind.

S. 243 *Die Strafe der heissen Säule:* Ein von dem Tyrannen Dschou-hsin erdachtes Folterinstrument. Der Verurteilte wurde gezwungen, über eine mit Fett bestrichene Säule zu gehen und fiel dabei in eine tiefe Grube, in der ein Feuer brannte.

S. 298 *Mein Kind:* Die ganze Szene ist nicht etwa erfunden, sondern hat sich im Februar des Jahres 11 v. Chr. so abgespielt. Betreffs der Ähnlichkeit des Kindes mit Kaiser Yüan, dem Grossvater, lesen wir in Eichhorns «Kulturgeschichte Chinas» auf S. 116 den folgenden Satz: «Eine besonders enganliegende Kappe kam bei der Beamtenschaft in Mode, weil der Kaiser Hsiau-yüan-di eine solche benutzte, um seinen starken, tief in die Stirn reichenden Haarwuchs zu verdecken.»

S. 308 *Kaiser Yau:* Einer der sagenhaften Herrscher des goldenen Zeitalters in China. Er soll von 2356–2255 v. Chr. regiert haben.

S. 319 *Gelb-Weiss-Kunst:* Alchemie. Gelb steht für Gold und Weiss für Silber.

S. 321 *Steine:* Trockenmass für Getreide im Gewicht von 29,3 kg. War damals die Masseinheit für die Beamtenbesoldung. Es gab 20 Rangklassen. Die Gehälter waren in 16 Gruppen gestaffelt und bewegten sich zwischen 132–2000 Steinen. Darüber hinaus wurden verdiente Beamte, siegreiche Heerführer usw. mit Lehen bedacht, das heisst, sie erhielten die Steuereinkünfte aus einer bestimmten Anzahl von Familien. Ein Beamter der höchsten Rangklasse erhielt zum Beispiel monatlich 150 Viertelscheffel oder deren Gegenwert in Geld, was im Jahr 1800 Steine ausmachte. Der Rest wurde als Steuer einbehalten.

Zu den Beamten zählten seit Wu-di aber auch die Palastdamen. Sie waren in 14 Rangklassen eingeteilt, und ihre offiziellen, jährlichen Bezüge reichten vom Existenzminimum bis zu 2000 Steinen. «Ihre Beförderung oder Zurücksetzung war an keine bestimmte Regel gebunden, sondern hing alleine von des Kaisers Liebe ab.» Dies erklärt uns den raschen Aufstieg der beiden Schwestern.

S. 324 *Der jüngere Bruder:* Zur Zeit der Yin- oder Schang-Dynastie (16.–11. Jh. v. Chr.) war das Mutterrecht in China noch nicht ganz überwunden, wie aus den Thronfolgen – 14 von insgesamt 30 erfolgten im Bruderverhältnis – zu ersehen ist. Erst mit der nachfolgenden, vaterrechtlich orientierten Dschou-Dynastie setzte sich auch die Vorstellung durch, dass ein jüngerer Bruder nicht zusammen mit dem älteren vergöttlichter Ahn werden könne.

S. 354 *Tscha-nü:* Ein «dauistischer Name für das Zinnober oder die Elfe, die entsteht, wenn Silber oxydiert wird» (Giles). Hier in übertragenem Sinne gemeint in bezug auf das sogenannte «innere Elixier».

S. 354 *Zinnoberfeld:* Die Schamgegend.

S. 361 *Die Zeit der Streitenden Reiche:* Die Epoche von 403–221 v. Chr. Also vom Gesprächstag an etwa 300 Jahre zurück.

S. 362 *Kreislauf des Lebensodems:* Vergleiche «Das Geheimnis der Goldenen Blüte». Dort wird derselbe Vorgang «Kreislauf des Lichts» genannt.

S. 362 *Meer des Lebensodems:* Wohl der Plexus sola-
ris.

S. 363 *Der Grosse Kreislauf des Himmels:* Ni-huan:
das Nirvana-Tschakra der Tantristen, das Sahasvara
oder der tausendblättrige Lotos der Yoga-Lehre.

S. 363 *Das Ansammeln des Samens:* Gemeint ist, wie
gleich deutlicher wird, die Keuschheit. «Durch die
Macht des Ojas (zu geistiger Energie transmutierte
sexuelle Energie) entfaltet sich die Erkenntnis des
Brahman von selbst» lehrt etwa der indische Yoga
eines Ramakrischna.

S. 364 *Wie ein kleiner Drache:* Ein alter Volksglaube
lehrt, dass der To-Drache nach zehntausend Jahren
seine Schale abwirft und ein richtiger Drache wird.
Die Schale hat 24 Rippen, die den 24 Festtagen des
Jahres entsprechen, und in jedem Gelenk verbirgt
sich eine grosse Perle.

S. 378 *Mausoleum des Kaisers Tscheng:* Das Mausoleum Tscheng-dis befand sich in Yän-lin, 62 Li westlich von Tschang-an, in der Nähe der heutigen Stadt
Fu-feng. Eine Versetzung dorthin kam, selbst für eine
einfache Palastdame, fast immer einer Strafe gleich.
Siehe auch die Novelle «Wu-schuang, die Unver-
gleichliche» von Süeh Tiao aus der Tang-Zeit (Peking
1955).

S. 380 *Das Nordmeer:* Chinesischer Name für den
Baikal-See.

S. 382 *Diamant-Sutra:* Abkürzung für Vajracchedi-
ka prajnaparamita, Diamantspaltende Vollkommenheit der Weisheit. Dieses Sutra war später in China
sehr populär; man schrieb ihm oft magische Wirkung
zu. Allerdings gab es zu jener Zeit in China noch keinen Buddhismus!

S. 383 *Subhuti:* Einer der 10 Meisterschüler Buddha
Schakyamunis.

S. 383 *Boddhisattva:* Erleuchteter, Vorstufe eines jeden Buddha.

Zur literarischen Einordnung des
Dschau-yang dschü-schi

Die «Vergnügliche Geschichte aus dem Dschau-yang-Palaste» gehört zu jenen erotisch-historischen Romanen Chinas, in denen die Liebesabenteuer von berühmten Persönlichkeiten der Geschichte mehr oder weniger realistisch ausgemalt werden. Erst kürzlich ist ein anschauliches Beispiel dieser Literaturgattung dem westlichen Leser durch die Übersetzung von F. K. Engler erschlossen worden, nämlich das «Dschu-lin Yä-schi», die «Wilde Liebesgeschichte vom Baumstumpf-Wald», ein Roman der späten Mingzeit, die erotische und politische Intrigen einer Prinzessin des Altertums zum Gegenstand hat. Die Hauptpersonen der Handlung und auch der Ablauf des Geschehens sind im allgemeinen der altchinesischen Chronik Dso-dschuan entnommen worden. Solche Fiktionalisierung historischer Elemente finden wir überaus häufig in der chinesischen Romanliteratur, und auch die Blütezeit des erotischen Romans in China, die späte Mingzeit um 1600, weist manche Beispiele dieses Genres auf. Es lag natürlich für die – fast stets anonymen – Verfasser solcher Werke nahe, sich solche Vorwürfe aus der Geschichte zu wählen, bei denen bereits der historische Kern den Ansatz zu erotischer Behandlung bot, anders ausgedrückt, sie drehen sich zumeist um Persönlichkeiten, denen der Ruf besonderer Sittenlosigkeit anhaftete. Dies gilt zweifellos für jene adlige Dame Djia aus der Dso-dschuan-Zeit, aber auch etwa für die Kaiserin Wu in der Tang-Zeit, über die es gleich mehrere solcher Geschichten gibt und zwar sowohl in Schriftsprache wie in Volkssprache. Diese Herrscherin, die – ein einmaliger Vorgang in der chinesischen Geschichte – sich als rechtmässiger Kaiser (huang-di) inthronisieren liess und vorübergehend das Kaiserhaus der Tang entmachtete, wird von manchen Quellen als auch noch in vorgerücktem Alter unersättlich liebesdurstig beschrieben, als Bettgenossin potenter buddhistischer Mönche und gut gewachsener Höflinge. Eine andere Gestalt, die sich für die historisch-erotische Unterhaltungsliteratur geradezu anbot, war der Usurpator Hai-ling wang der Djin-Dynastie in der Mitte des 12. Jahrhunderts n. Chr., ein Prinz aus dem Kaiserhause der Dschurdschen, dessen Privatleben, wenn wir den Quellen glauben sollen, eine Mischung aus barbarischer Wildheit und chinesischer Verfeinerung gewesen sein soll. Und es heisst sogar, dass noch in neuester Zeit, in unserem Jahrhundert, erotische Pamphlete geschrieben wurden, die das wirkliche oder vermeintliche Liebes- und Lasterleben von Generalen und Politikern, von «War Lords» und Provinzmachthabern schilderten und gierig unter der Hand verbreitet wurden. Freilich, der nüchterne Historiker wird all solchen Werken gegenüber seine Vorbehalte anmelden – kann er doch zeigen, dass es die nach den herkömmlichen Massstäben konfuzianischer Regierungsethik unorthodoxen Personen waren, denen in erster Linie verwilderte Sitten nachgesagt wurden. Insofern zeigt sich, selbst in der erotischen Literatur, der nie erloschene und bis in die Gegenwart wirksame moralisierende Grundzug fast aller chinesischen Literatur. Eine rückhaltlose Bejahung sinnlichen Sichauslebens wird man in der chinesischen Literatur kaum finden, und immer wieder wird das Böse, das heisst der politisch Böse und eben deshalb Sittenlose, entweder bestraft, oder zumindest am Ende seines Lebens zu Ein- und Abkehr von den Sinnenfreuden gebracht. Und ebensowenig kommt es vor, dass eine im Sinne der politischen Moralistik der Konfuzianer vorbildliche historische Persönlichkeit zum Helden eines erotischen Romans avancierte. Der sittliche Kosmos wurde eben nie grundsätzlich in Frage gestellt.

Zu den von der Geschichtsschreibung negativ beurteilten Persönlichkeiten gehört nun auch der Han-Kaiser Tscheng (reg. 32–7 v.Chr.), ein Herrscher, unter dem die Macht des Hauses Han rapide verfiel. Nicht geringen Anteil hieran schreibt schon die offizielle Historiographie der Wollust des Kaisers zu, der die beiden Schwestern Fe-yän (Flugschwalbe) und Ho-dö (Tugendsam) in seinen Harem aufnahm und sich mehr um die Mädchen als um sein Reich kümmerte. Die Geschichte des Kaisers und der beiden jungen Damen ist in ihren Grundzügen bereits in der Geschichte der Han-Dynastie, dem Han-schu belegt, und damit seit dem 1. Jahrhundert n.Chr. fester Bestandteil der historischen Überlieferung. Bald aber wurde dieser Stoff romantisch ausgestaltet, so in der Novelle «Dschau Fei-yän wai-dschuan», «Inoffizielle Geschichte der Dschau Fe-yän». Sie ist dem deutschen

Publikum zugänglich in einer Übersetzung von Wolf-
gang Bauer (in: Die Goldene Truhe, München 1959
u. ö.) und kann allenfalls als mild erotisch gelten. Den
Schritt zu einer voll erotisierten Formung des Vor-
wurfs tat erst der unbekannte Autor, dem wir die
«Vergnügliche Geschichte aus dem Dschau-Yang-Palast» verdanken.

Soweit es also in unserem Roman um die Amouren
eines als Herrscher nicht besonders tüchtigen Kaisers
geht, steht er in der hier angedeuteten Tradition historisch-erotischer Romandichtung, mit all den Anachronismen, Prunkbeschreibungen und Gedichteinla-
gen, die in solchen Werken üblich waren. Ein besonderer Zug freilich unterscheidet ihn von vielen ähnlichen Romanen. Es ist dies die Dreiteilung der Handlung in Prolog im Jenseits, Haupthandlung auf Erden
und Epilog im Jenseits. Die handelnden Personen, namentlich die den willfährigen Kaiser so ausnutzenden
Schwestern, sind nämlich, so erfahren wir in den ersten Kapiteln, in Wirklichkeit Inkarnationen jenseiti-
ger Wesen. In einer paradiesartig beschriebenen
Landschaft leben Tiergeister, ein weiblicher Geist in
Fuchsgestalt, und ein männlicher in Gestalt einer
Schwalbe. Beide sind Geistwesen auf dem Wege zur
Läuterung in taoistischem Sinne, und beiden fehlt
nur noch zur Erreichung der höchsten magischen
Seinsstufe die jeweilige Ergänzung. Der weibliche
Geist braucht das unverfälschte Yang, das männliche
Element, und ebenso der Schwalbengeist das reine
Yin, das Element des Weiblichen. Sie nehmen
menschliche Gestalt an und verlieben sich ineinander,
getrieben von dem Streben nach Ergänzung im Part-

412

ner. Es kommt zur liebenden Vereinigung, gefolgt von Streit im Paradies; die anderen Tiergeister, ihre Untertanen, beginnen Streit und Krieg, und der ganze Aufruhr endet schliesslich mit einem Strafgericht der höchsten Gottheit, des Jadekaisers, der die beiden Schuldigen zur Existenz auf Erden verdammt, wo sie als die Schwestern Dschau wiedergeboren werden.

Aber auch der Kaiser Tscheng ist, wie sich im Epilog herausstellt, nur eine Exilexistenz auf Erden; er ist die zeitweilige Inkarnation des Taoisten «Nach-Wunsch» gewesen. Der Epilog im Jenseits nimmt die Handlung des Prologs wieder auf. Der höchste Weltenrichter, der Jadekaiser, muss erkennen, dass die irdische Existenz der beiden Sünder nicht etwa zur Läuterung führte, sondern dass im Gegenteil die beiden es auf Erden weit schlimmer getrieben haben als in der vorigen Existenz als Tiergeister. Schon ist eine fürchterliche Strafe in Aussicht genommen, als der Taoist dazwischen tritt und für die Schuldigen bittet. Liebe siegt über Gerechtigkeit und Strafe, und die drei Wesen finden sich erneut zusammen, diesmal zu Askese und Meditation, «und niemand weiss, was aus ihnen geworden ist.» Wer fühlt sich hier nicht erinnert an das biblische Motiv von Paradies, geschlechtlichem Erkennen, Sündenfall, Vertreibung und schliesslicher Versöhnung im Himmel? Oder an den Schluss des «Faust», wo una poenitentium, sonst Gretchen genannt, bittend eintritt für den früh Geliebten, nicht mehr Getrübten? In seltsamster Weise mischen sich hier in unserem Roman die Elemente. Für den Taoismus ist die Liebesvereinigung unter Umständen ein Weg zum Heil im Sinne der coincidentia oppositorum, wo Yin und Yang einander begehren, aber auch bedürfen im Sinne kosmischer Harmonie. Für den Buddhismus dagegen, ausgenommen vielleicht einige shaktistische Sekten, ist die Welt des Geschlechtlichen das Böse schlechthin, bedeutet sie doch eine mächtige Klammer an das ohnehin unreale Irdische und seine Leiden. Nur im buddhistischen Sinne kann die Liebe ein Übel sein, Folge vegetativer, ichverhafteter Verstrickung. Wenn wir in der Rahmenhandlung des Romans beide Elemente, taoistische wie buddhistische, vereint finden, so stimmt dies gut zu der Entstehungszeit des Werkes. Die Zeit um 1600 ist ja durch einen ausgeprägten Synkretismus gekennzeichnet, und insofern wundert es nicht, dass selbst der Autor eines historisch-erotischen Romans, vielleicht unbewusst, solche synkretistische Tendenzen im Werk zum Ausdruck bringt. Die drastische Realistik des Mittelteils erscheint somit eingebettet in höhere Bezüge. Alles Leben ist Metamorphose, der Tod nur ein Übergang zwischen den Existenzformen. Damit ist ein Thema in der Romandichtung angeschlagen, das in ähnlicher Weise auch im «Traum der roten Kammer» wiederkehren wird, jenem vielleicht grössten chinesischen Roman, der zu Unrecht immer wieder nur als realistisches Sittengemälde und sozialkritisch gesehener Verfall einer Familie gedeutet wird. Solche Sicht übersieht, dass auch im «Traum der Roten Kammer» das jenseitige Element und das Motiv der Läuterung in irdischer Existenz Grundthemen der Handlung sind.

Das Verdienst, unseren Roman dem westlichen Leser zum ersten Mal vorgestellt zu haben, kommt dem grossen Gelehrten und erfolgreichen Diplomaten, Dr.

R. H. van Gulik zu. In seinem Buch «Sexual Life in Ancient China» (Leiden 1961), wie auch schon vorher in seinen «Erotic Colour Prints of the Ming Period» (Tokyo 1951) hat van Gulik die Handlung kurz umrissen und auch der Meinung Ausdruck gegeben, dass ein gewisser «sexual vampirism» den Roman kennzeichne. Man wird sich dieser Ansicht wohl nur unter Vorbehalt anschliessen können, denn es geht ja nicht um Vampirismus im europäischen Sinne, um den Raub an im Blut verkörperter Lebenskraft mit der notwendigen Folge, dass das Opfer dem Verderben geweiht ist, sondern um die im taoistischen Sinne legitime gegenseitige Ergänzung der sexuellen Urkräfte.

Aus dem Besitz von Dr. van Gulik stammt auch die Ausgabe, die der Übersetzung durch Herrn Engler zugrunde liegt. Sie trägt ein zyklisches Datum, Hsin-yu, welches vermutlich dem Jahre 1621 entspricht. Diese Ausgabe enthält pro Buchseite 8 Zeilen mit je 20 Zeichen, kann also nicht mit der Ausgabe identisch sein, die der chinesische Literarhistoriker Sun Kai-di in seinem Katalog umgangssprachlicher Romanliteratur (Dschung-guo tung-su hsiau-schuo schu-mu, Peking 1957, S. 159–160) beschreibt, denn diese zählte neun Zeilen je Seite. Auch ist die Ausgabe bei Sun in 6 Kapitel eingeteilt, während unsere Ausgabe nur zwei Kapitel umfasst.

Wer der Autor des Romans ist, lässt sich nicht mehr feststellen. Zu Beginn des Textes heisst es, dass der Verfasser Yen-yen-scheng sei, also ein Pseudonym, das etwa «Lüstling» bedeutet; die kritischen Notizen (also in unserer Ausgabe die Kommentare am oberen Seitenrand) haben einen Tjing-tschi scheng «Meister

415

Liebestoll» zum Verfasser. Das Vorwort des Romans ist signiert von einem Autor, der sich Mo-dschuang dschu-jen «Herr vom Tusche-Hof» nennt. Mo-dschu-ang ist ein häufiger Literatenname gewesen, aber welcher der Träger unser Vorwort verfasst hat, ist nicht mehr feststellbar. Vielleicht handelt es sich um einen damals, um 1620 prominenten Literaten. Aufschluss-reich ist schliesslich die Angabe zu Textbeginn, wonach Autor und Kommentator aus Hang-dschou stammten, also einer durch Reichtum und verfeinerte Lebensart berühmten Stadt. Hierzu stimmt auch, dass manche Ausdrücke im Text Züge der südlichen Mandarinsprache aufweisen. In China selbst war das Buch unter der Mandschudynastie proskribiert (A. Wylie, Notes on Chinese Literature S. XII), in Japan jedoch bekannt und auch nachgedruckt (Sun a. a. O.). Sicher ist jedenfalls, dass wir in dem Exemplar, das der Übersetzung als Vorlage gedient hat, ein Unicum vor uns haben, doppelt interessant auch dadurch, dass es zeitgenössische Holzschnittillustrationen enthält.

Übersetzer und Verleger sind zu beglückwünschen, dass sie in harmonischem Zusammenwirken dem Leser und Liebhaber ein Werk erschlossen haben, das, wie gezeigt, in vielfacher Hinsicht aus dem Rahmen der sonstigen chinesischen Romanliteratur herausfällt und Ewig-Menschliches wie Einmalig-Historisches auf dem Hintergrund ostasiatischer Weltanschauungen darstellt.

Herbert Franke

DER MUTTERSOHN

Einige Bemerkungen
zur historischen Einordnung
des Romanhelden

Nachdem Herbert Franke im vorangegangenen Nachwort zum Genre des Romans Stellung genommen hat, erscheinen mir einige Bemerkungen über die Person des Kaisers und Romanhelden angebracht. Denn der Leser dieses Romans, den man sowohl als historisch wie auch als erotisch bezeichnen kann, wird sich bei der Lektüre immer wieder gefragt haben, warum der Kaiser sich den beiden Schwestern gegenüber so schwach und willenlos gezeigt hat. Das ist gewissermassen die Kardinalfrage. Der Verfasser des Romans, von dem wir lediglich wissen, dass er gegen Ende der Ming-Zeit in Hang-schou lebte und unter dem Pseudonym Yän-yän-scheng, Herr Wollüstig, schrieb, hat sie auf eine sehr chinesische Manier gelöst, indem er der Haupthandlung ein Vorspiel in der Geisterwelt vorangehen und ein Nachspiel im Himmel folgen liess.

Das ist eine sozusagen religiöse Erklärung. Gibt es noch eine andere? Zwar lassen auch die historischen Quellen erkennen, dass die beiden Schwestern den Kaiser in seinen letzten Lebensjahren wie Inkuben beherrscht haben, doch die Ursachen wird man bei ihm selbst suchen müssen, in seiner «physisch und sittlich zerrütteten, jugendlichen Persönlichkeit» (O.

417

Franke). Diese Feststellung macht neugierig: Woher die Zerrüttung? Schon bei der Lektüre des Romans wird dem Leser das Krankhafte an der Persönlichkeit des Kaisers aufgefallen sein.

Versucht man dieses Rätsel zu lösen, dann muss man sich unbedingt auf das historische Quellenmaterial beschränken, denn alles Übrige gehört zum legendären Rankenwerk, das spätere Jahrhunderte um diese merkwürdige Liebesgeschichte gewoben haben. Es hat nämlich den Anschein, dass, bevor das Verhältnis zwischen dem Tang-Kaiser Hsüan-dsung und der Yang Gue-fe zu Chinas Liebesgeschichte Nr. 1 wurde, unsere Geschichte eben diese Stelle einnahm. Leider ist uns von den Kunstwerken der Nach-Han-zeit viel zu wenig erhalten geblieben, als dass sich das beweisen liesse. Es ist aber bezeichnend, dass die einzige Bildrolle, die wir heute noch von dem berühmten Maler Gu Kai-schi besitzen, das Hofleben unter Tscheng-di zum Inhalt hat. Für die späteren chinesischen Dichter – und nicht nur für sie! – wurde der Dschau-yang-Palast zum Mythos. Die vielen Gedichte, die dieses Sujet behandeln, beweisen es eindeutig.

Was nun das Quellenmaterial betrifft, so sind wir in der glücklichen Lage, das historische Geschehen aus zwei grundlegend verschiedenen Perspektiven wahrzunehmen. Da sind erstens die diesbezüglichen Texte in den Annalen der Früheren Han-Dynastie. Bei ihnen handelt es sich in der Hauptsache um Aktenmaterial, das der Historiker Ban Gu ein Jahrhundert später bearbeitete. Aus nächster Nähe dagegen erleben wir das Geschehen in der sogenannten Novelle Fe-yän Wai-tschuan, die von dem Sinologen W. Bauer unter dem Titel «Der Kaiser und die beiden Schwestern» in der Novellensammlung «Die Goldene Truhe» übersetzt wurde und die gewissermassen den Grundstock unseres Romans bildet. Ihre Authentizität ist von chinesischer Seite oft angezweifelt worden, und ich selbst muss gestehen, dass auch ich sie lange Zeit für eine Fälschung hielt, vor allem auf Grund des Stils, der von dem in der Han-Zeit üblichen Stil sehr absticht. «Auf den Sprung» bin ich erst gekommen, als ich einmal den ciceronianischen und taciteischen Hochstil mit dem lateinischen Slang der Kaiserzeit verglich, wie man ihn etwa im Gastmahl des Trimalchio oder in den Kritzeleien an den Hauswänden von Pompeji findet. Mir wurde sofort klar, dass dieses Phänomen auch die stilistischen Unterschiede zwischen dem Hochstil der hanzeitlichen Geschichtsschreibung und dem Niederstil der Novelle erklärt. Der philologische Nachweis war dann leicht zu erbringen.

Da Wang Chia in seinen «Vergessenen Geschichten» (Schi-dji) die Episode vom Paradiesturm in einer stilistisch verbesserten Form nacherzählt, muss die Novelle zumindest schon gegen Ende des 4. Jahrhunderts existiert haben, als er lebte. Dass sie, wie von chinesischer Seite immer wieder behauptet wurde, ein Produkt der Ming-Zeit (1368–1644) sein soll, ist ausgeschlossen. Die Ming-Zeit ist zwar bekannt für ihr literarisches Fälschertum. Das Tai-ping Guang-dji, eine enzyklopädische und nach Kategorien geordnete Novellensammlung, die im Jahre 978 entstand, enthält nämlich in stilistisch leicht überarbeiteter Form zahlreiche Bruchstücke aus der Novelle, u. a. auch jene ellenlange Geschenkliste, die zwar von W. Bauer nicht übersetzt wurde, die aber unser Romanautor übernommen hat. Sie ist nicht nur vom Philologischen her gesehen von der gleichen Art wie die Listen auf den hanzeitlichen Bambusschleissen, sondern sie entspricht auch ganz dem Geist dieser Zeit, die in bürokratischer Manier alles listenmässig zu erfassen suchte.

So faszinierend auch die Entdeckung der Echtheit der «Novelle» ist – es handelt sich hier um eine der ganz wenigen Urkunden, die nicht von Leuten, die ein oder zwei Jahrhunderte später lebten, aus Akten kompiliert wurden –, zum Verständnis der rätselhaften Persönlichkeit des Kaisers trägt sie wenig bei. Der Schlüssel dazu liegt nicht etwa bei den beiden Schwestern, sondern bei der Kaiserin-Mutter. Im Roman erscheint sie nur als eine unbedeutende Nebenfigur, in Wirklichkeit war sie eine machtvolle Persönlichkeit, die nicht nur dem eigenen Sohn, sondern der ganzen Dynastie zum Verhängnis wurde. Da sie lange lebte und nicht nur ihren Gatten, auch ihren Sohn und dessen Nachfolger überlebte, war sie in den letzten Jahrzehnten der Früheren Han-Dynastie eine politische Potenz ersten Ranges. Ihre Bedeutung kann man daran ermessen, dass der Historiker Ban Gu ihren Lebenslauf aus den zwei Kapiteln ausklammerte, die die Biografien der Kaiserinnen und kaiserlichen Nebenfrauen enthalten, und ihr ein eigenes Kapitel (Nr. 98) widmete.

Diese Frau, eine geborene Wang, besass nichts von der teuflischen Grausamkeit der Kaiserin Lü. Sie war, sieht man von ihrer Gefühlskälte ab, durchaus normal veranlagt. Sie hatte allerdings etwas von einem Mannweib an sich, denn sie fand, worauf schon ihr persönlicher Name «Fürstin der Regierung» hindeutet, Befriedigung vor allem an der Ausübung der Macht. Kein Wunder, da ihr Gatte, der kunstsinnige Kaiser Yüan, ihr wenig Zuneigung entgegenbrachte. Ihre hohe Stellung bei Hofe verdankte sie alleine dem Umstand, dass sie als erste von allen Palastdamen dem Kaiser einen Sohn geschenkt hatte.

Über das Verhältnis zwischen Müttern und Söhnen in der Zeit der Westlichen Han-Dynastie liesse sich ein ganzes Buch schreiben. Damals hatte der Konfuzianismus seine Herrschaft über die Geister angetreten und seine Lehre verlangte, dass der Sohn der Mutter diente und gehorchte. Aus diesem Grunde standen fast alle Kaiser dieser Dynastie unter der Fuchtel ihrer Mütter und Grossmütter. Nur wenigen war es vergönnt, ohne weibliche Einmischung zu herrschen. Besonders schlimm war das Verhältnis zwischen Hui-di, dem Sohn des Dynastiegründers und seiner Mutter, der Kaiserin Lü. «Von Ekel erfasst ob der Schandtaten seiner Mutter, zog er sich ganz von der Regierung zurück und überliess die Herrschaft dem entmenschten Weibe.» Er starb «vermutlich als ein Opfer der Ausschweifungen, denen er sich in seiner Verzweiflung hingegeben hatte» (O. Franke).

Im Han-schu finden wir ausser der gelegentlichen Bemerkung, Tscheng-di habe seine Mutter gefürchtet, kein Material, das unsere These stützt. Über die Mutter-Kind-Beziehung schweigt sich der Historiker Ban Gu in diesem Falle aus. Und doch liegt der Sachverhalt klar auf der Hand. Tscheng-di war, was die Erziehung betraf, alleine von seiner Mutter geprägt, denn zu seinem Vater, der ihn später als Thronfolger absetzen wollte, hat er nie ein rechtes Verhältnis gehabt. Er stand ihm allezeit ferne. Man kann sich unschwer vorstellen, was geschehen ist. Diese gefühlskalte Frau war ausserstande, ihrem Sohn die Liebe zu geben, deren er bedurft hätte, um sich zum vollwertigen Menschen zu entwickeln. Und weil er ihr «Einziger» blieb und sie, wie wir wissen, ihm den Thron mit allen Mitteln sicherte, hat sie ihn offenbar schon als Kind überfordert. Obwohl er keine Herrscherqualitäten besass und die Regierungsgeschäfte später seinen zahlreichen Onkeln überliess, trichterte sie ihm ständig ein, dass und wie er Kaiser werden und sein müsse. Das musste später zur Dissoziation seiner Persönlichkeit führen. Denn er war von Natur sehr begabt und durchaus kein Trottel wie Claudius, wohl aber ein Mensch ohne Ich. Darum sagt der Historiker Ban Gu im letzten Vers eines Spottgedichtes über ihn, dass er wohl zu glänzen gewusst, aber kein Yang (Männlichkeit) besessen habe.

Eine Episode aus seinem Leben mag dies verdeutlichen. Als er noch Thronfolger war, starb der Prinz von Dschung-schan, einer der jüngeren Brüder des Kaisers Yüan. Dieser Onkel war nur wenige Jahre älter als Au (= widerspenstig), wie sein persönlicher Name lautete. Sie waren zusammen aufgewachsen und hatten die gleiche Schule besucht. Damals herrschte in China die Sitte, dass die Leidtragenden einer nach dem anderen an den Sarg bzw. an die Seelentafel des Verstorbenen herantraten und ihn laut beklagten. Yüan-di gab sich ganz seinem Schmerz hin, doch als Au vortrat, war kein Klagelaut zu hören. Da wurde der Kaiser zornig und rief: «Wie kann man einen Menschen, der weder Mitleid noch Menschlichkeit kennt, mit dem Dienst im Ahnentempel betrauen, damit er dem Volk Vater und Mutter sei?» Dann wandte er sich tadelnd an Aus Lehrer Schi Dan. Er hatte guten Grund dazu, denn dieser war es gewesen, der ihn auf Veranlassung der Kaiserin Wang überredet hatte, Au nicht als Thronfolger abzusetzen. Schi Dan riss sich die Kappe vom Kopf, kniete nieder und antwortete geistesgegenwärtig, er habe bemerkt, wie gross der Schmerz des Kaisers sei und dem Thronfolger daher geraten, nicht am Sarg des Verstorbenen zu weinen, um den kaiserlichen Schmerz nicht noch zu vergrössern. Ihn, Schi Dan, treffe daher alleine die Schuld, und er verdiene für diesen Rat den Tod. Das war natürlich nur eine Ausrede, aber der Kaiser glaubte sie.

Der «unbewältigte Widerspruch im Ursprung» manifestierte sich bei Tscheng-di in einer Dissoziation der Persönlichkeit. Wir erkennen sie am Gegensatz zwischen innen und aussen, am Auseinanderklaffen von Form und Gehalt. Auf der einen Seite finden wir bei ihm eine, wie schon sein Posthumname «der vollkommene Kaiser» erkennen lässt, äusserliche Perfektion und Vollkommenheit. In seinem Auftreten war er einfach blendend, bei Audienzen oder Staatsempfängen sass er in majestätisch-würdevoller Haltung da. In der Öffentlichkeit ahmte er gerne das Verhalten des Konfuzius nach: War er auf den Wagen gestiegen, dann stand er kerzengerade, er sah sich nicht um, deutete nicht mit dem Finger und sprach nicht hastig. Wie peinlich genau er die äusseren Formen einzuhalten pflegte, mag eine weitere Episode aus seiner Thronfolgerzeit verdeutlichen: Der Kaiser residierte damals im Vormitternachts-Palast, er selbst aber lebte in dem einige Li entfernten Kassia-Palast. Damals gab es noch keine in sich abgeschlossene «Verbotene Stadt». Die kaiserlichen Bauten waren vielmehr über ganz Tschang-an zerstreut, und die wichtigsten von ihnen waren mit dem Vormitternachts-Palast durch sogenannte «Reitwege», das heisst Hochstrassen verbunden. Diese waren ausschliesslich dem Kaiser und seinem Gefolge vorbehalten. Als ihn Yüan-di eines Tages in aller Eile zu sich rufen liess, machte er trotzdem einen grossen Umweg, weil er den «Reitweg» nicht zu betreten wagte, obwohl ihm dies als Thronfolger durchaus zustand.

Auf der anderen Seite aber finden wir bei ihm das Unausgereifte, Zurückgebliebene und Verwilderte. Schon in seiner Thronfolgerzeit, also noch als Teenager, ergab er sich der Trunksucht, und diesem Laster frönte er bis an sein Lebensende. In einem Gedicht mit dem Titel «Warnung vor dem Wein» hat ihn der Hofpoet Yang Hsiung mit einem tönernen Schöpfeimer verglichen, wie er damals in China allgemein üblich war. Dieser stehe zwar, so heisst es, auf einem hohen Platz, dem Brunnenrand, doch vor ihm öffne sich der Abgrund. Auch sei er beim Hinablassen ständig in Gefahr, am Brunnenschacht anzustossen und zu zerschellen, weil er am Seil hin und her schwanke und keinen Halt habe. Eines Tages werde ihm dieses Unglück gewiss zustossen.

Man muss dieses Gedicht, das von den Chinesen späterer Jahrhunderte als «merkwürdig» und «dunkel» empfunden wurde, schon interpretieren, wenn man es verstehen will. Die Fassungskraft des Eimers entspricht dann der «Wein-Kapazität» des Kaisers, der hohe Platz seiner hohen gesellschaftlichen Stellung, der Abgrund seiner chaotischen Natur, das Halteseil aber, an dem der tönerne Schöpfeimer beim Hinunterlassen hin und her schwankt, seiner Haltlosigkeit. Tscheng-di war nur im Rausche fähig, tiefe und starke Gefühle zu erleben. Nur in einem solchen Zustand war er ganz mit sich selbst eins.

Aus der gleichen Ursache erklärt sich auch sein Faible für heimliche Ausfahrten in Verkleidung. Von Han Wu-di wissen wir, dass er in seiner Jugend dem gleichen Vergnügen huldigte. Doch wenn zwei dasselbe tun, muss es nicht dasselbe sein. Wu-dis Verhalten erklärt sich ganz einfach aus der Sturm- und Drangzeit seiner Jugend. Denn später, als erwachsener Mann, hat er nie wieder Ausfahrten in Verkleidung unternommen, um Abenteuer zu erleben. Tscheng-di dagegen fing erst als Dreissiger damit an. Auf Jahrmärkten und Volksfesten suchte und fand er die bunte Lebensfülle, die ihm in der steif-zeremoniösen Atmosphäre des Hofes fehlte. Wie Faust auf seinem Osterspaziergang konnte auch er sagen: «Hier bin ich Mensch, hier darf ich's sein.»

Am deutlichsten aber offenbarte sich seine Dunkelseite im Verhältnis zu den Frauen. Er war und blieb der typische Muttersohn. Von einer echten Begegnung mit der Frau, von einem befruchtenden und beglückenden Erlebnis des Weiblichen, konnte bei ihm nicht die Rede sein. Die Begegnung mit dem Du setzt immer ein reifes Ich voraus, und gerade das fehlte ihm. Sein kurzes Liebesglück mit der Kaiserin Hsü und seine Verbindung mit der Dame Ban, der «ersten emanzipierten Frau Chinas», wie man sie genannt hat, endeten tragisch – für die Frauen, wohlgemerkt, nicht für ihn, der sich einfach von ihnen abwandte. Denn die gebildete Frau – und beide waren für ihre Zeit hochgebildet – vermochte ihm nicht das zu geben, wonach seine Seele dürstete. Nach der Überwindung seiner perfektionistischen Jugendphase, der die beiden Partnerinnen seiner ersten Kaiserjahre entsprachen, brauchte er immer mehr das Weib in seiner Urform, das nur aus Instinkten besteht, bei der alles Natur und nichts Bildung ist, den Nur-Schoss. Dieses Weib aber fand er schliesslich in Ho-dö, und eben daraus erklärt sich auch der verderbliche Einfluss, den sie auf ihn ausübte, und der am Ende seine Persönlichkeit ruinierte. Uns ist ein Briefwechsel zwischen Tscheng-di und der Kaiserin Hsü erhalten geblieben. Darin tadelt er sie wegen geringer Verstösse gegen das höfische Zeremoniell, während sie sich gegen seine Vorwürfe verteidigt. Der Briefwechsel bezieht sich auf einige aussergewöhnliche Naturerscheinungen, die, wie man annahm, aus eben diesen Verstössen resultierten. Dazu bemerkt der Historiker Ban Gu, sie hätten die Entfremdung zwischen den Ehegatten bewirkt. Liest man aber den Brief des Kaisers genauer, dann wird offenbar, dass seine Liebe zur Kaiserin längst erkaltet war, und seine Vorwürfe an den Haaren herbeigezogen waren. Vergleicht man nun seine Haltung im Brief mit der historisch belegten

Rolle, der er bei den Kindestötungen Ho-dös spielte, dann zeigt sich, wie tief sein Fall war.

Der ungeheure Einfluss der Kaiserin-Mutter Wang kommt nicht zuletzt auch in der Bevorzugung von Ho-dö deutlich zum Ausdruck. Denn mochte diese ihrem ganzen Wesen nach das genaue Gegenteil der Kaiserin-Mutter gewesen sein, mit ihr gemein hat sie sicher das ursprüngliche, unverbildete Lebensgefühl, die Vitalität und weibliche Instinktsicherheit. Die vom Romanverfasser Yen-yen scheng als Erklärung vorgeschlagene Herkunft der beiden Schwestern aus dem Geisterreich, wo ihnen eben ihre ursprüngliche, von keiner Bildung modifizierte Triebhaftigkeit zum Verhängnis geworden war, passt sehr wohl zu diesen Gegebenheiten. Der konfuzianisch-preziöse Zierrat, mit dem er das erste Techtelmechtel der Geister in ihren Verkleidungen als junges Menschenpaar umgab, ist ebenso lächerlich und anachronistisch, wie die Fähigkeiten und Talente, die er den Schwestern im Stile von Ming-Damen im Dschau-Palaste andichtete. Tscheng-di wäre ihrer betörenden Sinnlichkeit kaum erlegen, wenn sie diese Kultiviertheit wirklich besessen hätten.

F. K. Engler

Zur religionsgeschichtlichen Einordnung des
Dschau-yang dschü-schi

Der Roman «Dschau-yang dschü-schi» ist als Rahmenerzählung aufgebaut, wie sie sich bei altchinesischen Erzählungen einer grossen Beliebtheit erfreuen. Dabei ist, wie üblich bei dieser Erzähltechnik, die Rahmenhandlung mit der Tableau-Handlung verknüpft, im vorliegenden Roman aber auf ganz besondere Weise verschlungen.

An den Anfang meiner Betrachtungen setze ich zunächst die Frage nach dem Wesen der Jade (Yü), die so häufig erwähnt wird. Alle Edelsteine besitzen Ling (1), magisch wirksame Kraft, magische Mächtigkeit, unterschieden nur durch die Art und Form des Steines. Doch unter ihnen allen nimmt die Jade (Yü) in China – nebenbei bemerkt auch in Mesoamerika bei den Maya – in einer ganz bestimmten Weise die oberste Stelle ein. Ihre überaus häufige Verwendung namentlich in der Kleinplastik, Ornamentik, die Verwendung bei Herstellung von Amuletten, Talismanen und innerhalb der magischen Praktiken zeigen nicht nur ihre Beliebtheit als Werkstoff, sondern zeugen für eine ihr innewohnende besondere Kraft. Jade besitzt das mächtigste Ling.

Jade ist insbesondere die Farbe des Lebens, der Wiederauferstehung, der aufgehenden Sonne (grüner

428

Drache), des befruchtenden Wassers, der höchsten Potenz und der grössten Fruchtbarkeit. Überdeutlich wird das sichtbar in der stereotypen Benennung des (erigierten) Phallus als Jadestengel.

In welch höchstem Masse Jade Ling besitzt, wird auch darin sichtbar, dass die oberste und reinste Sphäre des Himmels das Beiwort Yü trägt. In ihm thront der Yü-di (Jade-Gott, Jade-Kaiser), der Yü huang (Jade-Erhabener), der Yü-huang-Da-di (Jade-Erhabener-Gross-Gott), ab 1017 n. Chr. auch Yü-tjing Huang-da-tien-di (Jadereinheit-Erhabener Gross-Himmels-Kaiser) genannte höchste Gott des Dauismus. Als solcher ist der Jadekaiser das Zentrum, die Mitte des Kosmos, der Herr über die vier Weltgegenden, über Yin und Yang, die seit dem Ur-sprung einander ergänzenden und belebenden Gegensätze, über die vier Jahreszeiten, die fünf Elemente, die Fruchtbarkeit – er ist der Setzer und Erhalter der gesamten kosmischen Ordnung (2).

Niemandem ist der Yü-di zugänglich, für niemandes Angelegenheiten zuständig, mit Ausnahme derjenigen des Kaisers auf Erden, den er zur Verwaltung des irdischen Kosmos eingesetzt hat. Für alles andere zeichnen seine Diener verantwortlich, die die verschiedensten Ressorts führen. In diesen Zügen erinnert der Yü-di ganz an die weltweit nachzuweisenden Urheber-Figuren.

Dieser Urheber schafft den Kosmos oder Teile desselben. Dann zieht er sich, sei es aus Langeweile, sei es aus andern Gründen, von seinem Werke zurück und lässt es unvollendet. Er selbst verschwindet vollkommen aus dem Blickfeld (z. B. der Riese Andjir bei den

Kokowarra, Australien) oder findet sich in einer zentralen Position, von wo er die kosmische Ordnung überwachen kann (z. B. der Gott El in der mesopotamischen Mythologie). Das unvollendet liegende Weltwerk überlässt er vorläufig sich selbst und sendet zu einem späteren Zeitpunkt seinen Sohn, es fertigzustellen. Der Urheber in seiner Ferne kann durch keinerlei magische Handlungen wie Gebete, Opfer usw. beeinflusst werden, und die Menschen rufen ihn deshalb schon gar nicht an und opfern ihm auch nicht. Sie halten sich an zugänglichere Numinositäten. Nur wenn der Kosmos, die Weltordnung aus den Fugen zu gehen droht, wenn alle Götter versagt haben und der Mensch völlig verzweifelt, wendet er sich an den Urheber und ruft ihn zur Wahrung der Ordnung auf.

Der chinesische Kaiser ist – wie auch andernorts der oberste Führer eines Volkes (3) – der Stellvertreter, die Repräsentation des Yü-di. Nur zwei Mal im Jahr muss der Kaiser dem Himmelsherrn in Form von Opfern seine Reverenz erweisen und mit ihm den kosmoserhaltenden Konnex herstellen. Sonst übt er in allem und jedem dieselben Funktionen wie der Jadekaiser aus, und wie diesem steht dem irdischen Kaiser ein Beamtenstab zur Verfügung, der alle Geschäfte erledigt. Nebst göttlichen Ehren geniesst er dieselbe Titulatur wie der Himmelsherr, ist Herr der vier Weltgegenden (4), der Fruchtbarkeit, symbolisch dadurch ausgedrückt, dass der chinesische Kaiser im Frühjahr rituell mit dem goldenen Pflug die erste Furche auf dem königlichen Felde zieht (5), und der kaiserliche Palast ist der Nabel der Welt, kurz, der irdische Kaiser ist eine getreue Kopie des Yü-di.

Eine entsprechende Stellung nimmt auch die Kaiserin ein. Sie ist die Repräsentation der Gattin Yü-dis, der Wang-mu Niang-niang, die eine andere Form der Hsi Wang-mu, der «königlichen Mutter des Westens», ist (6).

Es ist bemerkenswert, dass der Kaiser mit den Attributen des Drachens ausgestattet ist. Er besitzt beispielsweise ein Drachenantlitz, hat einen Drachenkörper und empfängt nicht zuletzt die Beamten auf dem Drachenthron sitzend. Der Drache, dieses in China uralte Totemtier, ist demnach das Nagual, das Alter Ego des Kaisers. So liegt denn die Frage nahe, ob nicht auch der Jadekaiser gleichfalls Drache sei, und man zumindest in einer sehr frühen Stufe daran denken durfte, dass der Himmel und der Himmelsgott als Jadedrache galten.

Alles in allem sind göttlicher und menschlicher, himmlischer und irdischer Bereich ineinander verwoben und gehorchen derselben Ordnung, dem Li im weitesten Sinne des Wortes gefasst. Jede Störung im einen Bereiche muss unbedingt eine Katastrophe im andern auslösen und so den Kosmos, die Welt, gefährden.

Wenn dies alles bedacht wird, so gewinnt der vordergründig nur erotische Roman eine gewaltige Tiefe, und das Ausleben des sexuellen Triebes nimmt einen ganz andern Stellenwert ein, wie das auch das Schlusswort des Romandichters sagt.

Seit der Menschheitsdämmerung ist die Sexualität ein von Tabus und sakralen Handlungen umgebener menschlicher Bereich. Das Bewusstsein, die Fähigkeit zu besitzen, Leben zeugen zu können, was sonst den

Göttern allein vorbehalten ist, erhebt den Sexualakt aus dem bloss triebhaft profanen Geschehen zu einer numinos sakralen Handlung, rückt die Menschen in die Nähe der Götter. Der Mann, der sich über die Frau beugt, ist gleichwertig mit dem Himmelsdrachen, der seinen Samen auf den Erddrachen ergiesst, damit die Erde, so befruchtet, neues Leben hervorbringe.

Die beiden Geister in der Rahmenerzählung, die Geisterfüchsin und der Schwalbengeist, nähern sich ihrer Vollendung. Eine für menschliche Begriffe lange, lange Zeitspanne haben sie sich vervollkommnet, um dem Zwange des Karma, der Gebundenheit an Raum und Zeit zu entrinnen und in die letzte und höchste Daseinsstufe übertreten zu können, die jenseits der Zeitlichkeit und Räumlichkeit der gegebenen Existenzform in den Gefilden der Seligen liegt. Nur ein Einziges scheint ihnen noch zu fehlen, und sie trachten danach, einander gegenseitig das Fehlende zu entwenden. Dabei gehen sie allzu hastig, ungeduldig und egoistisch vor. Statt der Ordnung gemäss zu handeln und selbstlos zu lieben, ihr Herz weit dem Dau aufzuschliessen, wodurch sie ihr böses Karma vernichtet und Wahrhaftigkeit und damit die Vollendung erlangt hätten, versuchen beide mit faulen Tricks und verwerflichen Kunstgriffen, sich des andern Ling, der eine in Form des «wahren Yin», der andere in Form des «wahren Yang», zu bemächtigen, um zu ihrem Ziel zu kommen. Damit stören sie die kosmische Ordnung, den lebendigen Organismus der Welt. Der Herr der Ordnung, Yü-di, bestraft sie durch Wiedergeburt als Mädchen im irdisch-menschlichen

Bereiche. Dort sollen sie sich läuternd zur Vollkommenheit heranbilden.

Kaiser Tscheng ist ein unfähiger Säufer, Fresser und Lüstling. An seinem Hofe blühen Korruption und Intrigen. Weisheit, Recht und Gerechtigkeit sind verachtet. Das Reich der Mitte, der Kosmos ist krank. Durch die Verstossung der rechtmässigen und unbescholtenen Kaiserin zu Gunsten Fe-yäns, des ehemaligen Schwalbengeistes, bricht der Kaiser die Mitte der Ordnung. Wie der Yü-di mit der Wang-mu niangniang in heiliger Ehe verbunden ist und deren Vereinigung in heiliger Hochzeit (Hieros Gamos) das Leben des Kosmos erhält und fördert, so ist der eheliche Beischlaf des Kaisers mit seiner Gemahlin der irdische Nachvollzug dieses Geschehens.

Aber bereits die Tatsache, dass der Kaiser mit seiner Gemahlin keinen Sohn zeugen konnte, zeigt, dass im Reich der Mitte nicht alles in Ordnung, der Kosmos gestört ist. Kein neuer Spross treibt, in dem die Kraft des kaiserlichen Stammes erhalten bliebe, in dem der Kaiser weiterlebte, wie in ihm sein Vater, Vorvater, Vorvorvater und alle Ahnen seines Geschlechts. Er erhebt die Dirne Fe-yän – als solche ist sie, wie ihre Schwester Ho-dö, durch die vorhergehenden Ereignisse mit dem Vogelschützen genügsam gekennzeichnet – zur «rechtmässigen» Gemahlin, aber sie ist keine würdige Vertreterin der Himmlischen Wang-mu. Und vollends zerbricht der Kaiser die kosmische Ordnung, als er zugunsten des Luders Ho-dö, der ehemaligen Geisterfüchsin, auch die neue Kaiserin vernachlässigt. Mit der Benennung der Ho-dö als der «Glänzend-Sittlichen» beschimpft er die göttlichen

Satzungen, denn die Sitte ist Vollzug der kosmischen Ordnung. Wie wenig ist Ho-dö dieses Titels würdig!

Die vernachlässigte Kaiserin ihrerseits trägt kräftig zum Untergang der Ordnung bei. Durch ihre Erhebung an die Seite des Kaisers ist ihre Person in den sakralen Bereich gerückt worden und so profaner Berührung entzogen – denn, daran ist zu erinnern, sie ist irdische Repräsentation der Gattin des Yü-di und als des Stellvertreters Gemahlin für andere tabu (7). Indem sie sich zur Befriedigung ihrer ins Abnorme gesteigerten Geilheit wahllos andern Männern hingibt, beschmutzt sie sich, den Kaiser, die Wang-mu, den Yü-di und die Weltsatzungen.

Aber so unendlich vielen Begattungen in allen Variationen Fe-yän und Ho-dö sich mit dem Kaiser und den verschiedenen Männern auch hingeben, keine gewinnt einen Sohn, ja sie werden nicht einmal schwanger. Der Keimpunkt der Welt ist steril, ist zerstört, ist tot. Je mehr der Kaiser sich in Ho-dös Liebeskünste verstrickt, desto mehr nimmt seine Potenz ab, bis er schliesslich als völlig Impotenter nach den Potenzpillen, dem Lebenselixir, verlangt, an denen er sterben wird. Der Leben suchte, wird durch das Lebens-Ling vernichtet werden. Die Impotenz ist aber nicht etwa eine Strafe des Jadekaisers, sondern der Kosmos selbst «straft» den irdischen Herrscher. Nicht einmal Bastarde können in der auseinanderbrechenden Welt überleben, denn die a-kosmisch-chaosseitigen Weiber bringen sie um. So korrespondiert dem omnipotenten Yü-di im Himmel auf Erden ein völlig impotenter Repräsentant. In diesem Bruch der Weltordnung wird der Kosmos versinken.

434

Der Gipfelpunkt der Schandtaten aber wird erreicht, als Fe-yän eine Schwangerschaft vortäuscht und versucht, einen Sohn zu unterschieben. Das ist das grösste aller Sakrilege, das sie an der kosmischen Ordnung begehen kann. Indem sie ihr Spiel mit dem erhabensten Mysterium treibt, verhöhnt sie den Yü-di und seine Gemahlin, beleidigt die über der Fruchtbarkeit waltenden Mächte, vergeht sich am Ling des werdenden und sich neu entwickelnden Lebens, und entweiht das hehrste, was der Kosmos neben der Zeugung kennt: die Schwangerschaft.

Mit der vorgetäuschten Schwangerschaft, diesem versuchten Betrug an der Ordnung, ist das Mass voll. Himmlische und irdische Verhältnisse erscheinen einander völlig entgegengesetzt. Der himmlisch-kosmischen Ordnung steht ein totales irdisches Chaos gegenüber: der Kaiser impotent, die Kaiserin und die erste Favoritin steril, dazu Mörderinnen, die Beamtenschaft Speichellecker und Dummköpfe, am Hof herrschen nur noch Korruption, Intrigen, Verleumdungen, Mord und Hurerei, das rituelle Frühjahrspflügen durch den Kaiser unterbleibt, womit die Fruchtbarkeit des Reichs der Mitte aufhört, und die Jahreszeiten nicht mehr ablaufen können; Naturkatastrophen und Hungersnöte stellen sich ein, das sonst so geduldige Volk murrt, der Kaiser wird gezwungen, einen Nachfolger zu benennen, der nicht direkt seines Blutes ist, die Fruchtbarkeit, das Prinzip des Lebens, das allein die Welt erhält, ist erloschen – die Welt geht buchstäblich aus den Fugen.

Da nun aber greift der Wächter über die Ordnung im letzten Augenblick ein. Der Yü-di, er manifestierte sich sehr wahrscheinlich als Meister Feuerdrache auf der Erde, leitet den Untergang der Schuldigen ein. Der Jadekaiser verurteilt die Geisterfüchsin und den Schwalbengeist, die in menschlicher Gestalt das Reich der Mitte zugrunde gerichtet haben, zusamt dem Kaiser Tscheng, zu abermaliger Busse, bevor sie sich vollenden können.

Das Dschau-yang dschü-schi ist eine der vielen romanhaften Gestaltungen des uralten Mythos vom Kampfe zwischen Kosmos und Chaos, ist der Versuch, dem Leser etwas von der Zerbrechlichkeit dieses mühsam dem Chaos abgerungenen, stets im labilen Gleichgewicht schwebenden schönen Gebildes Ordnung – im weitesten Sinne des Li – bewusst zu machen, und ihm zu zeigen, dass ohne diese kosmische Ordnung, ohne Li, keine Welt und damit kein Leben möglich ist. Himmlische und irdische Ordnung, göttliche und menschliche Sphäre laufen einander parallel und sind unlösbar ineinander verknüpft. Jeder ist Glied an und in diesem lebendigen Organismus, und jeder muss nach Massgabe seines Vermögens an der Vollendung dieser Ordnung mitarbeiten – selbstlos, nur das grosse Ziel vor Augen, das Herz geöffnet dem Dau hingegeben, nur dann wird er in die Gefilde der Seligen eingehen können.

Anmerkungen

[1] Ich möchte in diesem Nachwort den Begriff des *Ling* ganz neutral aufgefasst wissen. Er soll hier stellvertretend für den in der Religionswissenschaft sonst gebräuchlicheren Begriff des Mana stehen.

Zum Ling: N. Söderblom, Das Werden des Gottesglaubens, Hildesheim–New York, 1979 (Repr. v. 1926), Register. W. Eichhorn, Die Religionen Chinas, Stuttgart–Berlin–Köln–Mainz, 1973, Register.

[2] Unter Kosmos sind der Raum und die Zeit verstanden, in der die «wahren Menschen» wohnen, zusamt dem Himmel darüber.

Zum Begriff des Kosmos, V. Maag, Jahwäs Begegnung mit der kanaanäischen Kosmologie, Asiat. Studien, XVIII/XIX, 1965, 253 ff. Wipf, Wanderer in der Nacht, Hallein. 1980,

Zum Begriff der «wahren Menschen» vgl. Wipf, Wanderer in der Nacht, Hallein, 1980,

[3] Zwei Beispiele mögen genügen: Der Sapa-Inka (Einzige Inka), d. i. der Inka-Herrscher, und in christlicher Zeit der Kaiser oder König von Gottes Gnaden.

[4] Vgl. dazu die assyrischen Herrscher, den Sapa-Inka, die irischen Könige und den ägyptischen Pharao usw.

[5] Dazu dasselbe bei den Inka.

[6] Ursprünglich war die Hsi-Wang-mu die Gemahlin des Herrn über den Osten Dung-wang-gung. Sie war die Verkörperung des Yin, er des Yang. Erst als Yü-di offenbar den Jadeberg im Norden des Kun-lun in Besitz nahm, avancierte die Hsi Wang-mu zur Gemahlin des Yü-di.

[7] Das Eigentum des irdischen Repräsentanten der Ordnung ist mit seinem Mana, magische Wirksamkeit (in diesem Aufsatz Ling genannt) aufgeladen. Kein anderer übersteht schadlos auch nur die Berührung, oft nicht einmal den Anblick, eines herrscherlichen Eigentums. Sogenanntes Häuptlingsmana oder Häuptlingstabu.

Karl A. Wipf

INHALT